これからの精神保健福祉

精神保健福祉士ガイドブック

編集／柏木昭・荒田寛・佐々木敏明

Guidebook for PSW

へるす出版

[第4版] これからの精神保健福祉―精神保健福祉士ガイドブック

編集・執筆者一覧

編　集

柏木　　昭	聖学院大学大学院
荒田　　寛	龍谷大学
佐々木敏明	聖隷クリストファー大学

執筆者・執筆分担（執筆順）

佐々木敏明	聖隷クリストファー大学	第1章 1-1　第2章 2-3　2-4
荒田　　寛	龍谷大学	第1章 1-2　第2章 2-1-②・③　2-2　2-4　2-5
柏木　　昭	聖学院大学大学院	第2章 2-1-①・④
田村　綾子	社団法人 日本精神保健福祉士協会	第2章 2-6　第3章 3-2-①
小田　敏雄	田園調布学園大学	第3章 3-1-①
宮部真弥子	和敬会 脳と心の総合健康センター	第3章 3-1-②
廣江　　仁	養和会 障害福祉サービス事務所Ｆ＆Ｙ境港	第3章 3-1-③
門屋　充郎	十勝障がい者相談支援センター	第3章 3-1-④
相川　章子	聖学院大学	第3章 3-1-⑤
岩尾　　貴	石川県立高松病院	第3章 3-2-②
児玉　照彰	イサオクリニック	第3章 3-2-③
松永　宏子	中部学院大学大学院	第3章 3-2-④
澤野　文彦	復康会 沼津中央病院	第3章 3-2-⑤
柏木　一恵	浅香山病院	第3章 3-2-⑥
助川　征雄	聖学院大学	第3章 3-3-①
小出　保廣	堺市こころの健康センター	第3章 3-3-②・③
斉藤　正美	埼玉県立精神保健福祉センター	第3章 3-3-④
木村　朋子	にしの木クリニック	第3章 3-4
岩崎　　香	早稲田大学	第3章 3-5
三澤　孝夫	国立精神・神経センター病院	第3章 3-6
伊東　秀幸	田園調布学園大学	第4章 4-1
岩尾　　貢	一部ユニット型指定介護老人福祉施設 サンライフたきの里	第4章 4-2
詫間　佳子	四国学院大学	第4章 4-3
菊地麻奈美	東京海上日動メディカルサービス	第4章 4-4
小久保裕美	東海学園大学	第4章 4-5
加藤　雅江	杏林大学医学部付属病院	第4章 4-6

第4版の序

　精神保健福祉士ガイドブック『これからの精神保健福祉』は，第3版から6年余が経過した．その間，障害者自立支援法，心神喪失者等医療観察法その他の法律が成立し，精神保健福祉法が改正されて市町村が精神保健福祉サービスの窓口となり，地域活動支援センターの運営にも当たるようになるといった，さまざまな新たな動向が相次いでみられた．だから第4版の刊行は遅すぎた感があるかもしれない．しかしこの種のガイドブックとしての情報の集約には，適切な時期がある．といって5年とか6年とか，機械的な区切りをもって発行する必要があるわけではない．ある程度のまとまりのある編集ができるタイミングというものがある．時宜にかなったものが読みやすく，また使い勝手のいいガイド（案内書）になる．編集者が願う本書のありようである．

　さて，第4版の編集の方針として，行き届いた説明を心がけたことはもちろんだが，何よりも精神保健福祉領域におけるソーシャルワーカーの実践的視点で一貫することを特徴としたいと考えた．時代が変転するとともに打ち出される施策がどうであろうと，利用者のニーズに基づいて，精神保健福祉士のもつべき理念は変わりなく継承されていくべきである．諸施策の改変の説明を明確に追いかけることが無意味だというわけではないが，本書はむしろその縦糸として精神障害者を生活者としてみるソーシャルワークの視点と，横糸として利用者がもつ社会的問題に対するソーシャルワーカーの対応の課題を明らかにするという方針が大事だと考えた．

　前者の生活者としてみる視点に関してであるが，利用者（クライエント）は暮らしを営む生活の主体である．ただ，精神疾患のため生活上の不便をやむなくされる実態が現にあるということに対しては，客観的で現実的な見方が必要である．しかし，医学モデルに対する生活モデルに沿って「精神障害者ではなく生活障害者である」というような言い換えは好ましくないことはいうまでもない．ソーシャルワーカーは利用者の生活の仕方の改善そのものを図るのではなく，クライエント独自の生活スタイルを尊重し，維持できるように支援するのが本来のあり方なのである．中井久夫はその著書『病者と社会』のなかで，クライエントの試行錯誤を尊重し，その成否をあげつらうことなく，支援できるのが支援者のあり方だといっている．

また，ソーシャルワーカーは1つの問題を解決しようとするときに，質のよい「かかわり」において，「クライエントの自己決定」を尊重しながらことに当たる．言い換えれば，ソーシャルワーカーには，クライエントとともに問題を理解し，吟味していこうとする「協働」という視点を中心に，支援過程を進める能力が問われるということである．

　本書は今回，新しく全体の構成を見直して出版の運びになった．しかし中核は上に述べたような視点とそれを支えるソーシャルワーカーの資質と方法である．本改訂版が多くの読者の皆様のお役に立つことができるように祈り，第4版の序としたい．

2009年5月

編集代表　柏木　昭

[第4版] これからの精神保健福祉―精神保健福祉士ガイドブック

目　次 CONTENTS

第4版の序

第1章　精神保健福祉の動向　　9

1-1　わが国における精神保健福祉の歴史　10
① 監護としての「私宅監置」[前史～1944年まで]　10
② 医療と隔離[1945～1964年まで]　11
③ 治安と地域精神衛生[1965～1974年まで]　12
④ 隘路としての作業所[1975～1984年まで]　13
⑤ 人権擁護と社会復帰[1985～1994年まで]　14
⑥ 福祉改革と地域支援[1995～2004年まで]　15
⑦ 新たな障害者支援と精神障害者福祉[2005年から現在まで]　17

1-2　障害者自立支援法時代の精神保健福祉の現状と課題　18
① 「障害者自立支援法」の背景を考える　19
② 「改正障害者基本法」と「障害者自立支援法」　22
③ 精神保健福祉の現状　23
④ 今後の課題　30

第2章　精神保健福祉士(PSW)とは　　33

2-1　精神保健福祉士(PSW)とは　34
① PSWについて　34
② PSWの業務について　37
③ PSWの職場について　39
④ 精神保健福祉士の専門性　41

2-2　わが国におけるPSWの歴史　46
① 国家資格化以前のPSWの歴史　46
② 精神保健福祉士の国家資格化以降の動向　51

2-3　「Y問題」から何を学ぶか　54
① 「Y問題」とは　54
② 「Y問題」への日本PSW協会の取組み―課題の一般化から提案委員会報告へ　58
③ 「Y問題」から学び継承すること　61

2-4　**精神保健福祉士（PSW）の価値と倫理**　64
　　① PSWの価値　65
　　② PSWの倫理　69
2-5　**PSW国家資格化の経緯**　72
　　① 協会の設立と資格化への志向性　72
　　② 「精神衛生法改正」と精神衛生相談員　73
　　③ 「社会福祉士制定試案」と協会の姿勢　73
　　④ 「Y問題」と身分法　74
　　⑤ 「札幌宣言」による協会活動の方向性の確認　74
　　⑥ 「宇都宮病院事件」とPSW　75
　　⑦ 「社会福祉士」成立とそれに対する見解　75
　　⑧ 国家資格に関する基本5点　76
　　⑨ 「医療福祉士（仮称）案」とPSW協会　76
　　⑩ 「精神保健福祉士法」の成立　76
2-6　**「精神保健福祉士」になるためには**　78
　　① 「精神保健福祉士」になることの意味　79
　　② 精神保健福祉士資格試験　79
　　③ 精神保健福祉士がもつべき視点　80
　　④ 精神保健福祉士の養成教育に関する議論　82
　　⑤ 資格取得後に「精神保健福祉士になる」ために　82
　　⑥ 専門職団体による生涯研修制度　84

第3章　精神保健福祉士（PSW）の活動の実際　　87

3-1　**地域生活支援におけるPSW**　88
　　① 地域生活支援におけるPSWの活動の実際　88
　　② 障害者自立支援法とPSW　96
　　③ 就労支援におけるPSW　101
　　④ PSWが活用する障害者ケアマネジメント　106
　　⑤ セルフヘルプ・グループ活動への支援　115
3-2　**精神保健医療機関におけるPSW**　126
　　① 精神保健医療機関におけるPSWの活動　126
　　② 精神科病院における活動の実際　135
　　③ 精神科診療所における活動の実際　144
　　④ 精神科デイケアにおける活動の実際　152
　　⑤ 精神科救急病棟における活動の実際　159
　　⑥ 認知症高齢者支援における活動の実際　164

- 3-3 地域精神保健福祉行政におけるPSW　171
  - ① 地域精神保健福祉行政におけるPSWの役割　171
  - ② 市区町村における活動の実際　175
  - ③ 保健所における活動の実際　182
  - ④ 精神保健福祉センターにおける活動の実際　186
- 3-4 権利擁護とエンパワメント　193
  - ① 精神障害者としての権利　193
  - ② 精神医療における患者の権利　195
  - ③ アドボカシーとエンパワメント　197
- 3-5 成年後見制度・日常生活自立支援事業（地域福祉権利擁護事業）とPSW　200
  - ① 「成年後見制度」の改正，「日常生活自立支援事業（地域福祉権利擁護事業）」創設の背景　200
  - ② 「成年後見制度」の主な内容　201
  - ③ PSWからみた「成年後見制度」の問題点と課題　202
  - ④ 「日常生活自立支援事業（地域福祉権利擁護事業）」の主な内容　203
  - ⑤ 「日常生活自立支援事業（地域福祉権利擁護事業）」の問題点と課題　204
  - ⑥ 今後の方向性　205
- 3-6 司法精神保健福祉に係る活動の実際　206
  - ① 司法精神保健福祉にかかわるPSWについて　206
  - ② 専門的に司法精神保健福祉にかかわるPSW　207
  - ③ 精神保健参与員の業務　208
  - ④ 指定入院医療機関におけるPSWの業務　209
  - ⑤ 指定通院医療機関におけるPSWの業務　210
  - ⑥ 社会復帰調整官　213

第4章　新たな動向と課題への取組み　215

- 4-1 地域移行（退院促進）支援におけるPSW　216
  - ① 退院促進支援の歴史　216
  - ② 地域移行支援の展開　217
  - ③ 地域移行支援の成果　218
  - ④ 地域移行支援とPSW　219
  - ⑤ 今後の課題　221
- 4-2 認知症高齢者への支援　222
  - ① PSWと認知症　223
  - ② PSWと介護保険制度　224

③　PSWと介護保険制度におけるケアマネジメント　225
　　　④　認知症高齢者への支援　226
　4-3　**スクールソーシャルワークにおけるPSW**　229
　　　①　スクールソーシャルワークとは　229
　　　②　スクールソーシャルワークの沿革　230
　　　③　スクールソーシャルワークを必要とする背景　231
　　　④　「スクールソーシャルワーカー活用事業」にみるスクールソーシャ
　　　　　ルワーク業務　231
　　　⑤　教育現場へのスクールソーシャルワーク導入の意義　232
　　　⑥　スクールソーシャルワーカーの役割　234
　　　⑦　メンタルヘルスへの対応　235
　　　⑧　今後の展開　235
　4-4　**産業保健におけるPSW**　236
　　　①　産業保健分野における現状とニーズ　237
　　　②　EAP（従業員支援プログラム）の歴史と定義　238
　　　③　外部EAPの多様なサービスと業務の実際　239
　　　④　PSWとして何ができるのか　240
　　　⑤　今後の課題と方向性　241
　4-5　**児童虐待防止等におけるPSW**　242
　　　①　児童虐待問題の現状　243
　　　②　児童虐待防止と専門家の支援　244
　　　③　児童虐待とPSW　246
　　　④　児童虐待等におけるPSWの実践課題　248
　4-6　**自殺防止対策におけるPSW**　249
　　　①　PSWの視点から「統計資料」をみる　250
　　　②　実践のなかからみえてきたこと　251
　　　③　自殺防止対策におけるPSWの有効性　254
　　　④　今後の課題　256

資　料　257

　　資料1　社団法人 日本精神保健福祉士協会 倫理綱領　258
　　資料2　ソーシャルワーカーの倫理綱領（改訂最終案）　262

社団法人 日本精神保健福祉士協会 年　表　265

　　索　引　269

第1章
精神保健福祉の動向

第1章 精神保健福祉の動向

1-1 わが国における精神保健福祉の歴史

　入院医療中心から地域生活中心へという，わが国の精神保健福祉施策の大きな流れのなかで，精神障害者を福祉サービスの対象となる障害者として位置づけ，「医療と福祉」を両輪とする施策へと転換したのは1990年代以降のことである．

　2005（平成17）年には障害者自立支援法（以下，自立支援法）が制定され，精神障害者福祉の基盤整備を進める制度的枠組みとして期待されたが，サービスにかかる費用の負担増に加えて，相談支援体制や住まいや働く場など，地域生活を支える福祉サービスの整備は市町村間で取組みの格差がみられるなど，必ずしも順調に進んでいるとはいえない現状にある．

　本節では，わが国の精神保健福祉施策のこれからの方向性を探るために，法制度の改正とそれに基づく施策の展開などを追いながら歴史を概観する．

1 監護としての「私宅監置」［前史～1944年まで］

　わが国では，精神障害は「憑きもの」によるという見方が古くからあり，その治療はほとんどが加持祈祷に頼っていた．京都岩倉村の大雲寺では，境内の滝や井戸水に効能ありとの言い伝えから，1796（寛政8）年ころから参籠する精神障害者のための茶屋（保養所）が建ち，地域内で寛容に看護したという記録もある．しかし，いずれも小規模なものであり，精神障害者に対する公共的対策がまったくなかったことから，家族が看護できなくなれば浮浪や乞食になるしかなかった．

1875（明治8）年にはわが国初の公立精神科病院として京都府癲狂院(てんきょういん)が開設されたが，経済的支援が得られなかったためにわずか8年で廃止となっている．次いで1879（明治12）年，「養育院」に乞食浮浪者と一緒に収容されていた精神障害者を集めて東京府癲狂院が開設されたが，このあと公立精神科病院の設置はなかなか進まなかった．1883（明治16）年に始まった相馬事件（相馬藩の元藩主の東京府癲狂院入院をめぐるお家騒動）をきっかけに，法的手続きが不明確な私宅監置の問題が明らかとなり，明治政府は1900（明治33）年，精神障害者の不法監禁防止の観点から「精神病者監護法」を制定した．ところが法施行後，「監護義務者」として親族に監置の責任を負わせ，警察を経て行政庁の許可を得れば私宅監置が公認されることになったため，かえって私宅監置が増加したといわれている．

　このようななかで，呉秀三東京帝国大学教授は1902（明治35）年，貧しい精神障害者への慈善事業を目的に「精神病者慈善救治会(じぜんきゅうじかい)」の設立を主導するとともに，私宅監置の実態調査を行い，1918（大正7）年に樫田五郎との共著で『精神病者私宅監置ノ実況及ビ其統計的観察』を著し，「我邦十何万ノ精神病者ハ実ニ此病ヲ受ケタルノ不幸ノ外ニ，此邦ニ生マレタルノ不幸ヲ重ヌルト云フベシ」とその悲惨な状況を批判した．この報告が帝国議会を動かし，1919（大正8）年，公的責任として精神科病院を設置することをうたった「精神病院法」が制定されたのである．しかし，代用精神科病院を認めたことや財政難のため設置されたのはほとんどが私立精神科病院で，1941（昭和16）年に約24,000床まで増加したものの，戦火の拡大によって次々と閉鎖され，終戦時には約4,000床にまで減少した．

　近代化を急ぐなかで社会防衛のための治安対策に重点がおかれ，監置・世話の責任を家族に負わせるというあり方は，わが国の精神保健福祉の基本的な枠組みに長く影響を与えてきたのである．

2　医療と隔離［1945～1964年まで］

　終戦後，GHQ（連合国軍最高司令官総司令部）によって衛生行政は大幅に改編された．1949（昭和24）年に身体障害者福祉法が制定されたが，法案審議のなかで精神障害と結核は判定が困難であることや財政難を理由に対象から除外されている．

　1950（昭和25）年には精神障害者の医療と保護，その発生予防のために「精神衛生法」が制定され，「精神病者監護法」と「精神病院法」の2法は廃止された．この法律によって，私宅監置制度は廃止され，都道府県に精神科病院の設置を義務づけるとともに，自傷他害の恐れのある精神障害者の措置入院制

度，保護義務者の同意による同意入院等が新たに規定されたのである．

　1954（昭和29）年，厚生省による全国精神衛生実態調査が行われ，精神障害者は全国で推定130万人，そのうち入院を要する者35万人，精神科病床はその10分の1にも満たないことが判明した．そのため同年の法改正では，非営利法人精神科病院の設置と運営に対する国庫補助の規定が設けられ，1960（昭和35）年には医療金融公庫が発足して精神科病院の建設に低利長期融資が行われるようになった．さらに，1958（昭和33）年には，精神科病院は一般病院と比べて医者は3分の1，看護師は3分の2でよいとする医療法の精神科特例が認められ，その結果，私立精神科病院と病床数は急速に増加している．なかでも1961（昭和36）年からの10年間の伸びは著しく，巷間"精神科病院ブーム"といわれた．

　この間，精神科病院内に増えてきた医療扶助対象入院患者に対し生活保護法による支出を極力押さえるため，1957（昭和32）年からは日用品費がその他の疾病の患者より低く抑えられている．また，1958（昭和33）年には社会的入院を減らす目的で緊急救護施設が全国に4カ所設けられた．

　1961（昭和36）年には措置入院費の国庫負担率が引き上げられたことに伴い，医療扶助から措置入院へ移し替えるとともに，入院医療費の負担を軽減する目的で法制上の規定を度外視して措置入院を適用する，いわゆる「経済措置」が行われるようになった．

　一方，1950年代半ばころから抗精神病薬が使われ始め，作業療法等の治療法の進歩によって社会復帰の可能性も高まってきた．しかし，「薬漬け」と批判されるような画一的治療も生じ，入院の長期化は続くことになる．

　いずれにしても，精神科特例を設け私立精神科病院に依存して精神障害者を隔離収容する施策は，その後，精神科病院不祥事件が多発する要因ともなったといえよう．

　1963（昭和38）年の全国精神衛生実態調査で，治療や指導を受けないまま在宅している精神障害者が数多く存在することが明らかになったことから，精神衛生法の全面的な改正を準備することになった．ちょうどそのとき，1964（昭和39）年3月，アメリカ合衆国のライシャワー駐日大使が統合失調症の少年に刺傷されるという，いわゆるライシャワー駐日アメリカ大使刺傷事件が発生した．

3　治安と地域精神衛生［1965〜1974年まで］

　このライシャワー事件をきっかけに，政府は精神障害者を診察した医師に警察への届出を義務づける方針を打ち出したが，これに対し学会や医療関係者，

患者家族らが強力な反対運動を展開し，さまざまな議論を経て1965（昭和40）年，精神衛生法の一部改正が行われた（この運動のなかで全国精神障害者家族会連合会［略称，全家連］が結成された）．

改正法では保健所を精神衛生行政の第一線機関として位置づけるとともに，精神衛生相談員を配置できることとし，その技術的指導機関として精神衛生センターが設置されることになった．また，在宅精神障害者の医療を確保するための通院医療費公費負担制度が規定された．しかし，通報や措置入院制度が強化され，入院中心主義の医療体制には手がつけられなかったため，その後も精神科病床は増加を続け，一部改正から1987（昭和62）年の「精神保健法」成立に至る22年間，精神科病床は17万床から34万5,000床へと倍増した．

1968（昭和43）年にWHO（世界保健機関）の派遣で来日したクラーク（Clark, D. H.）は，「クラーク勧告」のなかで，日本の精神科病床は人口比からみてあまりにも多すぎると指摘している．

こうしたなか，精神科病院の不祥事が続き，1970（昭和45）年に朝日新聞に連載された大熊一夫記者の『ルポ・精神病棟』が人権を侵害した患者処遇を告発し，その実情を広く社会に知らせることとなった．

一方，保健所－精神衛生センター体制による地域精神衛生活動もまた，1969（昭和44）年の「Y問題」に象徴されるように，入院先行・本人不在の処遇となる危険性をかかえていた．

1970年代に入ると，デイケア等のリハビリテーションを中心とした医療技術の進歩とともに，1971（昭和46）年の川崎市社会復帰医療センター，1972（昭和47）年の世田谷リハビリテーションセンターなど社会復帰施設が整備され始め，1970（昭和45）年の「やどかりの里」をはじめとする共同住居等の民間活動も全国各地で始まっている．

1970（昭和45）年に「心身障害者対策基本法」が制定されているが，「心身」には，精神障害者は含まれていないという解釈で，精神障害者の福祉政策はこの法律の対象外とされた．

4　隘路としての作業所［1975～1984年まで］

1975（昭和50）年に「精神障害回復者社会復帰施設運営要綱」および「デイ・ケア施設運営要綱」，1981（昭和56）年に「精神衛生社会生活適応施設運営要綱」が示されたのを受け，同年，熊本県あかね荘が開設されている．しかし当時は，「医療の傘の下」でなければ精神障害者の福祉も成り立たないという主張が強く，これらの中間施設は「医療的ケアが希薄で，新たな収容施設化を招く」と批判され，その後設置は進まなかった．

地域では，1975（昭和50）年に精神障害者の日常生活をサポートする集団活動として，保健所の「精神障害者社会復帰相談指導事業」が始まり，1982（昭和57）年には職親活動が「通院患者リハビリテーション事業」として取り組まれるようになった．

　このような流れのなかで全家連は，1980（昭和55）年から精神障害者福祉法（仮）の制定に向けて運動を開始している．同時に，自ら小規模作業所づくりに取り組み，都道府県の補助金交付と相まって，1980年代中ころから小規模作業所が急激に増えていった．

　1981（昭和56）年の「国際障害者年」とその後に続く「国連・障害者の十年」の影響で，ノーマライゼーションについての考え方が関係者の間で強く意識されるようになり，障害者に対する意識も大きく変わってきた．とくに，1980年（昭和55）年のWHOによる「国際障害分類」が従来の固定的で永続的な欠陥状態を意味する障害概念を変え，精神障害者についても障害者福祉の対象とする必要性が提起されるようになった．このノーマライゼーション理念を実現すべく，精神障害者と地域住民の交流を媒介するボランティア活動が注目され，1984（昭和59）年には神奈川県社会福祉協議会ではじめて精神保健ボランティア講座が開催されている．

　1983（昭和58）年の全国精神衛生実態調査では，入院患者の2割程度は地域の保健福祉基盤が整えば退院して社会復帰できるとされ，以降，社会復帰をいかに促進するかが大きな課題となった．

　1984年（昭和59）年3月，栃木県の報徳会宇都宮病院で，無資格者による診療や看護助手の暴行により入院患者2名が死亡するという，いわゆる「宇都宮病院事件」が発覚した．

5　人権擁護と社会復帰[1985～1994年まで]

　「宇都宮病院事件」は国内ばかりでなく国際的にも大きな反響を呼び，1984（昭和59）年の国連人権小委員会で，日本の精神障害者の取扱いを人権侵害とし，精神衛生法に問題があると批判された．日本政府はこれを受け，1985（昭和60）年の国連人権小委員会で精神衛生法改正を表明し，1987年（昭和62）年に精神障害者の人権擁護と社会復帰の促進を2本柱とした「精神保健法」が成立する．

　入院は本人の同意による任意入院が原則となり，精神保健指定医制度，精神医療審査会の制度を設けるとともに，第1条に「精神障害者等の福祉」とあるように，はじめて「福祉」の文言が記載され，精神障害者生活訓練施設，精神障害者授産施設を社会復帰施設として創設するなど，精神障害者を福祉の対象

とする方向性が明示された．

なお，1991（平成3）年には，国連総会で「精神病者の保護および精神保健ケア改善のための諸原則」が採択されている．

社会福祉の領域では，1990（平成2）年に「福祉関係8法の改正」が行われ，福祉各法への在宅福祉サービスの位置づけ，老人および身体障害者の入所措置権の町村移譲，市町村・都道府県への老人保健福祉計画策定の義務づけ等，市町村において地域ケアを展開することになる．

1993（平成5）年には心身障害者対策基本法を改正した「障害者基本法」が制定され，精神障害者は「長期にわたり日常生活又は社会生活に相当な制限を受ける」障害者として位置づけられ，国の障害者基本計画の策定が義務づけられた．

同年，「障害者対策に関する新長期計画」が策定されたのをふまえ，精神保健法の一部改正が行われた．改正法では，保護義務者を保護者に変更し，家族の負担を軽減するとともに，地域ケアを推進するため，精神障害者地域生活援助事業（グループホーム）が第2種社会福祉事業として法定化されたほか，精神障害者社会復帰促進センターが創設されている．

1994（平成6）年には「地域保健法」が成立，同法に基づく地域保健の基本方針では精神障害者の社会復帰対策のうち，身近で利用頻度の高いサービスは市町村保健センター等において保健所の協力のもとに実施することが望ましいとされた．

同年，こうした状況をふまえ，公衆衛生審議会から「当面の精神保健対策について」の意見書が取りまとめられている．

6　福祉改革と地域支援［1995〜2004年まで］

「障害者基本法」によって精神障害者が障害者として位置づけられ，1995（平成7）年には，精神保健法から「精神保健及び精神障害者福祉に関する法律（以下，精神保健福祉法）」へと改正された．法の目的に，「精神障害者等の自立と社会参加の促進のための援助」がうたわれ，精神障害者保健福祉手帳制度の創設，精神障害者福祉ホーム，精神障害者福祉工場を社会復帰施設として追加規定したほか，通院患者リハビリテーション事業を社会適応訓練事業として法定化し，併せて市区町村の役割を明確化するなど，地域ケアに重点をおく規定が大幅に加わることとなった．

このような状況のなか，1993年には「ひとりぼっちをなくそう」という呼びかけを柱に，当事者組織である全国精神障害者団体連合会（略称，全精連）が結成されている．

1995（平成7）年には「障害者プラン―ノーマライゼーション7か年戦略」が策定され，30,000人を精神科病院から社会復帰施設へ移行させるための計画が具体的な数値目標とともに立案され，その後の社会復帰・社会参加促進の原動力となっている．

　さらに，これらの施策を推進するため，1997（平成9）年にはPSWの国家資格を規定した「精神保健福祉士法」が成立した．

　1997年には介護問題を社会全体で支えるために，社会保険方式を導入した「介護保険法」が創設されている．

　この時期，社会福祉のあらゆる分野を横断的に包括しようとする改革が行われた．障害保健福祉施策では，1997年に「今後の障害者保健福祉施策の在り方について」（中間報告）を取りまとめ，1）障害者の地域での生活支援，2）障害者施設体系，3）障害保健福祉サービスの提供体制，4）障害特性に対応する専門的な支援方策，5）障害者の権利擁護，などを提言した．1999（平成11）年には，このような方向に沿って障害者関係3審議会合同企画分科会が「今後の障害保健福祉施策の在り方について」意見具申をして，障害保健福祉施策全般を総合的に見直している．

　一方，1998（平成10）年には，「社会福祉基礎構造改革について」（中間まとめ），「社会福祉基礎構造改革を進めるにあたって」（追加意見）によって，2000（平成12）年の「社会福祉法」に結実し，「措置から契約へ」と社会福祉の旧構造の転換へとつながっていくのである．

　1999（平成11）年の精神保健福祉法改正では，精神医療審査会の機能の強化，移送制度の創設，保護者の自傷他害防止義務の廃止に加え，精神障害者地域生活支援センターを社会復帰施設として法定化するとともに，2002（平成14）年度からは他の障害者と同じように，市区町村が福祉サービス利用に関するあっせん・調整の窓口となり，通院医療費公費負担制度および精神障害者保健福祉手帳の申請窓口も市区町村へ移管されることになった．

　併せて，精神障害者居宅介護等事業（ホームヘルプ），短期入所事業（ショートステイ）を創設し，従来の精神障害者地域生活援助事業（グループホーム）を加えて「精神障害者居宅生活支援事業」とし，市区町村が実施主体となっている．

　なお，2000年の医療法の改正では，精神科特例が一応廃止されたが，「一般病院の3分の1」という医師数の最低基準は据え置かれた．

　2002年には障害者プランが最終年度を迎えたために，引き続き新障害者基本計画およびその重点施策実施5か年計画（新障害者プラン）が策定された．

　同年12月には，社会保障審議会障害者部会精神障害分会の報告書（精神保健福祉総合計画報告書）として「今後の精神保健福祉施策について」が報告さ

れ，このなかで「受入れ条件が整えば退院可能」な72,000人の退院，社会復帰を図ることがはじめて記載された．そして，この報告書の諸課題について計画的かつ着実な推進を図るため，厚生労働大臣を本部長とする精神保健福祉対策本部が設置され，2003（平成15）年5月に中間報告として「精神保健福祉の改革に向けた今後の対策の方向」を公表，さらに具体的に検討するために2003年度から普及啓発，精神医療改革，地域生活支援のそれぞれの課題に対応する3つの検討会を設置している．

これらの検討結果に基づき2004（平成16）年9月，精神保健福祉対策本部の最終報告として「精神保健医療福祉の改革ビジョン」が発表された．

改革ビジョンは「入院医療中心から地域生活中心へ」という基本的な方策を推し進めていくために，国民意識の変革や，精神保健医療福祉体系の再編と基盤強化を今後10年間で進め，とくに「受入れ条件が整えば退院可能な約70,000人」については，精神科病床の機能分化・地域支援体制の強化等により10年後には解消を図るとした．

このような流れと同時に，2003年には，殺人や放火などの重大犯罪で不起訴処分になったり，起訴されても心神喪失のため無罪となったり，心神耗弱のため減刑され実刑にならなかった精神障害者に，原因となった精神障害のために再び同様な行為を行うことのないよう適切な医療を受けさせて再発防止と社会復帰を図ることを目的として，「心神喪失等の状態で重大な他害行為を行った者の医療及び観察等に関する法律」（心神喪失者等医療観察法）が成立している．

この間，社会福祉基礎構造改革の一環として，2003年4月から，障害者分野では従来の措置費制度から「支援費制度」へとサービス提供システムの整備が図られたが，財源問題が浮上し，介護保険との統合が検討された．

厚生労働省は，2004（平成16）年10月，「今後の障害保健福祉施策について」（改革のグランドデザイン案）を発表し，市区町村を中心に，年齢，障害種別，疾病を超えた一元的な体制を整備し，地域福祉を実現する方向性を示した．

同年の障害者基本法一部改正では，都道府県・市町村の障害者計画の策定も義務化されている．

7 新たな障害者支援と精神障害者福祉［2005年から現在まで］

改革のグランドデザイン案を受けるかたちで，2005（平成17）年には「障害者自立支援法」（以下，自立支援法）が成立し，精神保健福祉法など関係法の改正が行われた．

同年，「障害者の雇用の促進等に関する法律」も改正され，精神障害者を雇

用率の算定対象とするなど，精神障害者に対する雇用対策が強化されている．

　なお，自立支援法については，法施行後３年を目途に検討を加え，必要な見直しを行うこととされており，2009（平成21）年の見直しや改正の内容が注目されている．

[佐々木敏明]

参考文献

1）精神保健福祉研究会監修：三訂 精神保健福祉法詳解．中央法規出版，2007．
2）精神保健福祉研究会監修：我が国の精神保健福祉―精神保健福祉ハンドブック．平成19年度版，太陽美術，2010．
3）谷野亮爾，井上新平，猪俣好正，門屋充郎，末安民生編：精神保健法から障害者自立支援法まで．精神看護出版，2005．
4）精神保健福祉行政の歩み編集委員会編：精神保健福祉行政のあゆみ．中央法規出版，2000．
5）昼田源四郎編：日本の近代精神医療史．ライフ・サイエンス社，2001．
6）八木剛平，田辺 英：日本精神病治療史．金原出版，2002．
7）岡田靖雄：日本精神科医療史．医学書院，2002．
8）全家連30年史編集委員会編：みんなで歩けば道になる．全国精神障害者家族会連合会，1997．
9）社団法人日本精神保健福祉士協会編：障害者自立支援法―地域生活支援の今後と精神保健福祉士の実践課題．へるす出版，2006．

1-2 障害者自立支援法時代の精神保健福祉の現状と課題

　精神障害者の福祉政策が他の障害者と同一の法律に統合された「障害者自立支援法」（以下，自立支援法）が，2006（平成18）年10月に全面施行されてすでに２年半が経過し，法の見直しが具体的に進められる時期となった．すでに，1993（平成5）年に心身障害者対策基本法が「障害者基本法」に改正された際に，精神障害者も障害者のなかに含まれたものの，具体的な実定法の施行については2006年まで待たなければならなかった．

　この自立支援法の施行により精神保健福祉の状況や，とくに精神障害者のおかれた状況はどうのような影響を受けたであろうか．わが国の障害者福祉は，理念的にはノーマライゼーションの実現と社会参加と権利擁護に向けた方向性をもつものの，実定法ではいまだ経済優先・福祉軽視の観が強い．そうした時代的な背景と，精神保健福祉の現状および今後の課題について考えてみたい．

1 「障害者自立支援法」の背景を考える

1／新自由主義の方向性

　わが国は，イギリスやアメリカ合衆国が選んできた新自由主義（ネオリベラリズム）の考え方に強く影響を受けてきた．1980年代の中曽根内閣のときに第二次臨調・行革路線により，小さな政府による規制緩和，市町村の役割の強化，民間活力の導入，在宅福祉の充実という路線に変更された．

　この方向性を選択したことにより，以後，補助金削減，地方交付税改革，税源委譲の三位一体改革の推進へとつながっていく．新自由主義は，小さな政府，自己責任，市場原理主義を基本において，社会福祉に大きな影響を与えてきた．その内容は，社会福祉予算をできるだけ押さえ，税負担方式に代えた介護保険制度に代表されるような，国民の負担に期待する社会保険制度を導入し，規制緩和を推進して公的福祉供給システムを市場原理に委ね，民間のサービスに期待しようとするものである．自立支援法に関しても，障害者の自立が雇用政策や就労訓練などに偏重した「ワークフェア（work fare）」に重点がおかれているのは周知のとおりである．

2／「社会福祉基礎構造改革」

　わが国の社会福祉全体の法体系は，1990年代の社会福祉基礎構造改革として，社会福祉供給システムが多事業にわたっていたことによる矛盾やその構造的問題が見直され，国民の福祉サービスに対するニーズの多様化や人権意識の高まり，措置から契約の時代へという福祉システムの変換などを経て，成年後見制度・地域福祉権利擁護制度等の制度化へとつながった．

　1997（平成9）年11月，「社会福祉事業等の在り方に関する検討会」（中央社会福祉審議会社会福祉構造改革分科会）がまとめた「社会福祉の基礎構造改革について（主要な論点）」には，社会福祉の基礎構造改革について，①対等な関係の確立，②個人の多様な需要への総合的支援，③信頼と納得が得られる質と効率性，④多様な主体による参入促進，⑤住民参加による福祉文化の土壌の形成，⑥事業運営の透明性の確保，の6点が基本的視点として示されている．

3／「障害者プラン」と「新障害者プラン」

　一方で，「ノーマライゼーション」を現実に具現化するため，1995（平成7）年12月に「障害者プラン―ノーマライゼーション7か年戦略」を策定し，障害者の地域生活における支援体制や社会復帰施設の設置等に係る具体的な数値目標を掲げた．ただ，結果として目標が達成されたのは，精神障害者の社会復帰施設ではグループホームのみである．

この障害者プランが終結する2002（平成14）年に，新たに2003（平成15）年度を初年度とする10年間の「新障害者基本計画」と，その前半5年間の重点施策と目標を定めた「重点施策実施5か年計画」（新障害者プラン）が策定された．その基本的な考え方は「共生社会の実現」をめざし，障害者が社会において活動し参加する力の向上を促進するとともに，福祉サービスの整備とバリアフリー化の推進，障害者の社会参加に向けた基盤整備など，まさにノーマライゼーションの事実上の具現化をめざしたものである．精神障害者施策においても，「受け入れ条件が整えば退院可能とされる約72,000人の入院患者」を，10年間のうちに退院・社会復帰をめざすとする数値目標を打ち出した．

　わが国の長い精神医療の歴史において，脱施設化の方向性をこのような具体的な数値目標で示したのは画期的な出来事であり，新しい精神保健福祉時代の到来を予感させるものであった．この新障害者プランが次の「精神保健福祉の改革に向けた今後の対策の方向」の中間報告につながるのだが，その目標の当初5年間の成果もみないうちに自立支援法が施行されたため，この新障害者プランの数値目標は棚上げになったままである（表1-1参照）．

4／「精神保健医療福祉改革ビジョン」

　2003（平成15）年4月より，知的障害者・身体障害者の施策は行政主導の措置制度から，障害者自身が自らサービスを選択し契約を結ぶ「支援費制度」に変更された．支援費制度では市町村への支給申請は障害者本人が行うこととされる一方，障害者手帳所持者に限られる，申請や契約が困難な知的障害者への配慮が不十分，施設福祉に偏り過ぎるといった限界はあるものの，基本的には支払い能力に応じた負担（応能負担）として当事者の自己決定を尊重した画期的な施策であった．しかしこれが精神障害者に適用されることは遂になかった．

　さらに2003年の5月，厚生労働大臣を本部長とする精神保健福祉対策本部により「精神保健福祉の改革に向けた今後の対策の方向（中間報告）」が公表された．この中間報告は，①普及啓発，②精神医療改革，③地域生活の支援，④「受け入れ条件が整えば退院可能」な72,000人の対策の4つの柱からなっており，①〜③についてはこの翌年検討会が設置され，その検討結果をふまえて2004（平成16）年9月，「精神保健医療福祉の改革ビジョン」（以下，改革ビジョン）が策定，公表された．

　その冒頭に示された基本方針では，①「入院医療中心から地域生活中心へ」というその基本的な方策を推し進めていくため，国民各層の意識の変革や，立ち後れた精神保健医療福祉体系の再編と基盤強化を今後10年間で進める，②「受入条件が整えば退院可能な者（約70,000人）」については，精神科病床の機能分化・地域生活支援体制の強化等，立ち後れた精神保健医療福祉体系の再編

表1-1 「障害者プラン」と「新障害者プラン」の数値目標の比較

●在宅サービスの充実

	平成14年度 (障害者プラン目標)		平成19年度 (新障害者プラン目標)	
	プラン全体	うち精神 障害者関連	プラン全体	うち精神 障害者関連
訪問介護員 (ホームヘルパー)	45,000人	―	約60,000人	約3,300人
短期入所生活介護 (ショートステイ)	4,500人分	―	約5,600人分	―
日帰り介護施設 (デイサービスセンター)	1,000カ所	―	約1,600カ所	―
障害児通園 (デイサービス)事業	1,300カ所	―	約11,000人分	―
重症心身障害児(者) 通園事業		―	約280カ所	―
精神障害者地域生活支援 センター	―	650カ所	―	約470カ所

●住まいや活動の場等の確保

	平成14年度 (障害者プラン目標)		平成19年度 (新障害者プラン目標)	
	プラン全体	うち精神 障害者関連	プラン全体	うち精神 障害者関連
地域生活援助事業 (グループホーム)	20,000人分	5,060人分	約30,400人分	約12,000人分
福祉ホーム		3,000人分	約5,200人分	約4,000人分
通所授産施設	62,800人分	6,000人分	約73,700人分	約7,200人分
精神障害者生活訓練施設	―	6,000人分	―	約6,700人分

と基盤強化を全体的に進めることにより，併せて10年後の解消を図る，としている．

　わが国だけを個別にみるなら，「入院医療中心から地域生活支援へ」という基本方策は，確かにノーマライゼーション実現のための大きな一歩をしるすビジョンではあった．しかし，世界の精神保健福祉の動向と比較してその水準を考えるに，脱施設化の可能性を示唆しているとはいえ，アメリカ合衆国からはすでに40年以上も立ち後れている．また，安心して地域生活を営むことを支援する体制が整備されているとは言い難く，2006年に自立支援法が施行されて以

降もなお,わが国の脱施設化と地域生活支援体制の整備は大きな壁に突き当っているといわざるをえない.

一方,大阪府で2000(平成12)年度から始まった精神障害者の退院促進活動は,2003年から国の退院促進支援事業として施策化され,これに基づく地域移行促進への取組みにより,「受け入れ条件が整えば退院可能な」72,000人の退院促進を全国規模で展開することとなった.

2 「改正障害者基本法」と「障害者自立支援法」

2004(平成16)年5月,「障害者基本法」が改正され,障害者差別禁止の理念の明記(法第3条),自治体の障害者計画策定の義務化と障害者の意見反映(法第9・25条),地域における可能な限り自立した生活の追求(法第8条),難病等に係る障害者施策の充実(法第23条),地域における作業活動の場の充実(法第15条)など,ノーマライゼーションの実現に向けた障害者福祉の理念が示された.この理念を実際の障害者施策に生かすべく法体系を整備することが今後の課題であるが,自立支援法でみる限り,これらの理念のうち具体化されたのは,市区町村および都道府県,国において障害者計画の策定が義務づけられたことだけであった.

そして,障害者に対する2003年から3年間施行された支援費制度の十分な総括もないまま,2006年4月から,精神障害者も含む障害者福祉施策として自立支援法が施行されることになった.矢継ぎ早に示された施策の展開は,障害者や福祉現場の実践者の意見を諮ることもなく,財政基盤と時間的な制約のなかで急ピッチに押し進められてきた.明らかに,知的障害者や身体障害者を対象とした支援費制度の,見込み違いによる財政破綻を防ぐためにこそ,この法律の成立は急がれていたのである.障害者福祉の財政基盤整備と,将来的な介護保険制度との統合が政治目標として表面化したり,そうかと思えば国民の反応をみてあっさり取り下げられたりしている.

自立支援法には福祉サービスの一元化,サービス利用手続きの明確化,障害福祉計画策定の義務化といった評価できる視点があり,加えて障害者の暮らす市区町村を核とした福祉サービスの展開など,精神障害者福祉確立への期待を抱かせるものがあった.しかし,この法には「応益負担制度」の導入や障害者サービスの上限化,家族に対する負担の継続,障害特性に応じた制度利用の困難,障害程度区分のあり方の問題,障害者の「自立」が「就労」に偏り過ぎていることなど,多くの問題を包含していることが多方面から指摘されてきた.つまり,「改正障害者基本法」の理念が,必ずしもこの法律の運用に生かされていないのである.障害者差別禁止にもふれておらず,また改正障害者基本法

では，障害者計画を立案する際当事者の意見を聞くことになっているのが，自立支援法では住民の意見を聞く，としているだけである．これでは，精神障害者が地域住民から排除の対象とされたとしてもそれを食い止める策さえ講じられない．

　自立支援法の施行内容は基本的に，わが国のこれまでの政治動向や社会福祉の政策的な経緯に軸足をおくものであり，しかも改革の最大の理由を終始財政課題に帰していたことも手伝って，福祉サービスの受益者である弱者や障害者にとっては厳しい内容となっている．また，すでに法の施行後3年間で，利用料負担の増加のために生活不安を訴え，生存権の侵害に値するとして市区町村と国を相手取り，憲法訴訟を起こしている障害者も多く出現している．

　示された施策の展開は，当事者である弱者や障害者はもちろん，精神保健福祉現場の実践家の意見なども反映されないまま，財政と時間的な制約のなかで急ピッチに押し進められるなか，時を同じくして介護保険制度の施行5年後の見直しがなされ，2009（平成21）年を目標に障害者施策が介護保険制度に統合化されるタイムスケジュールが示された．この統合化の方針は現在のところあまり表面化してはいないが，可能性が完全になくなってしまったわけではない．

　自立支援法は，これまでバラバラであった3障害の障害者施策を統合化し，精神障害者福祉施策を底上げすることをねらいとして立法化された．加えて障害者の暮らす市区町村を中心としたサービス展開を図るとともに，福祉施設体系の一本化をめざすなど，精神障害者福祉の格段の拡充を期待させる方向性をもっていた．しかし最も大きな問題は，社会福祉の根幹にかかわる基本的な問題として，国として社会福祉を実践していくということについて明らかな責任転嫁があり，十分な所得保障の確保もなされないまま，受益者負担の方向で一気に「応益負担制度」の導入が図られたのである．

3　精神保健福祉の現状

1／精神医療の現状

　精神医療における通院医療は，自立支援法の施行により，これまでの精神保健福祉法第32条の「通院医療費公費負担制度」が廃止となり，身体・知的障害ともども「自立支援医療」に含まれることになった．これにより精神医療は，精神障害者に対する入院医療は精神保健及び精神障害者福祉に関する法律（以下，精神保健福祉法）で規定され，通院医療は自立支援法によって規定されるという，2法で定める矛盾した状況に陥ってしまった．本来であれば，精神障害者に対する福祉と権利を規定する「精神障害者福祉法」を別に策定して，医

療に関する法律と明確に区別すべきであろう．

　自立支援医療については，その医療に対する負担が1割定率負担になったことの負担増の問題や，減免措置に関しても加入保険証の加入者全体を対象に減免額を規定するため，家族への負担が懸念されるといった問題をかかえている．

　2005（平成17）年の患者調査では，わが国の精神障害者数は302万8,000人で，国民の約40人に1人が通院治療あるいは入院治療を受けていることになり，明らかに精神障害者の数が増大していることがわかる．一方で，わが国の精神科病床は，1994（平成6）年の36万2,847床をピークに，2005（平成17）年の病院報告では35万4,313床と若干の減少はみられるものの，10年間でわずか8,000床の減である．人口1万人対病床数では，1991（平成3）年の29.08をピークとして，2005年には27.74となっている．日本の全病床数の約22％を占める精神科病床は，全世界の精神科病床数の15％（人口は2％）を占めているともいわれている．また，平均在院日数は1985（昭和60）年の539日がピークで，その後徐々に減少し，2005年の病院報告では327.2日となっている．しかし，その年の一般科を含む全病床では35.7日であり，精神科在院日数の長期化は他との比較も不可能なくらい大きな問題をかかえている[1]．

　1996（平成8）年のOECD調査による国際比較においても，その年の日本の精神科在院日数は331日と唯一100日を超えており，平均在院日数の少ない国ではノルウェー，デンマーク，フランス，アメリカ（8.5日）の順に少なくなっている．こうした精神科病床の多さや入院日数の長さは，世界的超大国となったわが国の精神医療が相当に根深く，かつ深刻な問題をかかえていることの証左であり，マンパワーの充実をはじめとして，医療と福祉の連携，地域支援体制の整備など早急に取り組むべき課題に直面しているといわなければならない．

　精神科病院に入院している患者を期間別にみると，5年以上の長期入院者の割合が40％を超えており，一方で3カ月未満の入院患者が増えているため，2極分化がいっそう顕著になってきている．また，入院期間の長期化だけでなく患者の高齢化も急速に進んでおり，65歳以上の在院患者の割合は1999（平成11）年の32.4％から2005年には42.2％と，年々増加する傾向にある．また，入院形態別では任意入院が62.3％，医療保護入院36.4％，措置入院0.7％となっているが，1999年と比較すると措置入院および任意入院率が減り，医療保護入院が増加していることがわかる[2]．

　一方マンパワーの推移をみると，精神科ソーシャルワーカー（現．精神保健福祉士，以下PSW）については，1999年に3,497人だったものが2005年には5,844人とかなり増加し，1人当たり患者数は，同年比較で95.2人から55.5人となっ

ている[3]．1987（昭和62）年当時の厚生省は50床に1人のPSWが必要と主張していたが，やっとその数に近い数値になってきたといえる．

2002（平成14）年の新障害者プランにおける数値目標では，「受け入れ条件が整えば退院可能な者」の数が約72,000人とされたが，2005年の調査では76,000人と4,000人増加した数が示された．「受け入れ条件が整えば退院可能な者」については，施策の指標でもあるが，その基準の曖昧さが指摘されている．また，その後の全国都道府県の第1期障害者福祉計画で積算された数値目標が49,000人なのに，2011（平成23）年度までに退院させる目標数を37,000人とするなど，目標値が大きく変わっているため，その信憑性が問われるところである．

「障害者プラン」と「新障害者プラン」の数値目標は，いってみれば精神障害者が地域生活を確立すべく「受入れ条件」を整備するための目標値である．そして，そのことが精神科病床の削減にどうつながっていくのか幾分の期待もあったが，結果としては何も結びついていない．脱施設化計画へとつながる地域の受け皿づくりが，国や都道府県の障害者計画としてプランニングされることを期待するばかりである．

一方，2004（平成16）年9月に出された「改革ビジョン」では，「受入条件が整えば退院可能な者の動態」を，「1年以内の入院期間の者が約20,000人（約3割），1年以上の入院期間の者が約50,000人（約7割）であり，全てが長期入院の者ではない．平成11年と14年の患者調査で動態をみると，70,000人の約半数が3年間で退院しており，残りの半数が継続して入院しているが，さらに，その3年間に約63,000人が新たに入院し，うち約34,000人が14年時点まで継続して入院していることから，結果として，平成14年時点では，ほぼ横ばいの約70,000人となっている」と説明している．

また，精神科病床数の算定方式を見直し，①新規に入院する患者については，できる限り1年以内に速やかに退院できるよう，良質かつ適切な医療を効率的に提供する体制の整備を促す（各都道府県の平均残存率を24％以下とする），②すでに1年以上入院している患者については，本人の病状や意向に応じて，医療（社会復帰リハビリテーション等）と地域生活支援体制の協働のもと，段階的・計画的に地域生活への移行を促す（各都道府県の退院率を29％以上とする），という2点で目標を達成することにより，10年間で約70,000床相当の病床数を減少させるとしている．すでに「改革ビジョン」が提案されて5年が経過しているが，現状の入院患者の動向をみると，本当にこの目標の具現化を図ろうとしているのか疑問とせざるをえない．

この数値目標と関連していることであるが，退院促進に伴う病床削減の一法として，「退院支援施設」が提案されていた．この「退院支援施設」は精神科

病棟の転用として考えられたもので，自立支援法の自立訓練（生活訓練）のなかに位置づけられた．しかし，いかにアメニティを充実させたとしても，精神科病院の病棟施設内に設置される施設であるからには，地域社会との日常的な交流が可能な社会的環境を準備しないかぎり，社会的入院の解消にはつながらないであろう．

2／地域生活支援体制の現状

　精神障害者の地域生活支援体制の整備は，2002（平成14）年に策定された翌年を初年度とする10年間の「新障害者基本計画」に基づき，その前半5年間の「重点施策実施5か年計画（新障害者プラン）」によって進められてきた．その計画の進行途上で自立支援法が施行され，精神障害者の社会復帰施設を規定した精神保健福祉法の条項は削除された．そして，新しい事業体系に2011（平成23）年3月末までに移行し終えるよう，さまざまな誘導策が打ち出されてきた．そのため，現状の精神障害者を対象とした地域生活支援体制を具体的な数値で示すことは困難である．

　2004年の「改革ビジョン」では，精神障害者の地域生活支援体制の現状を，①地域生活支援体制の確立の第一歩となる住まい対策の強化が急務である，②社会復帰施設や精神科デイケアは急速に増加しているが，就労支援，自立支援等の機能を高めることが急務である，③精神障害者社会復帰施設等（入所系・通所系）の整備状況やホームヘルプサービス等の利用状況は，他障害に比較してその水準は低く，都道府県・市町村ごとの差異も大きいうえに市町村の人的体制にも格差がある，と分析している．そして，「改革ビジョン」における施策の基本的視点として，①ライフステージに応じた住・生活・活動等の支援体系の再編，②重層的な相談支援体制の確立，③市町村を中心とした計画的なサービス提供体制の整備，の3点を提示している．

　市区町村を中心とした相談支援体制を整備し，精神障害者の地域における生活状況に応じた住居，社会活動への参加も含めた総合的な支援体制の整備をうたったものである．そして，各市区町村の財政基盤には格差があるにもかかわらず，どのような専門職員を配置して相談体制をつくっていくのかなど，その支援体制の構築については一律に各市区町村に任されることになった．この地方自治体に障害者福祉の実施主体を転嫁する体制は，幸か不幸かそのまま自立支援法へと引き継がれることになる．

　2005（平成17）年までの精神障害者社会復帰施設の設置状況は表1-2に示したとおりである．自立支援法施行後は，3障害を対象としているために，精神障害者を対象とした個別の社会復帰施設（事業）の設置状況を数値化して示すことは困難である．こうしてこの翌年，自立支援法が施行されたことに伴

表1-2 精神障害者社会復帰施設等の設置状況

精神障害者社会復帰施設など（入所施設）					
	1996年	1998年	2002年	2003年	2005年
生活訓練施設	85	131	248	267	292
福祉ホーム	76	91	126	135	136
入所授産施設		13	26	29	30
グループホーム	268	468	987	1,111	1,369
福祉ホームB型			48	72	94
精神障害者社会復帰施設など（通所施設）					
通所授産施設	80	111	278	248	291
小規模通所授産施設				178	400
福祉工場	1	7	15	17	18
地域生活支援センター			325	411	474

資料：国立精神・神経センター精神保健研究所精神保健計画部「改革ビジョン研究ホームページ」pp. 41-43

い，精神障害者の通院医療費は自立支援医療費に含まれ，精神障害者社会復帰施設は新事業体系として，日常活動の場と居住支援の場に区分されることになった．また，社会復帰施設は5年間の移行措置があるものの，地域生活支援センターは2006年10月以降，即新事業へと移行した．

　精神保健福祉士（以下，PSW）については，精神障害者社会復帰施設への任用に係る規定がなくなったが，この新しい事業体系のなかで，精神障害者に対する生活問題（医療と福祉）に関する相談支援や地域生活支援の実践という課題に前向きに取り組んでいかなければならない．ここでは，新制度により利用者の生活上に不利を招かないようなていねいな相談支援を求められるとともに，新制度へ移行後，利用者の生活がどのように変化していったかを克明に記録化し，モニタリングする役割もある．そして，これで得られた自立支援法による影響の実態をもとにして「制度の見直し」を提言するという課題があることも忘れてはならない（図1-1, 表1-3参照）．

　自立支援法が施行されて，これまでの精神保健福祉法による精神障害者社会復帰施設（事業所）は大きな困難を背負うことになった．なかでも格別大きいのが，定率負担といわれる社会復帰施設の利用料の問題である．たとえば利用者が地域生活における不安や相談のために立ち寄ったり，仲間と一緒に場に参加する，あるいは就労訓練を受けたり雇用契約を結んで福祉工場で働くといった場合にも，利用料が発生するという矛盾が生じている．まさにこれは，定率

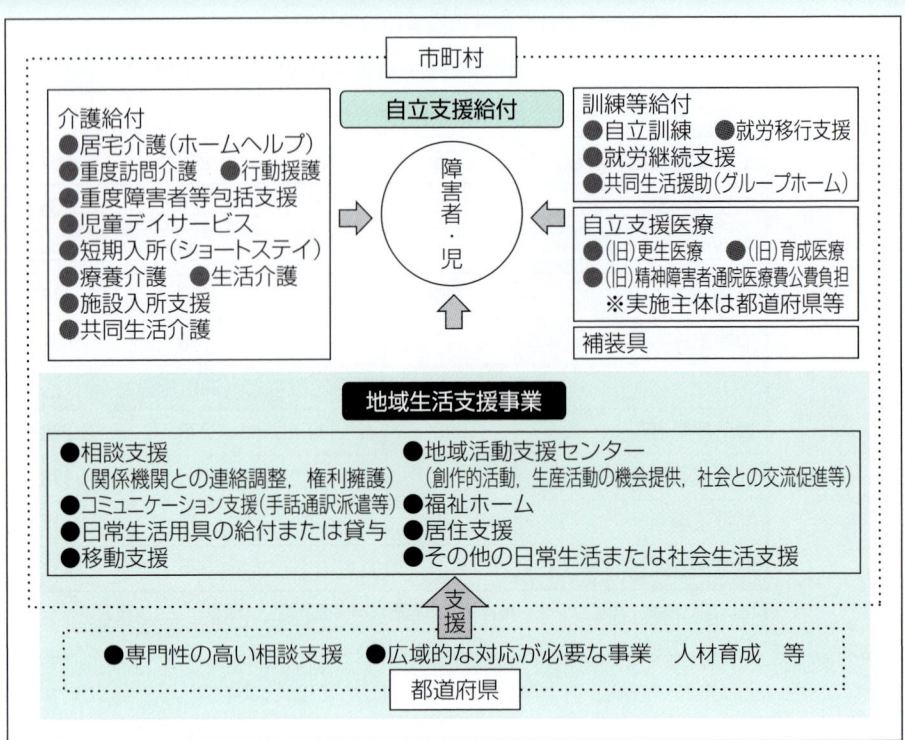

図1-1 総合的な自立支援システムの全体像

負担というより，サービス内容に応じて負担を負うことになるので「応益負担」であり，これによって利用を控えることが懸念される．また，利用者が施設を利用する度に，利用料を請求する事業所と利用者の関係性に影響が出るだけでなく，地域生活支援において決められた上限額以上のサービスを利用すればさらに自己負担が追加されることになる．

さらに，これまでの施設の場合，補助金支給というかたちで施設全体の活動が支えられていたが，今度は個別給付を採用しているうえに「日割り計算」方式を取り入れたことによる混乱も散見される．毎日事業所に通所することが困難な場合や，調子を崩して休むこともあるだろう．電話などによる相談活動や訪問などもこれまでなら問題なく行っていたが，今は利用者が通所しなければ算定されない方式のため，経営的にはきわめて厳しいという現実がある．事業所のスタッフは利用者の生活全般にわたって生活支援を行っているのであり，なかでも利用者のニーズの実現を核に据えた生活実態に応じた支援，地域特性を考慮した支援が求められている．

新体系への移行に際し，明らかに2006年度以降，補助金カットなどによる新

表1-3 新たなサービス事業体系

給付の種類	サービス名	サービスの概要
介護給付	居宅介護（ホームヘルプ）	自宅で，入浴，排泄，食事の介護等を行う．
	重度訪問介護	重度の肢体不自由者で常に介護を必要とする人に，自宅で，入浴，排泄，食事の介護，外出時における移動支援などを総合的に提供．
	行動援護	自己判断能力が制限されている人が行動する際，危険を回避するために必要な援護，外出支援等のサービスを提供．
	重度障害者等包括支援	介護の必要性が非常に高い人に，居宅介護等複数のサービスを包括的に提供．
	児童デイサービス	障害児に，日常生活における基本的な動作の指導，集団生活への適応訓練等を行うサービス．
	短期入所（ショートステイ）	自宅で介護する人が病気の場合などに，短期間，夜間も含め施設で，入浴，排泄，食事などの介護等のサービスを提供．
	療養介護	医療と常時介護を必要とする人に，医療機関で機能訓練，療養上の管理，看護，介護および日常生活の世話等を行うサービス．
	生活介護	常に介護を必要とする人に，昼間，入浴，排泄，食事の介護等を行うとともに，創作的活動または生産活動の機会等を提供するサービス．
	障害支援施設での夜間ケア等（施設入所支援）	施設に入所する人に，夜間や休日，入浴，排泄，食事の介護等のサービスを提供．
	共同生活介護（ケアホーム）	夜間や休日，共同生活を行う住居で，入浴，排泄，食事の介護等のサービスを提供．
訓練等給付	自立訓練（機能訓練・生活訓練）	自立した日常生活または社会生活ができるよう，一定期間，身体機能または生活能力の向上のために必要な訓練等を実施．
	就労移行支援	一般企業等への就労を希望する人に，一定期間，就労に必要な知識および能力の向上のために必要な訓練等を実施．
	就労継続支援（雇用型・非雇用型）	一般企業等への就労が困難な人に，働く場を提供するとともに，知識および能力の向上のために必要な訓練等を実施．
	共同生活援助（グループホーム）	夜間や休日，共同生活を行う住居で，相談や日常生活上の援助等を提供．
地域生活支援事業	移動支援	円滑に外出できるよう，移動支援等のサービスを提供．
	地域活動支援センター	創作的活動または生産活動の機会の提供，社会との交流促進等を図る施設．
	福祉ホーム	住居を必要としている人に，低額な料金で，居室等を提供するとともに，日常生活に必要な便宜を提供．

事業体系への誘導戦術がとられてきたように思われるが，多くの施設にとっては経営的に限界があるため，常勤の職員を非常勤にするといった苦肉の策により何とか乗り切ろうとしてきた．このような事態では，地域生活支援の活動において，利用者数の確保や経営事情だけが優先され，利用者一人ひとりの生活支援が軽視される傾向になってしまうことが懸念される．

3／精神障害者保健福祉手帳など

　精神障害者保健福祉手帳制度（以下，手帳制度）は1995（平成7）年に，精神保健福祉法の第45条に規定され，身体障害者手帳や療育手帳と同様，一定の福祉施策・サービスを提供することを目的としている．

　2006（平成18）年に「障害者の雇用の促進等に関する法律」（以下，障害者雇用促進法）が改正され，精神障害者も障害者雇用率に含まれることになったが，実際の雇用率を変更しないまま精神障害者が加えられたことや，現在雇用されている職員がこの手帳を所持した場合にも対象になるなどいくつかの課題も残るが，新しく精神障害者の一般就労への道を開いたことには意義がある．また，精神障害者保健福祉手帳（以下，手帳）への写真貼付については，制度施行当初は差別につながる危険性があるとの反対運動もあったが，2006年の自立支援法施行の流れに沿った制度変更により，写真の貼付が義務づけられた．

　厚生労働省の「衛生行政報告」によれば，手帳取得者は2003（平成15）年度末の35万6,410人から，2007（平成19）年度末には55万8,475人（有効期限切れ11万5,747人を含む）となっている．制度創設当初は，通院医療費公費負担制度とともに，都道府県業務として保健所が担っており，判定業務を都道府県の精神保健福祉センターが行い，市町村を経由して交付されていた．精神保健福祉法の1999（平成11）年改正の一部施行により，2002（平成14）年度からは申請や交付の窓口を市町村が担うようになったが，市町村各自治体によって窓口の管轄に違いがあるなど統一されていない実態が明らかなった．また，手帳制度利用による優遇制度も自治体間に格差があり，従来は写真貼付がないことをもってサービス整備の困難理由とされたが，写真貼付も義務化されたことから，他障害同様のサービスが受けられるよう，その提供体制のさらなる拡充が求められる．さらに，精神障害者当事者や関係者の国や地方自治体などに対する積極的な要請行動とともに，とくに国土交通省管轄のJR各社への対応が急がれるところである．

4　今後の課題

　わが国の精神保健福祉は，明らかに，入院医療から地域生活中心に向けて舵

を切ってきた．脱施設化の方向性を具体的に進める理念法も整備され，2006年12月には，国連において「障害者権利条約」が採択された．しかし，その理念を具体化するにあたっての，地域生活支援体制の基盤整備と精神科病床の削減はまったく進んでいないといっても言い過ぎではないだろう．

　自立支援法の問題点だけを抽出して論じているわけではないが，どうしてもこの数年間の精神保健福祉状況の変化をみるにつけ，マイナスの評価をせざるをえないというのが正直なところである．法が一部施行されてすでに3年が経過し，その見直しがなされようとしている段階では，法の問題点を指摘するだけでなく，実効性のある具体的な提案が求められよう．

　自立支援法の体系はあまりにも複雑でわかりにくく，法の全体を正確に理解するには相当の忍耐と時間が必要である．事業全体の細かな区分の振り分けが行われ，障害特性に適応した障害程度区分のあり方や支給決定のデュープロセスの明確化，減免制度の利用方法，あるいは不服申立ての方法など，多くの検討すべき課題を孕んでいる．これでは利用者や家族にわかりづらいばかりか，事業所職員が説明することもむずかしい．なぜ，このような複雑なシステムにしたのであろうか．応益負担制度の採用とサービスの利用上限額設定などは介護保険制度に似通っているものの，究竟，障害者福祉予算の削減のためとしか考えられない．

　しかしながら，障害者が暮らす市区町村で，その支援体制が組まれていくことは大いに歓迎されなくてはならない．が，そのためには，市区町村にPSWなどの専門職を採用し，精神障害者の地域支援体制を整備する財政的な補塡が必要である．市区町村単位での障害福祉サービスの提供体制整備を実現するための仕組みとして，3年ごとの障害福祉計画の策定が義務化されたが，この計画の実施結果の公表と評価を国，都道府県とももども行うことも義務づけるべきであろう．市町村では地域自立支援協議会を設置することや，地域生活支援事業を展開することも可能である．ここで国が，市区町村におけるさまざまな活動の展開を可能にするような予算措置を講じなければ，地域格差はますます大きくなるばかりである．

　また，2009（平成21）年度以降の自立支援法3年後の見直しでは，「相談支援（事業）」の充実強化が図られようとしている．今後は，精神障害者の地域生活支援における相談支援体制の充実強化が大きな課題となろう．当事者個々の希望を実現するために必要な医療や福祉ニーズへの支援を組み立て提供することが，この相談支援（事業）によって可能になる．社会活動や交流等の社会参加の機会に関する情報提供なども含め，幅広い一般的な相談支援体制の整備が求められている．

　現在，法施行後3年の見直しについては，精神障害者などの障害特性に応じ

た，国際生活機能分類（International Classification of Functioning ,Disability and Health ; ICF）を採用した障害程度区分などの検討に数年を要するとして，この法の施行時の急激な展開とは違い，大幅に時間を費やした見直し検討がなされようとしている．

　また，政府方針として，2002（平成14）年度末までに障害者に対する欠格条項の見直しが行われた結果，見直し対象になった全63制度のうち29制度が厚生労働省所管の欠格条項であった．いくつかの職種が絶対的欠格から相対的欠格に変更になり，なかには欠格条項が全廃になったものもある．しかし，医師法関係法には相対的欠格条項が残り，また自動車運転免許については絶対的欠格から相対的欠格事由になったものの，病状申告欄を新設して主治医の診断書の提出や適性検査を受けさせるなど，以前より厳しい内容になったものもある．

　しかし，航空会社に精神障害者の飛行機搭乗禁止の内規があるなど，いまだ多くの欠格的取扱いの残滓（ざんし）が隠されている．精神障害を理由とする欠格条項や差別的・欠格的な取扱いを全面的に撤廃することが強く求められるところである．

〔荒田　寛〕

文　献
1）竹島　正：厚生労働科学研究費補助金（こころの健康科学研究事業）精神保健医療福祉の改革ビジョンの成果に関する研究．「目でみる精神保健医療福祉2」，国立精神・神経センター精神保健研究所，2008, pp. 4-6.
2）竹島　正：前掲書．pp. 9-12.
3）竹島　正：前掲書．p. 8.

第2章
精神保健福祉士（PSW）とは

第2章 精神保健福祉士（PSW）とは

2-1 精神保健福祉士（PSW）とは

1 PSWについて

1／PSWの定義

　精神保健福祉士とは，従来精神医学ソーシャル・ワーカーあるいは精神科ソーシャルワーカー（以下，PSW）と呼ばれてきた専門職の新しい名称である．そもそもの起源はアメリカであり，原語ではPsychiatric Social Workerといい，これをPSWと略称する．日本精神保健福祉士協会の前身である日本精神医学ソーシャル・ワーカー協会（現，社団法人日本精神保健福祉士協会，以下，日本PSW協会）は，1964（昭和39）年発足以来長い間PSWのことを，精神医学ソーシャル・ワーカーと言い習わしてきた．とくに精神科ソーシャルワーカーという呼称を使うことはなかった．前者は児童福祉なども含め，精神科医とチームを組んで業務を行う福祉施設・機関等，幅広い領域に通用する呼び方で，ソーシャルワーク関係者の間で使われてきた．後者は主として精神科保健医療機関に働く福祉従事者の職名で，主として医師・看護師等の間で使われてきた．

　主たる業務は，精神保健福祉士法（1997［平成9］年）により，「精神障害者の保健及び福祉に関する専門的知識及び技術をもって，医療を受けあるいは社会復帰施設を利用する人への相談や，助言，指導，日常生活の訓練や援助（相談援助）を行う」（法第2条，筆者編集）と規定された．しかし，これは基本的，中核的な業務の内容を示したものであって，精神保健福祉士法施行から10年を経た現時点では，精神保健福祉士に求められる役割にも変化がみられる

ようになっている．対象となる利用者はこのようにごく限られた精神障害者にとどまらない．

　現今では広く生活問題に苦悩を覚える人びとや，人間関係を含め社会的関係に困惑する人びと等には，広く精神健康の問題が関与していることから，精神保健福祉士の業務範囲も広がりをみせている．うつ病・自殺予防や，思春期の精神的情緒的健康への支援等や，また阪神・淡路大震災にみた鬱勃たる勢いで展開された支援活動を契機に，心的外傷後ストレス障害（PTSD）のケアや，それに続き，犯罪被害者の精神的ケアに当たることが求められるようになった．したがって職域にも著しい広がりがみられ，従来の保健医療福祉の相談援助技術にとどまらず，行政，司法，教育，労働等の関連分野で，必須の包括的な相談援助に当たることが必要とされるようになっている．

　精神科医療関連領域においても，統合失調症のほか，気分障害，発達障害などに対する特性をふまえた対応が求められるようになった．つまり，狭義の医療によって対応してきたこれらの障害に対して，当事者が地域生活を送るなかで医療を受けることができるような新しい接近が，ソーシャルワーカーの参加を促すようになったのである．

　このような役割のなかには，住民の多様なニーズに対し，適切なサービスを結びつける調整や，総合的・継続的なサービスの供給を確保するためのケアマネジメント機能が，精神保健福祉士に求められている．また2005（平成17）年施行の「心神喪失等の状態で重大な他害行為を行った者の医療及び観察等に関する法律」（以下，心神喪失者等医療観察法）においては，精神保健参与員や社会復帰調整官の業務等，司法領域においても新たな役割が求められるようになっている．

　日本PSW協会においては，すでに1982（昭和57）年，PSWは当事者である精神障害者の生活を支援する専門職と定義しながら，その実践の目標を「精神障害者の社会的復権と福祉のための専門的・社会的活動」を進めることとし，これをその年の全国大会総会で採択している（札幌宣言）．ここで，「精神障害者の社会的復権」という言葉が出てくるが，これはわが国の近現代史における精神障害者処遇がいかに過酷であったか，その精神保健・医療福祉施策は総じて排除の歴史としてみないわけにはいかないことから発している．早い話が，社会防衛の観点から，精神障害者は長期入院によって拘束され，市民として地域に生きる機会や，ごく当たり前の生活を享受する権利を剥奪されてきた．復権とは権利の回復，すなわち生きる権利の保障であり，人格としての名誉の回復である．当事者である精神障害者には，医療のみならず，そこにソーシャルワークによる社会的復権と福祉の働きが提供されなければならないのである．

2／PSWの歴史的発展について

　PSWは1905年，アメリカ，ボストン市のマサチューセッツ総合病院において最初の仕事を始めた．その後，ボストン精神科病院（現，マサチューセッツ精神保健センター）や，ニューヨーク市のベルビュー病院，コーネル診療所等でも活動が始められた．その主な業務は，患者の家族等からの聞き取りにより，病気の社会的背景に関するデータを収集することにあった．もともとアメリカの精神医学は精神疾患を単に生物学的側面からだけではなく，家族や社会環境，社会的・文化的な諸要因を調査し，総合的な見方で診断や治療を進めるという方法をとった．これはアドルフ・マイヤー（Meyer, A.）が提唱した力動精神医学の立場である．医療チームは当然この立場の精神医学の実際的手法なのである．

3／わが国におけるPSW論

　わが国ではすでに1931（昭和6）年，雑誌『精神衛生』に精神科病院や精神科クリニックにおいて「ソシアルワーカー」を配置すべきであるという論述がみられる．ソーシャルワーカーの訳語としては「専門接触従事員」という用語が使われている．中央社会事業協会の福山政一は，やはり『精神衛生』の1936（昭和11）年第10号に「社会事業と精神衛生」という論文を書いており，「精神衛生が社会事業の領域において，その重要な役割を確認さるるに至ったのは，近々20年内外のことであるが，その後の発達は極めて目醒ましく，遂にケース・ウワークの一分派としてサイキアトリック・ソーシャル・ウワークなる独自の活動分野を開拓した」と述べ，これを実現するために「精神衛生を必須科目とする社会事業家の養成が急務である」と主張した．

4／わが国におけるPSW組織前史

　村松常雄は，第二次世界大戦直後の1948（昭和23）年，国立国府台病院長であったとき，精神科病棟に「社会事業婦」をおき，精神科におけるソーシャルワーク業務を開始した[1]．1948年というと，まだ精神衛生法ができる以前である．1950（昭和25）年に精神衛生法が公布されて，1952（昭和27）年に国立精神衛生研究所が千葉県市川市に設立された．同研究所には職員として精神科医，臨床心理員およびPSWからなる精神科チーム臨床の試みがわが国ではじめて導入された．昭和30年代の中ごろになると，わが国の精神科病院には数少ないながらも，徐々にソーシャルワーカーが患者や家族に対して生活や経済的な問題について相談に当たるようになってきた．1960（昭和35）～1961（昭和36）年当時，PSWは全国的にいっても60～70人を数えるにとどまっていた．

5／日本精神医学ソーシャル・ワーカー協会の創設とその後の発展

　1964（昭和39）年11月19日に日本精神医学ソーシャル・ワーカー協会が専門職団体として発足した．ようやく精神科医療のなかに福祉専門職として地位を確立する基盤ができたのであった．発足当初，会員88名でスタートした日本PSW協会は，1997（平成9）年4月時点で会員数1,621名になっている．

　1997年12月，精神保健福祉士法が可決公布され，精神医学ソーシャル・ワーカーが国家資格化された．それに伴って会員数は急増する．1999（平成11）年，日本PSW協会は従来からの名称を変更し，「日本精神保健福祉士協会*」となり，2000（平成12）年11月までに2,389名，そして3,000名を越えたのが，2002（平成14）年7月の3,140名であった．さらに2004（平成16）年6月，「社団法人日本精神保健福祉士協会」設立が厚生労働省において許可になった．その後会員数は漸増し，2009（平成21）年3月現在では，6,563名の会員数を擁する専門職団体になっている．しかしながら「精神保健福祉士」という国家資格有資格者は，国全体では39,108名であり，日本精神保健福祉士協会の組織率は2割に満たない．精神保健福祉士法発効から10年を経た今日，協会に課せられた課題の1つは，この組織率の向上である．

　　　　　　　　　　　　　　　　　　　　　　　　　　　　　　　　［柏木　昭］

2　PSWの業務について

　精神保健福祉士（PSW）の業務は，時代状況や社会的な背景と職域の拡大，支援対象者のニーズの変化等によって大きく影響を受けている．入院医療を中心とした支援から「地域生活支援」にPSWの実践の場が拡大して展開されるようになったが，「障害者自立支援法」（以下，自立支援法）が2006（平成18）年から施行されたことにより，そのソーシャルワーク実践は少なからず影響を受けている．

　PSWのソーシャルワーク実践の中心的な役割は，対象者の「生活支援」である．PSWの支援の対象である精神障害者が精神医療機関に入院中であっても，地域で暮らしていても，より豊かな生活の実現のために「生活支援」という業務を展開することは同じである．

　1997（平成9）年12月に成立した国家資格としての「精神保健福祉士」の役割は，「精神保健福祉士法」第1条において「資格を定めることによって業務の適正を図り，精神保健の向上及び精神障害者の福祉の増進に寄与することを目的とする」（法第1条，筆者編集）とし，法第2条で「精神病院その他の医療施設において精神障害の医療を受け，社会復帰の促進を目的とする施設を利

　＊　協会の英語名称は"The Japanese Association of Psychiatric Social Workers"．

用している者の社会復帰に関する相談に応じ，助言，指導，日常生活の訓練その他の援助を行うことを業とする」（法第2条，筆者編集）と定めている．この規定は，1948（昭和23）年から長期間にわたって精神保健福祉分野で活動してきた精神科ソーシャルワーカーの業務の範囲を限定するものであった．しかし，国家資格としての業務内容の規定は，精神障害者の社会復帰に関する相談援助と日常生活の訓練という一定の枠があるものの，実際の精神保健福祉士の業務内容の幅は支援対象のニーズの変化と拡大によって確実に広がっている．

　わが国におけるPSWの歴史的な経過から考えると，1973（昭和48）年に「Y問題」によって提起された専門性の課題が，業務の方向性を明確にする契機となった．この，歴史的に痛恨の思いの残る「Y問題」を経験することによって，「PSWは何であるのか」そして「誰のためにあるのか」ということを，日常実践を自己点検するなかから考えることを可能にした．そして，人権の尊重と生活支援を中心とした「精神障害者の社会的復権と福祉」をめざすという方向に専門性を改めることができ，1989（平成元）年に「精神科ソーシャルワーカー業務指針」を採択した．その業務指針では，精神科病院などの医療機関で働くPSWを中核とした業務の指針を示すものであったが，その後の地域生活支援を展開するPSWの活動を網羅するものではなかった．

　そのため社団法人日本精神保健福祉士協会は，全国の協会会員である精神保健福祉士の業務について実態調査を行い，実際に実践している業務内容の全貌を把握すべく努めてきた．そして，2008（平成20）年3月，総務部「精神保健福祉士業務指針」提案委員会により「精神保健福祉士業務分類および業務指針作成に関する報告書」（相川委員長）が作成され，今後はこの報告書をたたき台としつつ，2年間の時間をかけて新たに「精神保健福祉士業務指針」を作成する予定である．

　現時点における精神医療機関や地域の社会復帰施設，自立支援法に基づく事業所等において，PSWがかかわっている業務を次に列挙する．

　①受診受療援助，②入院援助，③療養中の相談援助，④退院援助，⑤集団援助（グループワーク），⑥社会生活上の相談援助，⑦日常的な生活の訓練，⑧経済的な問題の相談援助，⑨家族に対する相談援助，⑩家族関係の調整と相談，⑪地域活動と地域関係機関との調整・街づくり，⑫人権の擁護，⑬教育・研修への参加などである．病気かどうかの相談の段階から地域生活の準備，社会的復権のための支援，退院後の社会生活と自立の支援など，対象者の自己実現に向けて一貫した支援を行うのである．

　先に述べたように，国家資格である「精神保健福祉士」は，精神保健福祉分野におけるソーシャルワーカーとしてのPSWの業務を包含しているものではない．しかし，1999（平成11）年に組織の名称を「日本精神保健福祉士協会」

に変更し，2004（平成16）年に社団法人化して社会的承認を得るとともに重大な社会的責務を負うこととなった．このことは，専門職PSWの専門性の向上を図り専門性の追究を行うことが，等しく精神保健福祉士の専門性の確立に向かうものでなくてはならないことを意味する．

　今後の精神保健福祉士法改正においては，現に精神保健福祉士が行っている専門職としての実践内容に匹敵するものが盛り込まれる必要があろう．精神保健福祉士のソーシャルワーク実践は，国家資格に規定された業務内容に加え，「精神障害者の地域生活支援」のみならず，国民のライフサイクルにおける精神保健福祉課題にも対応できるものでなければならない．当然，他職種も同じように，国民の精神保健福祉の向上に向けた実践を行おうとしている．

　ここでは，精神保健福祉士の援助の視点である「個人と状況の全体性をとらえる視点」「クライエントの自己決定を尊重する視点」「クライエントの立場を尊重し，人権を擁護する視点」「生活者を支援する視点」を再確認しておきたい．そしてそのためには，これらの視点のうえに展開される精神保健福祉士の専門性を，具体的かつ現実的に検討できる業務指針が必要となってくる．精神保健福祉士の業務が拡大しつつある状況だからこそ，業務の単なるマニュアルとしてではなく，個々の精神保健福祉士が専門職としての業務を展開するにあたって自己点検するための指針が必要なのである．

〔荒田　寛〕

3　PSWの職場について

　精神保健福祉士（PSW）の働いている領域は確実に拡大し多様化している．それは，精神医療機関や社会復帰施設・機関だけでなく，精神保健福祉センター・保健所・市町村等の行政機関，スクールソーシャルワーカーが活動する教育分野，保護観察所の社会復帰調整官および精神保健参与員，刑務所における退所支援等の司法の分野，ハローワーク等における精神障害者の就労支援や職場の労働者への職場復帰支援といった労働分野などである．このことは，時代が精神保健福祉士に要請する役割と課題が増えたことを意味するものであるが，一方では，日本精神保健福祉士協会が45年にわたる活動の積み重ねと検証のなかで，さまざまな領域からの期待に応えうるだけの実践力と対応力をつけてきた証左でもある．

　しかし，いまだ精神保健福祉士に対する認知度は決して高いものとはいえず，また，国家資格化された際の経過措置で他職種からの資格取得者がかなりの数にのぼったこと，精神保健福祉士の養成施設が増大したこと等の影響もあって，PSWとしての専門性の継承が十分にできない状況が続いたことも否定できない．今後，精神保健福祉士を専門職たらしめる専門性の向上と実践の質の

担保をどう確保していくかは，社団法人日本精神保健福祉士協会の組織的な課題であると同時に，個々の精神保健福祉士がクライエントとの「かかわりの検証」によって学習していくべき課題でもある．

　以下，PSWがわが国に登場したころからの経過を，職域の拡大に焦点化して概観する．
　その多くは精神科医療機関に配置され，現在でも多くの仲間が所属しているが，1965（昭和40）年に精神衛生法が改正され，保健所が精神衛生業務の第一線機関になったことや，都道府県や政令都市に精神衛生センターの設置が義務づけられたこと等により，行政機関にもPSWが配置されるようになった．また，1969（昭和44）年に厚生省（当時）から「精神障害回復者社会復帰センター」の案が示され，その施設が川崎市と岡山県に設置されたのに引き続き東京都単独事業として世田谷リハビリテーションセンターが設置され，中間施設においてPSWが医療と福祉の両面からリハビリテーションに関与している．
　さらに，1987（昭和62）年に精神衛生法が改正され，精神障害者の社会復帰の促進と人権擁護を法の目的とした精神保健法の成立に伴い，精神障害者の社会復帰施設が法定化され，生活訓練施設や授産施設，福祉工場，地域生活支援センターなどにPSW必置が義務化されて配置が促進され，小規模作業所などの法外施設に所属するPSWも含め，地域において精神障害者の生活支援を展開するPSWが増大した．
　また，1999（平成11）年に精神保健福祉法が改正され，2002（平成14）年より市町村に精神保健福祉業務が一部委譲されたことに伴い，PSWを採用する市町村もある．そして2005（平成17）年に施行された「心神喪失者等医療観察法」により，PSWが社会復帰調整官や精神保健参与員として司法の領域で働くこととなった．
　しかし，2006（平成18）年の自立支援法の施行に伴い，3障害を対象とした障害者の生活支援を包括的に実施するとして精神障害者単独の社会復帰施設は廃止され，このことがPSWの職域に大きな影響を与えている．今後，自立支援法の相談支援事業の中心的な役割を期待されている「地域自立支援協議会」には精神保健福祉士を必置とするよう強く要望していく必要があるだろう．
　一方で，精神医療機関におけるPSWは，1986（昭和61）年に訪問業務が診療報酬の対象となって以降，精神科デイケア・ナイトケア，退院前訪問，入院患者・外来患者集団精神療法，入院生活技能訓練等にその業務を拡大し，急性期治療病棟・療養病棟・認知症疾患治療病棟等の病棟への配置が進められているが，社団法人日本精神保健福祉士協会の会員の半数が地域の機関・施設に所属するようになっている．

そして，昨今の精神保健福祉士の職域の広がりとして，教育機関におけるスクールソーシャルワーカー，ハローワークなどの労働機関への配置，大学等の精神保健福祉士の養成機関の教員，精神科救急医療システムにおける「情報センター」への配置等に加え，精神障害者地域移行支援特別対策事業（退院促進事業）に関与する地域体制整備コーディネーターや地域移行推進員（自立支援員），認知症疾患医療センターへの配置等が進んでいる．今後，認知症高齢者に関する分野や人権擁護の分野などへの任用が望まれる．

　精神保健福祉士として国家資格化されて10年を経過した今，このような状況になるとは誰も予想だにしていなかった．精神保健福祉士が資格をもつということは，「精神障害者の社会復帰の促進と人権の擁護」を実践する専門職として期待されていたし，自らもそのことを展開する専門職であることを願って国家資格を求めてきたのではなかったか．地域に生きる精神障害者がこの時代に生きてよかったと思えるような，ノーマライゼーション思想に裏打ちされた地域社会を創造していくこと，そしていまだ精神医療機関を「終の住処」にしている人たちの生活を豊かにすることと併せ，これを地域社会に取り戻すために必要とされる支援とは何かを追求する姿勢を忘れてはならない．

〔荒田　寛〕

4　精神保健福祉士の専門性

1／PSWの専門性

　ここではPSWの専門性を規定する知識と技術と価値について述べる．知識とはいうまでもなく，精神保健福祉に関するソーシャルワークのサービスに必要な一連の学科目からなる，カリキュラム体系にかかわる知識をさすのである．とくに援助技術の知識に関する中心的な要素としては，「クライエント自己決定の原理」と「人と状況の全体性の視点」ならびにこれを構築，維持する実践上の条件としての「ソーシャルワーク関係論」および「専門職倫理」が該当する．

2／クライエント自己決定の原理

　クライエント自己決定の原理は福祉実践における原点ともいうべきものである．これを筆者は支援・援助技法における鍵概念として位置づけている．バイステック（Biestek, F. P.）は1950年代のアメリカケースワーク論者で，クライエント自己決定の原理をケースワークにおける中心的原理とした[2]．PSWの専門的基礎は医学ではなく，社会福祉学のなかにおかれなければならない．それゆえ福祉的実践において，PSWは「自己決定の原理」を通してクライエントとの対等の立場性を保持し，問題解決に向けて協働するものであることを常に意

識したい．

　自立支援法が2005（平成17）年11月に公布され，都道府県や市町村は，保健所や精神保健福祉センターその他，これに準ずる施設に，精神保健福祉相談員をおくことができるようになった．精神保健福祉相談員は精神保健福祉士など有資格者が，都道府県知事や市町村長によって任命され，精神障害者やその家族からの相談に応じ，あるいは家庭訪問などを通して必要な指導を行うこととなった[3]．

　また，従来の精神保健福祉法に規定された施設・事業体系の見直しがなされ，自立支援法に基づく新体系へと移行している．従来のような利用の有無にかかわらず補助金として施設・事業所に一定額が保障されるようなことはなくなった．新しい法体系では，利用実態を反映する「実績払い」の方式が採用されている．施設現場においては，職員が利用者に対して，とにかく決められた日には必ず出席するように勧誘したり，時にはそこに働く利用者と，あまり実績を上げない利用者の選別が行われたりすることがあるかもしれない．工賃は精勤に対するインセンティブになる．これが福祉現場における日常であるとしたら，淋しくも，また悲しい話である．精神保健福祉士はそういう状況に立たされた専門家である．自らを厳しく反省し，最も適切なあり方が保持できるように努めたい．

　新しい法律ができて，精神障害者に対する支援の枠組み等，制度が変わろうと，障害者のニーズはそれに合わせて変わっていくわけではない．同様に，クライエントに対するソーシャルワーカーの姿勢がそれで変更するものであってはならないことは改めていうまでもないことである．クライエント自己決定の原理こそ新しい法制度のもとで，かかわりの原理の中心的要素として，ますます堅持していきたいものである．

　人には自己決定の"権利"があることはいうまでもないが，ソーシャルワークにおいては，クライエントの権利においてのみ自己決定が重視されるのではない．単なる権利論だけでは自己決定の問題は整理できない．自己決定を権利の概念から定義づけると，いきおい相手を横断面でしかみなくなってしまう危険性がある．たとえば，「認知症高齢者は，認知や判断あるいは記憶能力が低下しているから，わけのわからない人」と決め込んでしまうといったことがないとはいえない．そのうえで，「しかし人は生まれながらにして，自己決定の権利をもつのだから，こういう人たちに対しては『成年後見制度』や，『地域福祉権利擁護事業（日常生活自立支援事業）』を即，活用しよう」など，間々ありがちな援助者側だけの判断がなされること無きにしもあらずである．このような権利論に基づく支援論は"見かけ"の自己決定に係る「静態的権利論」といわなければならない．

よい援助者は相手クライエントと質のよいかかわりをもつことにより，相手が自分自身のニーズに基づいて，常に何らかのシグナルを出していることに気がつくはずである．ソーシャルワーカーは相手とかかわりをもつなかで，相手のいおうとしていることを理解しようと，注意力と想像力を十分に働かせることにより，クライエントにとって特有の意味があることを理解する．これが自己決定における「力動的関係論」である．

3／人と状況の全体性について―アセスメントの視点
　ソーシャルワーク援助には，クライエントのかかえる問題の初期評価としてアセスメントという過程が設定される．アセスメントは1940年代から60年代いっぱいぐらいまで，「社会診断」とか「心理・社会診断」という言葉を用いた．今日では「出会い」から始まる問題理解についてのクライエントとの協働の全過程をアセスメントというようになっている．したがってクライエントは，「診られる対象者」ではなく，共に「みる協働者」ということになる．
　アセスメントは出会い（エンカウンター，encounter）から始まる．出会いとは偶然遭遇すること，というのが通常の意味であるが，ソーシャルワークにおいては「クライエントの立場に立つ」という経験をもつことそのものがエンカウンターなのである．それは「ここで，今（here and now）」のクライエントとの関係性を大事にすることである．したがって，「あそこで，あの時（there and then）」に属する病名や診断等にこだわらない．統合失調症とか認知症といった病名のフィルターで相手をみない．認知症高齢者を何も決められない弱者としか思わないのは，職員側の想像力と注意力の欠如にほかならない．
　ソーシャルワーカーはクライエントとかかわりをもつ際に，クライエントがかかえる問題について人とその状況（環境）を総合的にみる．これを「人と状況の全体性」の視点という．同時にクライエントの住む地域への見通しが必要になってくる．クライエントの生活支援が目標であるとすれば，個別直接援助にはしばしば家族とのかかわりが最重要視される．しかしクライエントの家族生活は地域・コミュニティのなかで営まれるから，地域の人的資源や，活用可能なネットワークを見通す視点が欠落していれば，的確な支援はできない．
　したがって今や援助者は福祉・医療を問わず，施設や機関のなかに潜んではいられなくなっている．地域とのよい関係がなければ，密室において自己完結する援助ということになってしまう．密室の関係を脱却して，地域に開放された関係を創りあげていくという大きな課題が個々のソーシャルワーカーに課せられているのである．
　以上をシステム論的にいえば，次のようになる．1人の人と面接する際には，人間存在を規定する一側面として文化的・社会的あるいは経済的諸条件

や，また気候や風土など自然環境も含めて，環境要因を背景にした理解が必要である．したがって，PSWの実践においては，当事者であるクライエントの病気の側面や，性格的な特徴や，あるいは特定の親子関係だけに問題の性質を収斂させて検討するのではなく，当事者を取り巻く生態学的な環境を重視するという意味で，いわゆるエコシステムへの接近が必要になっている．

家族の影響ということ1つをとっても，当事者を含む家族成員全体の間でみられる相互的なやりとり関係のなかで起こる事象がそこにある．同時に家族は地域とのつきあいや，やりとりを通して，地域との有機的相互関係に大きく依存しながら生活を送るのである．そこには，そうした体系（システム）のある局面における1つの事態が，しばしばクライエントにおける精神症状や問題行動という象徴的な現象として，われわれにその姿を垣間みせるのである．

4／ソーシャルワーク関係論

上述したように，クライエント自己決定の問題は実は，「かかわり論」において理解しなければならないことがわかってくる．そこには時間の概念が大きく関係してくるのである．ソーシャルワーカーがクライエントとどういうかかわりをもち，どのくらい良質で有効なかかわりに時間をとったかが問われることになる．とすれば，当事者の能力だけではなく，むしろソーシャルワーカーの責任性と援助力の存否が問われることになるのである．クライエントの自己決定は「かかわり」が熟成するときに，現れてくる．

「時間」には「クロノス」と「カイロス」という2つの考え方がある．「クロノス」は計測できる時間であり，「今，何時」とか「ここから東京まで何時間かかるか」といった使い方である．それと対照的に「カイロス」は，ある時間の経過があって，それを関係者が経験したときに，「ちょうどよい今の時が来ている」というような「時」のことをいう．英語でいうとタイミングとかチャンスという言葉があてはまる．これを時が熟すという．村上陽一郎のいう「時熟」とは，このカイロスと同義であると考えられる．

「生産過程では，露骨に言えば仕事の達成に要する時間は悪なのではないか，出来うれば，それはゼロにまで縮減したいものなのだ」[4]．しかし生物現象については異なる．「胎児が母親の胎内に宿って，一日一日と育っていく時，約40週という時間の経過は胎児自身にとっても，母親になるべき人にとっても，断じて飛び越えてしまうべき，或いはなくもがなの時間ではないのである」[4]．

同様に，自己決定の現われ方はクライエントの能力だけの問題ではない．そこには「かかわり」の質が問われる．かかわりの質はカイロス的時間をクライエントとともにソーシャルワーカーが経験したかどうかにかかわってくる．

治療・援助概念は1人の個人に病理や問題性を認めて，1方向性の行為とな

って現われ，パターナリズム（父性的保護主義）につながる危険性がある．これに対し生活者志向をもつソーシャルワーカーはクライエント自身だけに焦点を当てて問題とする視点をもたない．クライエントが望む生き方に，あつい関心を寄せ，資源（クライエント自身ならびに社会資源等）を共に見出していくポジティブ（積極的，好意的）な作業を進めようとする．

　また同時に援助者は利用者とともに生き，地域で歩む支え手として，地域を見通す視点をもたなければならない．そこでは「トポス」を創造する力量が必要である．「トポス」とは人が住む「場」である．作業所（地域活動支援センター）や，とくにグループホーム（居住支援サービス）などは人が集まって住むところであるから，格好の「トポス」である．職員は利用者とともに街へ出て行く．地域からも多勢のボランティアが出入りする．あるいは客を迎える．そういうあり方をめざして，地域の福祉事業所の運営に当たれば，自ずとトポスが形成される．ソーシャルワーク関係性の地域への広がりをそこに見出すのである[5]．

5／専門職倫理について

　PSWは，日常実践において常に専門職倫理の側面で挑戦を受けているといっても過言ではない．これは人にかかわる専門職業における「価値」の問題であり，各々のPSWはさまざまな状況のなかで葛藤を覚えたり，実際に困難な課題に直面したりすることが少なからずあるのである．1988年（昭和63）年制定の日本精神医学ソーシャル・ワーカー協会倫理綱領（2004年　社団法人日本精神保健福祉士協会倫理綱領）は専門職団体として，中核的な価値を明示したものである．それに基づいてソーシャルワーカーは自らの責務を自覚し，自己規制を課すという意味で，行動指針になる基準を定めたものが倫理綱領である．「床の間の掛け軸ではなく，茶の間の地図」[6]という名言がある（坪上宏）が，ソーシャルワーカーはそれによらなければ動けないというのでは仕方がない．むしろ自身がむしろ倫理綱領の作り手であることをも自認したい．

　倫理綱領の前文をみると，1）個人の尊厳を尊ぶ，2）基本的人権を擁護する，3）この専門職は社会福祉学を学問的・実践的基盤とする，4）そのうえで，その知識・技術および価値観により，社会福祉ならびに精神保健・医療の向上に努める，そして最後に，5）こうした努力により，クライエントの社会的復権と福祉のための専門的・社会的活動を行うという5つの柱からなり，PSWの価値原則が明確に指し示されている[7]．

　一方，精神保健福祉士法では法律として罰則を伴う倫理規定がある．専門職団体としては法律自体を遵守するだけでなく，より厳しいレベルでの自律的規範をもたなければならない．日本精神保健福祉士協会でも「倫理委員会」を設

置し，法人構成員による権利侵害の問題に対応している[8]．不正行為が決してあってはならないことは，ヒューマンサービスに携わる専門職として当然のことなのである．

さらに，自分の実践の行動における倫理を自覚することは大事であるが，仮にも障害者を雇用する会社・企業等においても虐待等による人権侵害が起こらないように，地域の啓発に当たり障害者の支援に当たるべきである．また障害者への福祉サービスは身近な市町村が主体になって提供されるが，福祉サービス提供の部局として当然人権擁護の視点をもたなければならない．ソーシャルワーカーはこれらに対する「見張り」の役割を果たしていかなければならない[9]．

[柏木　昭]

文　献

1) 村松常雄：精神衛生．南山堂，1995．
2) バイステック，F. P. 著，田代不二男，村越芳男訳：ケースワークの原則．誠信書房，1965，pp. 165-196．
3) 社団法人日本精神保健福祉士協会編：障害者自立支援法―地域生活支援の今後と精神保健福祉士の実践課題．へるす出版，2006，pp. 139-140．
4) 村上陽一郎：時間の科学．岩波書店，1986.9．pp. 114-126．
5) 河合隼雄，中村雄二郎：トポスの知―箱庭療法の世界．ティビーエス・ブリタニカ，1997，pp. 207-210．
6) 日本精神保健福祉士協会精神障害者福祉研究委員会：精神保健福祉士の価値について．2002年度精神障害者福祉研究委員会報告書，2003.5，p. 11．
7) 日本精神保健福祉士協会倫理綱領．第3版これからの精神保健福祉，へるす出版，2003，p. 257．
8) PSW 通信．No. 135，日本精神保健福祉士協会，1989，p. 169．
9) 阿部志郎：福祉実践への架橋．海声社，1989，p. 169．

2-2　わが国における PSW の歴史

わが国における精神科ソーシャルワーカー（以下，PSW）の歴史は約60年が経過している．1997（平成9）年12月に「精神保健福祉士法」が成立し翌年4月に施行された．本節では国家資格化される以前と以後に分けて PSW の歴史を概観する．

1 国家資格化以前の PSW の歴史

1／「日本精神医学ソーシャル・ワーカー協会」設立以前

わが国における PSW の活動は，1948（昭和23）年に国立国府台病院において，アメリカで力動精神医学を学んだ村松常雄院長が橋本繁子氏と関川美代氏

を起用し,「社会事業婦」という名称で採用したのが始まりである.そして,1952（昭和27）年には国立精神衛生研究所が設置され,精神科医,臨床心理学者とともに臨床チームを構成する一員として7名のPSWが採用されている.村松は,1951（昭和26）年に名古屋大学医学部に転勤した際,名古屋大学の精神医学教室に国立国府台病院のPSWであった金子寿子氏を配置している.

その後,力動精神医学の影響を受けた精神科医の活躍する特定の病院においてPSWが採用され始めたが全国的な広がりにはならず,日本社会福祉学会,病院精神医学懇話会,全国精神衛生大会などに参加した機会に個人的交流を続けている程度であった.そして,精神科治療における薬物療法の普及とともに多様な役割を期待され,各地の精神科病院において徐々にではあるがPSWが採用され始め,1950年代後半から60年代にかけて「東海PSW研究会」「宮城PSW研究会」「埼玉・神奈川・東京PSW連絡協議会」などが組織化され,PSWの専門性の検討が進められるようになる.

当時のPSWは,1953（昭和28）年に結成された日本医療社会事業家協会に結集して組織的活動を行ってきたが,1958（昭和33）年に日本医療社会事業協会（以下,日本MSW協会）として改組され,医療社会事業の普及啓発に重点がおかれたことから,ソーシャルワーカー（専門職）としてのアイデンティティを追求していたPSWの間で全国組織結成の気運が高まった.

また,1959（昭和34）年からは,国立精神衛生研究所においてPSWを対象とした社会福祉課程の研修が開始されるとともに,同研究所にPSW推進委員会の事務局が設置され,東北,関東甲信越,関西,中国四国,九州等に地域推進委員がおかれた.そして1963（昭和38）年8月に,日本社会事業大学で76名のPSWが「精神病院ソーシャルワーク連絡協議会」を立ち上げて全国的なPSWの協議の場をつくることを決議し,翌年11月,仙台市において88名のPSWの参加を得て「日本精神医学ソーシャル・ワーカー協会（以下,日本PSW協会）」の設立総会が開催されることとなった.

2／「日本精神医学ソーシャル・ワーカー協会」設立以後

1）協会の設立

1964（昭和39）年に設立された「日本PSW協会」の設立趣意書には,「精神医学ソーシャル・ワークは学問の体系を社会福祉学に置き,医療チームの一員として精神障害者に対する医学的診断と治療に協力し,その予防および社会復帰過程に寄与する専門職種」とあるが,「入院治療はリハビリテーションを重視して行われなければならないこと,そしてその過程の中にPSWの機能が位置づけられなければならない」という考え方が主流であった.そのころのPSWは力動精神医学の影響を受けていたが,協会は他職種との相違を明確に

し，PSWの社会的認知の向上のために自己決定の尊重の原則といったソーシャルワークの原則を掲げ，自分たちの専門性である社会福祉学を学問的基盤として組織活動を開始した．

日本PSW協会は，1965（昭和40）年の精神衛生法改正時に，精神衛生の第一線機関として位置づけられた保健所に配置される精神衛生相談員と医療社会事業員の充足供給と執務規定について検討し，社会福祉系の大学卒業生の採用を主張して「精神衛生技術指導体制の確立に関する要望書」を作成，厚生大臣と公衆衛生局長に陳情している．また，民間精神科病院に採用されたPSWの社会的地位の低さ，身分の不安定さ，劣悪な労働条件という状況の解決に取り組むことも緊急の課題であった．

1970年代前半は，精神医療の諸問題が社会問題として顕在化し，全国各地に保安処分反対運動が展開されるなど，障害者観に基づく人権思想の高揚がみられた．一方，地域においては，共同住居「やどかりの里」の発足，川崎市社会復帰医療センター・東京都世田谷リハビリテーションセンターなどが開設され，入院中心の精神医療から地域精神医療へのきざしが垣間見られた．

1969（昭和44）年，第5回日本PSW協会全国大会（名古屋）の場において全国精神障害者家族会連合会より，健康保険特例法延長法案と精神障害者の医療制度上の差別に対する反対決議の要請が出されたことに象徴されるように，PSWおよび日本PSW協会の存在意義が内外から問われるようになった時期でもある．精神障害者の生活と人権の両面にわたる差別の問題がPSWにとって急務の課題であり，精神障害者の現状に眼を向けたかかわりを実践するという新たな活動の方向づけをもつようになった．

一方で，精神医療の現場に現れたPSWのかかえる矛盾は，精神障害者の人権に深くかかわることがPSW自身の身分や生活に不安定さをもたらし，それゆえのPSW自身の保身が精神障害者の人権抑圧を招くというものであった．それは，患者の社会復帰をめぐって病院と対立したPSWが解雇を命じられたり，入院患者の選挙権の行使にまつわる人権侵害やPSWが医師の業務役割を引き受けていたといった問題に象徴されていた．そのため，改めて精神障害者の現状に目を向け，PSWの業務・役割・機能についての検討が開始された．当事者の生活の実態や医療のおかれている状況をどのように把握し，自らがどのようにPSWの業務を展開しようとしているかに目を向けるようになったのである．そして，「医療におけるPSWの社会福祉課題」を明確化することを当面の課題とし，「業務基準」の検討を行うこととなった．

2) Y問題と協会の危機

1973（昭和48）年の第9回日本PSW協会全国大会（横浜）で，協会は「Y

問題」という課題によって，PSWの存在の意味や組織のあり方をめぐって内外から厳しい批判にさらされ，事実上その機能は停止に陥ることとなった．協会がPSWの課題を整理し，PSW業務の専門性と協会活動の総括を行い，組織のあり方を提示するまでには，1981（昭和56）年の第17回大会の「提案委員会報告」を待たなければならなかった．協会が迅速に対応できなかった背景には，組織基盤の脆弱性に加え，問題に関する協会員の意識の乖離が影響していたと考えられる．

協会は，調査委員会を設け1975（昭和50）年に報告書を提出し，Y問題の背景として精神衛生法下における入院制度のあり方を点検する必要性を指摘するとともに，PSWが当事者の立場に立つことを基本姿勢とする業務のあり方の確立，そして，その業務遂行を保障しうる身分制度の確立を課題として取り上げている．しかし，自らの地位の法的根拠や保証をもたない状況下では，所属する組織の告発をも伴いかねない患者の人権擁護機能を果たすことはできないとする実践現場からの切実な声があった．議論は，Y問題の継承か身分法かという二者択一的な方向に偏りがちとなり，Y問題の継承をめぐって事態は紛糾し，1976（昭和51）年の第12回日本PSW協会全国大会（静岡）は中止となった．

協会はY問題の教訓化に基づき，対象者の立場に立って問題をとらえ直すこと，そして対象者とともに歩む関係の重要性を認識し合うところから専門性をとらえることを志向するソーシャルワーク実践の方向性を明確にした．そして1980（昭和55）年に，機能回復を積極的に進めるため「提案委員会」の設置が決定された．こうして提示された「提案委員会報告」は，協会を「『精神障害者の社会的復権と福祉のための専門的・社会的活動』を中心に据えた組織とする」ことを提起し，組織的な5点の課題をまとめた．

さらに，1982（昭和57）年に札幌で開催された第18回日本PSW協会全国大会では，「精神障害者の社会的復権と福祉のための専門的・社会的活動を進めること」をPSWおよび協会活動の基本指針とすることを明文化した「札幌宣言」を採択し，ようやく協会の組織的な活動は正常化された．

3）協会の再生と専門性の課題

この時期は，1980（昭和55）年8月に起きた「新宿西口バス放火事件」を契機に「保安処分を含む刑法全面改正」への関心が高まる社会的状況にあった．各関係諸団体が反対声明を出すなか，協会も「保安処分制度に反対する決議」を採択し，法務大臣に抗議文を送付した．そして，協会は「札幌宣言」を受け，専門性を深めることを目的とした3点課題（倫理綱領の制定，業務指針の策定，精神障害者福祉論の構築）の具体化に向けた取組みを始めることになる．

こうした協会の再生に向けた取組みのさなか，1984（昭和59）年3月，看護

職員の暴行によって入院患者2名が死亡するという，いわゆる「宇都宮病院事件」が起こる．この事件は国際人権連盟を通じて第37回国連差別防止・少数者保護小委員会に提訴され，国内外でわが国の精神医療に対する批判が高まった．国連の人権小委員会や国際法律家委員会などから調査団が来日し，協会も調査に参加する．調査団は翌年5月，「日本における精神障害者の人権及び治療に関する国際法律家委員会の結論及び勧告」を日本政府に伝え，政府も国連の場で法改正を公約せざるをえなくなり，従来の「精神衛生法」は，法の目的を人権の擁護と社会復帰促進の2本柱とした「精神保健法」へと改正されることとなった．協会は，法改正の趣旨を具現化するマンパワーとしてPSWの配置が不可欠であるとして，政府や関係団体に理解を求める活動を展開した．

また，専門性を構築する課題として「日本PSW協会倫理綱領」を1988（昭和63）年，沖縄で開催された第24回日本PSW協会全国大会で採択し，同年，専門性の確立のもう1つの課題である「精神科ソーシャルワーカー業務指針」を理事会で承認，PSWのソーシャルワーク実践の個々の業務に関する指針を提示した．

4）資格問題とPSWに対する期待の変化

1987（昭和62）年に「社会福祉士及び介護福祉士法」が制定されて，一部ソーシャルワーカーの国家資格化がなされたものの，医療の領域のソーシャルワーカーは除外されたままであった．協会はこの資格に関する見解を公表するとともに，その後PSWの国家資格化に向けて担当常任理事をおき組織的に対応する意向を表明して以降，PSWの国家資格化に向けた具体的な活動が展開されることとなった（その経過については2-5, p.72において詳述する）．

1993（平成5）年に，「精神保健法」の一部改正と併せ「障害者基本法」が成立したことにより，精神障害者も法的に医療のみならず福祉の対象としても位置づけられたことから，よりいっそうPSWの地域生活支援への取組みが求められるようになった．しかし，このころ精神障害者が置かれている状況に大きな変化はなく，多くの長期入院者が社会の受け皿もないまま入院を継続し，地域で生活する当事者にとっても社会的自立をめざすにはあまりに社会資源が少ないなど，精神障害者の社会参加のためのソーシャルワーク実践が急務とされたことも手伝って，PSWの国家資格化が喫緊の課題となっていた．

1995（平成7）年には，精神保健法から「精神保健及び精神障害者福祉に関する法律」（以下，精神保健福祉法）へと改正され，法の目的に「精神障害者の自立と社会参加のための援助」がうたわれ，地域ケアに重点をおく規定が大幅に加わるとともに，病者としてではなく生活者としての位置づけがなされ，精神障害者の人権擁護がこれまでにも増して強く意識されることとなった．ま

た，同年「障害者プラン―ノーマライゼーション7か年戦略」が策定され，20,000～30,000人が精神科病院から退院し，地域生活を拠点とした精神保健福祉活動，地域リハビリテーションが進められるよう，社会復帰施設の整備計画が具体的な数値目標とともに立案され，社会復帰・社会参加促進が図られるようになった．こうした状況のなか，法制度においてもPSWの役割が具体的に規定されることとなり，精神障害者の社会参加のために果たすべきPSWの責任はより大きなものになっていった．

さらに，1995（平成7）年1月17日に起こった阪神・淡路大震災においては，日本PSW協会として厚生省精神保健課・兵庫県・神戸市と連携して「阪神大震災ボランティアセンター」を設置し，ボランティア派遣や資金援助を募るとともに，全国から延べ600～700名のPSWが被災地へ駆けつけ，精神科医療チームの一員として活動を展開した．これは，災害時における危機管理のあり方や，情報の伝達・共有化，専門家としての即応体制，ボランティア活動への支援体制のあり方について重要な教訓を残し，PSWの存在を社会に大きくアピールすることとなった．

2 精神保健福祉士の国家資格化以降の動向

1997（平成9）年12月12日，第141回臨時国会においてPSWの国家資格が「精神保健福祉士法」として成立した．これにより精神障害者の社会復帰の促進が国民的課題として承認されるとともに，PSWが行ってきた精神障害者の社会的復権と福祉のための社会的・専門的な実践が国民に評価されたことを意味するだけに，大きな社会的な責任を負うことになった．

この間の日本PSW協会の主たる活動は，①資格制度成立による法施行による社会的要請への対応，会員およびPSWの育成と質の向上等に関する課題への取組み，②社会福祉基礎構造改革に伴う精神保健福祉に関する動きへの対応や「精神保健福祉法」改正，また「心神喪失等の状態で重大な他害行為を行った者の医療及び観察等に関する法律」（以下，心神喪失者等医療観察法）等の社会制度への働きかけ，③法人化の実現と組織体制の強化などであった．

1999（平成11）年に精神保健福祉法の一部改正が行われ，2000（平成12）年4月1日より施行された（一部2002年4月1日施行）．適正な医療と精神障害者の人権の確保を意図して，保護者の負担を軽減し本人の自己決定を尊重する方向での改正となり，社会参加促進策としての地域生活支援センターの法定化，福祉サービスの利用に関する相談・助言を市町村で実施すること，精神障害者保健福祉手帳，通院医療費公費負担申請窓口を市町村に移管することとしたほか，精神障害者居宅生活支援事業を創設して市町村単位で実施することとした．精神障害者の暮らす地域で支援が展開されるという意味では，本格的な地

域生活支援を具体的に実現できる仕組みがやっとスタートしたものといえる．
　一方，日本PSW協会は国家資格制度成立後，PSWの社会的認知と資質の向上を課題とし，PSWの配置の促進や研修の実施等に関する要望書を厚生労働省に提出し，1999年には「日本精神医学ソーシャル・ワーカー協会」から「日本精神保健福祉士協会」へと名称を改めるとともに，組織体制を改新し，法人化に向けて組織のさらなる強化充実を図っていくこととなる．同時に，ニュースレターおよび機関誌を一新し，会員との情報の共有化に向け一層の充実が図られた．また，協会主催の精神保健福祉士現任者研修の新たな体系づくりに力を注ぎ，新人1年目から指導者までを網羅する一連の研修制度を体系化した．さらに2002（平成14）年には「精神保健福祉学会」を立ち上げ，第1回精神保健福祉学会は高知県において，日本精神保健福祉士協会の第38回全国大会と並行して開催された．
　また同年，国際ソーシャルワーカー連盟（IFSW）に加盟し，国際的・学際的な組織の位置づけを明示した．一方，資格化に伴って社会的な期待や役割として増えた事業も多く，テキストの編集をはじめ，精神保健福祉士資格取得のためのさまざまな出版物の編集，厚生労働科学研究や委員会等への参加要請等も増加した．そして，2003（平成15）年には，日本PSW協会の倫理綱領を国際ソーシャルワーカー連盟の倫理綱領改訂の動向を踏まえ，より現実的で具体的な内容に全面的に改訂した．国家資格化後，急速に増大した精神保健福祉士に対し実践的な倫理綱領を示したものである．組織としてはPSWの国家資格化に伴い，法人化についてより具体的・現実的に取り組み，2000年には事務局を移転し，事務局員の増員等体制の強化を図ってきた．そして2004（平成16）年6月，ついに「社団法人化」がなされたのである．
　厚生労働省は精神保健医療福祉の見直しについて，2003（平成15）年5月の「精神保健福祉の改革に向けた今後の対策の方向」（中間報告）に沿い，取り組むべき課題として掲げられた「普及啓発」「精神医療改革」「地域生活の支援」に関しそれぞれ検討会を設置して議論を重ねたが，これらの各委員会には日本PSW協会からも委員を派遣した．この委員会の報告が2004年の「精神保健医療福祉の改革ビジョン」に生かされ，わが国の精神保健福祉の具体的な改革の方向性を示すことにつながった．
　しかし，同じ時期に，2000（平成12）年の大阪教育大附属池田小学校での児童殺傷事件に端を発し，2003年に「心神喪失者等医療観察法」が制定された．本協会はこの法律案に関し，審判における「再び対象行為を行うおそれ」の判定のあり方，指定入院医療機関，指定通院医療機関，地域社会の処遇のあり方などの項目で具体的な提言を示して明確な批判を行ったが，社会復帰調整官や精神保健参与員という職種に，主に精神保健福祉士が採用されることになり，

司法福祉の領域にPSWが参画し重要な役割を担うという課題に挑戦することとなった．

現在では，精神保健福祉士の働いている領域は，精神科医療機関や社会復帰施設・機関，精神保健福祉センター・保健所・市町村等の行政機関だけでなく，上記の社会復帰調整官および精神保健参与員・刑務所における退所支援等の司法の分野，スクールソーシャルワーカーが活動する教育分野，ハローワーク等での精神障害者の就労支援や職場の労働者への職場復帰支援といった労働分野など，ますます拡大し多様化している．

2006（平成18）年より「障害者自立支援法」が施行され，3障害を対象にした法制度と市町村を中心とした支援体制の整備がなされた．理念としては，障害者の自立に向けた地域支援体制が具体化されるものと期待されたが，財政難を理由に国の社会福祉予算は削減され，精神障害者やその家族に負担増を強いているばかりか，地域で暮らしを支援する体制そのものが大きな変容を迫られ，加えて「自己責任」と市場原理の視点の導入や「自立」概念の検討など，社会福祉制度の根幹にかかわる問題と新しい検討課題が提起されている．精神保健福祉士にとっても，精神障害者の社会復帰施設が新事業へ移行することを迫られており，任用のあり方や事業所運営等の課題など，厳しいといわざるをえない状況にある．

また，「社会福祉士及び介護福祉士法」が改正され，社会福祉士の養成に関する内容が大幅に改定された．わが国におけるソーシャルワーカーの養成のあり方について，カリキュラムの内容や実習・演習教育のあり方など疑問をもたざるをえない課題が残された．そして，厚生労働省社会保障審議会障害者部会で「今後の精神保健医療福祉のあり方等に関する検討会」が開催され，ここでは精神保健福祉士の役割についても言及されている．社会福祉士の養成のあり方の検討に引き続き，精神保健福祉士の養成のあり方に関する検討が開始され，「精神保健福祉士法」改正も視野に入ってきたところである．

今後，拡大する精神保健福祉士の活動領域への対応と，国民の精神保健福祉（メンタルヘルスケア）への責任ある支援が求められているなかで，日本PSW協会の生涯研修システムを整備し，これからの精神保健福祉士の質的向上を図るとともに，社会的認知の拡大を考慮しつつ，今後の精神保健福祉士のソーシャルワーカーとしての専門性の再確認と，新しい視点やパラダイムを模索していく必要があるだろう．

［荒田　寛］

参考文献
1）社団法人日本精神保健福祉士協会事業部出版企画委員会編：日本精神保健福祉士協会

40年史．社団法人日本精神保健福祉士協会，2004.

2-3 「Y問題」から何を学ぶか

　わが国に精神医学ソーシャル・ワーカー（Psychiatric Social Worker, 以下, PSW）が臨床チームの一員としてはじめて精神保健・精神医療の領域に登場してから60余年，「精神保健福祉士」という名称で国家資格化されたときから数えてもすでに10年が経過している．

　この間，PSWは，自らの専門性と専門職団体（現，社団法人日本精神保健福祉士協会，以下，日本PSW協会）のあり方を揺るがすいくつかの危機に遭遇している．

　なかでも，1973（昭和48）年に提起された「Y問題」は，自明としてきたPSWの専門性と身分資格など自らの社会的地位を高めようとする日本PSW協会の活動に根底から見直しを迫る契機となった事件であった．

　日本PSW協会は，その後約10年間にわたり，Y問題が提起した課題と取り組み，紆余曲折を経てPSWの専門性の確立と専門職団体としての方向性を確認している．

　その意味で，PSWおよび日本PSW協会にとって，Y問題は今後も語り継いでいかなくてはならない重要な財産なのである．

　しかし，これから精神保健福祉士をめざす人，精神保健福祉士になったばかりの人にとっては，Y問題が教科書で学ぶ30年前の出来事であり，自らの専門性にかかわる切実な問題という実感はなかなかもてなくなっているのも現実であろう．

　本節では，Y問題の経緯と日本PSW協会の先達の取組みをまとめ，これからの精神保健福祉士が自らの実践，協会活動とかかわらせながら学び，その意義を考えるための素材としたい．

1 「Y問題」とは

　「Y問題」が起きたのは1969（昭和44）である．これがPSWの専門性を問う重要な課題として提起されたのは，4年後の1973（昭租48）年に開催された第9回日本PSW協会全国大会（横浜）においてであった．

1／告発―PSWの加害者性

　「私ことYは，B市C保健所，D精神衛生相談センター（当時）により，1969年10月11日，本人のまったく知らぬ間に精神病であるというレッテルをつけら

れ，警察，保健所によって強制的にE病院に入院させられました．
　この入院は一切の医師による事前の診察がないばかりか両親の同意もなく行われました．そして40日間という長期にわたり不法監禁され，心身両面にわたる言語に絶する苦しみを味わわされました．
　このため私は現在，E病院を相手どり，この重大なる人権侵害に対し裁判を起こしています．
　しかしながら，この問題に関して私の入院させられる過程のなかでC保健所，D精神衛生相談センター，警察が積極的な否定的役割を果たしていることは，否めない事実であります．
　C保健所，D精神衛生相談センターの私に対して行った不法行為を考え合わせますと，今日ここに集まられたPSW会員の日々の実践がどういうものか疑わざるをえません．
　なにとぞ，この事件を本大会議題の一つに取り上げ積極的な討論をされ，第2，第3の私を生み出さないためにも，自らの実践を厳しく見つめ，共にこの闘いに参加されることを切にお願いします」
と，Y氏本人から直接申し入れ書が提出された．併せて「Y裁判を共に斗う会」から趣旨書と事件経過が大会参加者に配布されている．
　この申入れに対して大会運営委員会は，見過ごしにできない問題であるとしてY氏に発言の機会を保証した．これが日本PSW協会とY問題の出合いである．
　Y氏等からは，事件の経過を訴えるとともに，この事件にかかわったI会員（C保健所）に対する組織としての対応（処分）とY裁判の支援を求める要望など，日本PSW協会に対して社会的責任を厳しく問いかけた．これに対して理事会・大会運営委員会では「この問題は直接関係者だけの問題でなく我々の日常業務にいつでも生じる危険があることを考えておかなければならない．理事会では，協会が全力をあげてこの問題を受け止めるべき」「会員であるI氏の意見も聞くべきで即断すべきでない」等の意見が出され，事態を安易に収拾するのではなく，Y氏の人権問題に焦点を当て，事実経過とこの事件の背景にある現行精神衛生行政，医療状況を検討するため，「Y問題調査委員会」を設置して調査を実施することになったのである．
　調査委員会の活動は，当時公判中ということもあって，原告側（Y氏），被告側（B市およびE病院）の主張の相違を埋めて事実を明らかにすることには，限界があった．しかし，裁判の証言やD精神衛生相談センター，C保健所等の記録から，浮き彫りになった問題として，①入院先行，本人不在の処置について，②警察官導入について，③インテークにおいて事実を知ることについて，④クライエントのニードを受けとめないワーカーの姿勢について，⑤E病院の問題，加えて精神衛生行政の問題点について論評し，「Y問題調査報告」

として1974（昭和49）年に神戸で開催された第10回日本PSW協会全国大会で報告された[1]．

2／事件の経緯―「Y問題調査報告」から

　当時，Y氏（19歳）は，大学入試への焦りと不安に加え，肩と腰を痛めてもいて，浪人生活の不規則な生活などから，母親に攻撃的になるなど不安定な精神状態にあった．とくに，父親とは勉強部屋の新築などをめぐって対立が頂点に達していたため，心配した両親が知り合いの医師に相談，1969（昭和44）年10月4日に父親が紹介されたD精神衛生相談センター（当時）へ出向いている．
(1)本人不在ですべてが進められ，本人の意向を聞くことなく入院を先行したこと．

　父親は最初に応対したPSWに「勉強部屋を釘づけにし，1週間位こもる．9月中旬より母親をたたく．バットを振り回して暴れる．この2，3日『殺してやる』という」と訴えた．

　父親の話を聞いたPSWはY氏が病気の可能性が濃厚であると判断し，精神科病院に入院依頼をするとともに，10月6日にC保健所PSWに電話をして本人を病院につれて行くための訪問を依頼している．

　帰宅した父親が母親に入院予定を話すと，母親は入院させることも，そのための訪問についても強く反対したため，父親はD精神衛生相談センターに「なかったことにしてくれ」と断りの電話をした．

　10月6日，C保健所IPSWは，D精神衛生相談センターPSWにその後の様子について電話で問い合わせたところ，「家族の反対で取り消しになった．母親は本人になぐられて顔をはらしている．なんとかなると思っている」ことを知る．

　IPSWはD精神衛生相談センターPSWから「いずれ問題になるケースだから訪問しておいてはどうか」という助言もあり，10月8日，事前に連絡しないまま訪問して，警戒的な母親から玄関先でY氏の状態を聴取した．このときの保健所の記録には，IPSWの所見として「親の本人のとらえ方態度に問題あり．本人の性格，最近の行動，思考内容から分裂病（統合失調症）の始まりのように思われる．母とて近いうちに破綻が来るものと予想」の記述がある．

　10月11日に母親がC保健所に相談のために来所し，対応した保健婦（当時）に「本人の興奮がひどくこわい」，「入院は避けたい．他の疾患ということで診察を受けさせたい」と訴えた．

　保健婦は，「夫に連絡すること，近所で様子を観察し，5時までにその結果を連絡すること」と指示して帰している．

　4時すぎ，隣家の婦人から，母親が隣家に隠れたところ本人が捜しに来てお

どかされ，怖いので他の友人宅に隠れていると電話があり，母親からも「乱暴がさらに激しくなった．家の中はめちゃめちゃ，私のことを殺すといっている」と電話があったため，C保健所は，入院が可能な精神科病院を探して，E病院に入院させる方針を決定した．

父親から父母とも入院に同意（この入院の同意について母親は，それまでの保健所での相談経緯から，本人の腰痛を治療するために病院を紹介されたと思っていたと主張している）したと電話がある．これを契機に，C保健所は警察官への移送上の保護を求め，警察官2名，保健所職員3名計5名で自宅に赴き，入院の説得に応じないY氏（本人は突然家に押し入った警官等によって，いきなりその場に組み伏せられ手錠をかけられたと証言している）を警察官が手錠をかけてE病院に収容した．

(2) 入院時に医師の診察が行われなかったこと．D精神衛生相談センターのPSWの記録が緊急入院・正当防衛の根拠として扱われたこと．

入院時の医師の診察についてE病院は，裁判の過程で「当日は診察せず，翌日，翌々日に診察した」から「投薬しているので診察はあった」と証言を変えているが，診察があったとしても，短時間の診察であり，E病院に宛てた精神衛生相談センターPSWの面接記録と紹介状が専門医の観察記録として扱われ，その記述をもとに精神分裂病と診断していたことがうかがわれた．

また，Y氏が未成年であることから同意入院（当時）にあたっては両親の同意書が必要であるにもかかわらず，父親の同意しかとっていない．

裁判においてE病院は，両親の同意は必ずしも必要としないという県から指導があったので，違法との認識はもっていなかったと証言している．

(3) 母親のY氏を退院させたいという訴えを情緒不安定としてとらえ，D精神衛生相談センターの受診をすすめたこと．

11月5日，母親からC保健所に「本人から退院したいと訴える手紙がきた．家族も長期入院になると思っていなかった．どうしたらよいか相談に行きたい」と電話があり，来所するように伝えた．

IPSWはY氏の状況を聴取するためにE病院に電話して，主治医から「病識全くなく，親子喧嘩が原因といっている．しゃべりだすとバラバラ，思考障害も見られる．長期治療型」という意見を確認している．

IPSWは「このままでは一家が狂ってしまいそう」と泣きながら訴える母親に対し，「情緒不安定（病的と思われる）が一家を暗くしている．母子の離乳（ママ）ができていない．要医学指導」と判断し，D精神衛生相談センターを紹介した．

その後，母親はD精神衛生相談センターを訪ねたり，IPSWも家庭訪問をして主治医との面談を助言したりしているが，結局11月19日に父親がE病院に行

き，整形外科治療のため総合病院に入院させることを理由に退院させている．
(4) 入院に至る経過のなかで対応したPSWの行為は，精神衛生法に照らして違法性はないこと．

　この問題の社会的背景には，1965（昭和40）年の精神衛生法の改正によって，保健所を精神衛生行政の第一線機関として位置づけ，精神衛生相談員を配置できることとし，地域の精神障害者の把握と早期発見・早期治療体制を強化したことがある．当時のC保健所，D精神衛生相談センター（当時），とくにC保健所は，県の地域精神衛生活動のモデル保健所として，これらの社会的要請に応えようと，相談件数，相談回数，訪問件数等を急速に増加させていた．

　しかも，精神障害者は意志・行動に関する責任能力がないという措置入院や同意入院制度は，ともすると周囲の関係者の情報による判断が優先する傾向に陥りやすく，診断がつけば，治療と保護を目的に強制的に入院させることができる法制度となっていたのである．

　当時の急激な精神科病院の増加とあいまって，このような本人不在の入院が日常的に生じる危険が常にあったのである．

2　「Y問題」への日本PSW協会の取組み
　　　―課題の一般化から提案委員会報告へ

　Y問題調査委員会は，調査報告の結びで日本PSW協会に，1）現行精神衛生法における措置・同意入院の問題（保安処分）の点検，2）「本人」の立場に立った業務の基本姿勢の確立，3）そのような業務が保障される身分の確立に取り組むように提案した．

　これを受けて日本PSW協会常任理事会は，会員I氏を含むY氏にかかわった職員については不適切な対応であったことを確認したうえで，現行の精神衛生法のもとにおいては，常に起こりうる可能性がある問題として，個々の会員が日常活動を点検し，各地で討議を行っていくための資料として「Y問題調査報告により提起された課題の一般化について（資料）」（以下，「一般化（資料）」）がまとめられ，1975（昭和50）年に開催された第11回日本PSW協会全国大会（新潟）で配布するとともに会員に送付された[2]．

1／「一般化」と協会活動の混乱・機能停止

　「一般化（資料）」は，＜趣旨と方針＞のなかで，Y問題の一般化にあたり，自らの日常実践を点検するために基本となる姿勢・理念を「本人の立場に立つ」ということ，その実践上の意味理解はPSWがそのままクライエントの立場に直接的，同時的に入れ代わるということではなく，「クライエントの立場を理解しその主張を尊重することを意味する」とし，さらにこの理念には「人

権を尊重するという観点」が当然含まれ，人権の問題に関しては「人身拘束にかかわる問題にとどめず，精神障害者の生活上の諸権利をも含めた広義の人権の問題と関連させて取り上げることにした」と述べている．

　日本PSW協会はこの「一般化（資料）」をもとに，1973（昭和48）年から，会員間で掘り下げる議論を全国のブロック研修会において行い，Y問題を継承・深化させていくことになった．

　しかし，この取組みは，必ずしも円滑に進められたわけではなかった．研修会のテーマをY問題の継承に限定したことや「Y裁判」を支援するかどうかという議論になりがちなこともあって，不安定な立場におかれている民間精神科病院の会員のなかには，身分資格制度の確立を優先課題としたいという者も少なくなかった．第11回日本PSW協会全国大会の折りに開催された「民間病院（施設）で働くワーカーの集い」に50名近くのPSWが集まったのもその1つの表れであろう．

　また，1976（昭和51）年に開催された関東甲信越ブロック研究会では，Y問題を中心に据えたテーマとして取り上げなかったことから，「Y裁判を支援する会」の「粉砕宣言」によって流会となっている．そのため第12回日本PSW協会全国大会（静岡）が中止となり，それ以降協会活動は機能停止状態に陥った．このような事態に対して，日本PSW協会存続のために民間精神科病院においてPSWの経験を経て，回復者とともに「やどかりの里」を切り拓いた谷中輝雄氏が理事長を引き受け，「Y問題等患者の人権をめぐる問題と資格制度の検討は二者択一ではなく，関連しあっている事柄である．資格制度を具体化する検討のなかでは，PSWの立場性が問われ，倫理性の確立も求められる．Y問題の継承と資格制度の最大公約数としての専門性の検討を当面の課題とする」と呼びかけたことが転機となり，再建の道を歩み始めるのである．

　1980年（昭和55）年1月に開催された第15回日本PSW協会全国大会（大阪）の議案書では，第14回全国大会（浦和）を総括して「精神医療状況で我々が付与されている役割が，当事者クライエントにとって何なのかの詰めが不十分なまま『適応論』的視点に基づく援助の必要性と有効性が語られたりすることもあり，さらに会員の間で討議を深める必要を感じさせられた」として，「より具体的には無批判的な管理的役割遂行をのりこえる実践の論理を構築してゆくことであり，しかもそれは生き生きとした日常を営みえないでいる当事者クライエントが，我々と共有し得るものでなければならない．これはいいかえると治療者（援助者）・患者関係を脱却した新しい関係を模索していくことであるが，基本的には我々の『かかわり』の視点を明確にすることから始まる作業である．（中略）それにはクライエントである当事者の我々の活動に対する意見や批判を十分に汲み上げてゆく方向でなければならない」とし，「これ

らの作業を通じ，当事者が期待する役割—専門性の骨格を作り上げていくことが，協会が取り組むべき課題である．資格制度の検討は必要であるが，こうしたまとめの作業を通じてはじめて，その検討なり対応なりが意味をもってくる」とした[3]．

そして，これまでに明らかになってきた課題を整理し，改めて会員に提案するため，同年9月に開催された第16回日本PSW協会全国大会（名古屋）において「提案委員会」を設置したのである．

2／提案委員会報告から「札幌宣言」へ

1981（昭和56）年にまとめられた「提案委員会報告」は第17回日本PSW協会全国大会（東京）において報告された[4]．これを受けて日本PSW協会はY問題の継承を中心に据えた特殊で不規則な組織運営から正常な組織運営へと回復することになる．

提案委員会報告では，この間の反省点とそこから導き出される取組みを，1）立場と視点，2）状況と認識，3）実践とワーカー・クライエント関係，4）福祉労働者としての二重拘束性の4点にまとめた．

1）立場と視点

「本人の立場に立った業務の基本的姿勢の確立をめざす」という「Y問題調査委員会」から提案された「一般化（資料）」を風化させず，本協会の貴重な財産として評価すること．クライアントの立場に立つということの建前と本音の使い分けがソーシャルワーカーとしての視点を欠落させる結果になったことを反省し，日常実践をお互いに検討し合う作業を通してPSWの立場と視点を確立する．

2）状況と認識

ワーカー・クライエント関係という個別の関係を超え，その関係を取り囲み規制している状況を認識する社会的視点の甘さを反省し，法制度・施策，精神医療など，精神障害者を取り巻く状況の多面的分析と，そこから導かれる指針を通してPSWの日常実践と協会活動を推し進める．

3）実践とワーカー・クライエント関係

ワーカー・クライエント関係が独りよがりの指導や説得，世話をする・される関係性だったのではないかということを反省し，両者が問題の解決に向かって学び合う相互に独立した人間として平等ないし対等な関係を樹立するとともに，PSWとしての倫理綱領を確立する．

4）福祉労働者としての二重拘束性

　PSW は日常実践のなかで，患者の立場に立つという関係性とともに，一方ではクライエントの要望に十分対応できえない雇用者との関係を有している．この不自由さの解決を身分資格制度の獲得に求めるなどの意見も出されたりしたが，有効な手立てとはならなかったことを反省し，職場の民主化を進める取組みとともに，このことを正直にクライエントに伝えつつ，解決に向かって共同作業を進める．

　さらに，このような取組みを通して，PSW の日常実践の背景となる「専門性の追究」に加え，「専門職制度の確立」という「制度上の課題」を提起し，今後の協会活動のあり方として，「精神障害者の社会的復権と福祉のための専門的・社会的活動」を中心に据えた組織とすることを提案したのである．

　この提案は1982（昭和57）年の第18回日本 PSW 協会全国大会（札幌）において，「精神障害者の社会的復権と福祉のための専門的・社会的活動を行う」という協会の基本指針採択となって結実することになる[5]．その後，日本 PSW 協会は，提案委員会の提起した課題を具体化する作業として，1）精神障害者福祉の理論構築，2）PSW 業務指針の策定，3）PSW 倫理綱領の制定の3点課題を中心に組織の拡大を図り，さらには資格制度に対し主体的に取り組み，それが国家資格の実現へとつながり今日に至っているのである．

3　「Y問題」から学び継承すること

　Y問題に関して提案委員会報告が提起した課題は，言葉や表現は変わっても，PSW の専門性に関する普遍的ともいえる問いかけであり，わが国の PSW が日常実践を通してその専門性を再確認し，自前のものとしていくために不可欠な課題でもあった．また，この間の日本 PSW 協会の組織としての取組みも，専門職団体の存在理由，その方向性を考えるうえで大きな教訓となっている．

1／PSW の専門性

　今日，PSW が共有している，1）クライエントの自己決定の原理，2）人と状況の全体性の視点，3）ワーカー・クライエント関係と倫理という専門性の構成要素は，いずれも伝統的にいろいろ論じられてきたソーシャルワークの原理のなかから，Y問題の経験を通して深化し，確立されたものである．

1）クライエントの自己決定の原理

　ソーシャルワークにおけるクライエントの自己決定の原理は，クライエントの属性として自己決定の権利や能力についてのみ言及しているわけではない．

クライエントがPSWとのかかわりのなかで，協働しながら人生の主人公として自らの生活の可能性を拓いていくプロセスそのものを意味している．

Y問題の背景には，精神障害者は，責任能力，自己決定能力が備わっていないというステレオタイプな見方と，「患者のため」「家族のため」「社会秩序維持のため」に患者の自由を抑制すること，本人に成り代わってお世話することがよいことであるというパターナリズム（父性的保護主義）がある．

精神保健医療の領域は，クライエントの主体性が阻害されやすい実践現場であるがゆえに，PSWは何よりも自己決定の原理を大切にしていかなければならないのである．

2）人と状況の全体性の視点

PSWは，クライエントの苦悩・生活のしづらさを，病気あるいは障害に還元する見方ではなく，クライエントを生活主体者としてとらえ，取り巻く環境との間で生じる交互作用に注目し，クライエントの生き方，生活の仕方をできる限り全体的・包括的に把握（アセスメント）する視点と想像力が求められる．

PSWがY氏本人に会うことなく，父親の訴えから即，入院の準備をしたのは，Y氏の言動を個人の病理として疾病・病状と結びつける見方（医学モデル）に縛られて，Y氏の苦悩や家族との葛藤の歴史などをくみ取ることができなかったのである．

母親の訴えを「情緒不安定（病的と思われる）」と判断したのも同じ見方によるものである．

Y問題はまた，PSWが政策主体や所属機関の役割期待に従って日常業務に取り組むだけでは，ソーシャルワーカーとしての専門性が拡散し，結果的にクライエントの立場に立つことが建前になってしまうことを教えてくれる．

PSWの支援を規定している法制度・施策，精神医療の状況などを分析するとともに，自らのおかれている立場と方向性を点検する作業が必要になろう．

3）ワーカー・クライエント関係と倫理

クライエントの自己決定の原理と人と状況の全体性の視点に基づいたワーカー・クライエント関係は，PSW実践のアルファでありオメガである．チームワークもネットワークづくりも，クライエントとのかかわりを中心に据えてつないでいかなければヒエラルキー（階層構造）化し，かえって抑圧的な機能を果たすことになりかねない．「かかわりを通してかかわりを学ぶ」スーパービジョンが不可欠になるゆえんである．

併せて，日本PSW協会がY問題の総括を行い，協会活動正常化のための3点課題の1つとして倫理綱領の制定を取り上げたように，PSWは，ソーシャル

ワーカーとしての自らのクライエントへのかかわり，実践を規定する倫理を自覚し行動することが求められる．

2／専門職団体の存在理由と方向性

　日本PSW協会は，Y問題の対応になぜ10年もの歳月がかかったのであろうか．これは専門職団体の存在理由，協会（当時，日本精神医学ソーシャル・ワーカー協会）の方向性を考えるうえで重要な課題であったからである．

　すなわち，専門性の確立と社会的地位の向上という，専門職団体としての活動の両輪がY問題によって分離し，その背景に保健所など公的機関の会員を中心とした専門性のあり方を問う声と，民間精神科病院の身分資格制度の確立を求める声とが，建前と本音の使い分けによってわかりづらく混在していたことがあげられる．

　Y問題は，日本PSW協会の両輪が同時に回り始めるためには「精神障害者の社会的復権と福祉のための専門的・社会的活動」という，個々の会員の利害関心を超える（何のための，誰のための実践・組織か）理念の共有化が何より必要であったことを明らかにしてくれた．協会が精神保健福祉士の専門性の確立と社会的地位の向上という活動を展開するときは，絶えず，この理念に立ち返りながら進めることが必要になろう．

　また，日本PSW協会の今後の方向性として，資格取得者をいかに組織化していくのか，組織活動として役員と会員，会員間で建前と本音を使い分けなくてもよいコミュニケーションの場と機会をどのようにして保障し，ソーシャルアクションも含めて会員がいかに主体的に協会活動に参加できるように運営するのか，生涯研修制度も含めPSWの開かれた学びのコミュニティとしての機能をどのように活性化していくのかといったことが，集団記憶としてのY問題の継承とともに重要になることを示唆している．

　1980（昭和55）年，Y裁判は和解した．谷中輝雄氏は，「Y問題に関する理事長見解」のなかで，「当協会としては，YさんならびにYさんの提起した人権にかかわる問題に，充分な対応ができずにまいりましたが，終始Yさんを支え続けてきた協会員の存在を明記し，今後『精神障害者』といわれる方々に対して，自らの専門性を十二分に発揮すべく努力する決意です」と述べている．

　後日，当時Y問題の対応に協会役員の1人として奔走した西澤利朗氏が，故江幡鉄雄氏のことを記しておきたいとして，「彼は神奈川県支部の支部長を担いながら，Y問題をPSWの視点から牽引した中心人物である．彼の支援の道筋をみればPSWの視点が明確になるが，彼は裁判支援と同時にもう一つの事柄に心血を注いでいた．YさんとYさんの両親の和解である．これを取り組み

の最大の目標に据えていた．その意味で単なる社会運動への参画ではなかった．彼が何度もYさんと両親の合同面接を担ったのも，PSWとしての援助の延長線上であったとおもわれる．その試みは支援者の多くが精神医療改革を射程としていた裁判支援と比較して異彩を放っていた．その結果，Yさんは最終局面で両親と和解し，自己の進路も決定するが，この援助は実に見事で，当事者支援としてのPSW援助の具体的あり方を明示した」と述べている[6]．

Y問題を取り上げるときは，書かれなかった地道なPSWの取組みが，その継承の背景にあったことを忘れてはいけないであろう．

［佐々木敏明］

文献
1) Y問題調査委員会：Y問題調査報告．日本精神医学ソーシャル・ワーカー協会，1974．
2) 日本精神医学ソーシャル・ワーカー協会常任理事会：Y問題調査報告により提起された課題の一般化について（資料）．日本精神医学ソーシャル・ワーカー協会，1975．
3) PSW通信．No.45・46合併号，日本精神医学ソーシャル・ワーカー協会，1980.3.31，p.7．
4) 提案委員会報告：PSW通信．No.50・51合併号，日本精神医学ソーシャル・ワーカー協会，1981.10.15，pp. 8-21．
5) 日本精神医学ソーシャル・ワーカー協会札幌宣言：PSW通信．No.53，日本精神医学ソーシャル・ワーカー協会，1982.6.5，p. 19．
6) 西澤利朗：協会活動の危機―衝撃と再出発．精神保健福祉，35(2)，2004, pp. 121-122．

参考文献
1) 大野和男：「Y問題」から何を学ぶか．第3版これからの精神保健福祉，日本精神保健福祉士協会，へるす出版，2003, pp.41-50および同書資料，pp. 260-279．
2) 大野和男：「Y問題」と協会活動．日本精神保健福祉士協会40年史，社団法人日本精神保健福祉士協会，2004, pp. 86-97．

2-4 精神保健福祉士（PSW）の価値と倫理

ソーシャルワーカーは，1人の人のかけがえのない，固有の人生にかかわることを生業にしている．このことは，かかわりの対象である人の存在を固有のものとして尊重し，生きることに関するすべてにわたってそのニーズを実現し，可能性を拡大するために努力するものである．

「精神保健福祉士」は精神科ソーシャルワーカー（以下，PSW）の国家資格であり，その専門性を担保することは，ソーシャルワークの知識・技術を会得するとともに，その根底にあって実践を導く福祉的な倫理と価値をもつことである．

精神障害者の医療と保護が優先される精神保健・医療の分野では，ともするとパターナリズム（父性的保護主義）的なかかわりが，組織・機関の方針やPSWの自己利益に動機づけられた行為のカモフラージュとして用いられるという誤りをおかしやすい．PSWは自らの実践を律していくために，福祉的な価値や倫理と向き合い，十分に自己覚知を行う必要がある．この福祉的な価値と倫理に基づいて行動する能力を獲得できるかどうかが，PSWのサービスの質を大きく左右することになる．

1 PSWの価値

ソーシャルワーク実践は，一定の望ましい方向に向かうことを前提としている．この望ましい方向を導いているのが福祉的な価値である．

ブトゥリム（Butrym, Z. T.）は，人間の本質に内在する普遍的価値から引き出されるソーシャルワークの基本的な価値前提として，「人間尊重」「人間の社会性」「人間の変化の可能性」の3つをあげている[1]．

また，ソーシャルワークの価値を「個人の尊重」「人権」「社会的統合」「社会正義」などの根本的価値と，そこから具体的な援助の目標を導く「主体性」「自己実現」「エンパワメント」「ノーマライゼーション」「生活の質（QOL）」「自立生活（IL）」「権利擁護」などの中核的価値とに分け，これらの価値から導き出されるソーシャルワーク実践の望ましい方法を導く手段的価値として「自己決定」「参加」「インフォームドチョイス」「秘密保持」などをあげる場合もある．

以下，ブトゥリムの分類を参考にしながらPSWにとっての価値を整理する．

1／人間(権)尊重

精神障害者は，精神障害者である前に1人の人間であり，その人に何ができるか，どのような行動をとるかということにかかわりなく，常にその人権が尊重されなければならない．これがPSWにとっての最も基本的な価値である．

PSWのかかわりの対象である精神障害者は，疾患と生活のしづらさという障害を併せもち，その両方が振幅をもちながら共存していると規定される．そして，その障害は固定したものではなく，社会的な不利や能力的な問題により病状に影響を受け，病状の悪化により能力的な障害や社会的不利が増大することもある．心の病に対する社会の偏見と差別は厳然と存在し，長期にわたって隔離収容政策が実施され，社会的入院というかたちで精神科病院において人生を全うするという不幸な現実がある．これが当事者にとっての偽らざる現実であり，PSWにとっても逃げることも無視することもできない，同じ時代的経験を共有する現実なのである．

わが国の精神障害者に対する過去の対応は，精神疾患に対する症状の軽減化や問題行動に対処するための医療的な処遇が中心であった．精神障害者が社会参加するときに利用できる社会福祉制度や社会復帰施設は決して十分ではない．これからそのような社会資源を開発していくことが喫緊の課題として取り組まれなければならない状況にある．また，精神疾患の特徴として，急性期の治療や危機的な状況に対する「介入」という行為が，他の障害に比較して多くみられ，狭義の医療の対象として位置づけられることが多い．入院の制度も措置入院や医療保護入院のように，本人の意志に関係なく入院治療が実施されることが定められている．そのため精神障害者の人権が軽視される危険性が大きい．

　PSWが精神障害者の人権を尊重するということは，精神障害者の立場に立って代弁者になるということではない．精神障害者が自らの生活課題に自ら取り組んでいけるように条件を整備することである．PSWはクライエントの主訴を大切にし，クライエントの気持ちに寄り添う努力をする．そしてクライエントが自己実現できるように，福祉や医療などのサービス内容の情報を提供していく．クライエントの生活上の課題に関する情報を共有化していくことは，クライエント自身が生きていく勇気や活力をつけていくことにつながるのである．

　精神医療においては，クライエントのプライバシーが保護できなかったり，行動制限を行うなどの人権侵害につながる可能性が高い．PSWはクライエントが自らの権利を主張するための手続きに関する情報を提供するだけでなく，利用する社会保障制度や社会復帰施設などの福祉的情報も提供し，クライエントのかかえている生活課題を共に考えていくことが求められている．

　以上のように，医療においても患者の人権が尊重されるべきことはいうまでもないが，医療には患者の生命を救うためにパターナリズムの観点から付与された権限がある．インフォームドコンセント（説明と同意）を原則としていても，患者の救命が最優先され，治療のために主体性を犠牲にしなければならない状況もあるなかで，PSWは何よりもクライエントの生活と人権について敏感でなければならない．

　そして情報の提供にあたっては，インフォームドコンセントと同様，クライエントの理解の程度や心理的な状況などに十分配慮したものである必要がある．クライエントの生きるスピードや了解の力に寄り添ったものでなくては，PSWの一方的な考えの押しつけになってしまうであろう．人権を擁護するためには，当事者の権利を守るための第三者的な機関が保健医療施設・機関を人権侵害のないようにチェックすることが必要になってくる．

　また，地域社会においても「危険な存在」という，精神障害者への誤解と偏

見が根強く存在しており，PSWは地域生活支援の活動を進めるうえで，クライエントを1人の人間としてその権利を擁護し，エンパワメントするようにかかわる必要がある．人権の擁護にはエンパワメントの実現である当事者の主体的な活動が大きな役割をもつ．PSWとして当事者の活動と協働した視点をもちたい．

2／人間の社会性

　PSWがクライエントを理解するとき，人間は他者との関係性のなかで生きているという，人間の社会性も大切な価値である．これは，クライエントのおかれている状況を認識する視点となると同時に，実践の根拠ともなる．

　「個体の症状は個体だけに光を当てても問題解明には不十分である．家族や地域社会というシステムそのものが症状形成に一役も二役も買っていることを認めないわけにはいかない．ソーシャル・ワークはこの辺の仮説をもとに形作った，いわゆる『社会的モデル』を実践の根拠にしているのである．個体要因と社会的要因とを統合して，個体に総ての責任を負わせる従来の臨床に別の角度から光を当てるわけである．…『人と状況の全体性』がソーシャル・ワークの中心的な実践課題であるわけがここにある」[2]のである．

　PSWは，クライエントのかかえている生活問題を解決するうえで，クライエント自身に焦点を当てるとともに，クライエントを取り巻く社会環境や状況に焦点を当てて考える．そして，この2つの焦点を統合的にとらえることがソーシャルワーカーの中心的な視点となる．PSWの立場からは，「精神障害者の社会的復権と福祉」のための実践的な活動から，個人と全体の関係性と状況性を考えるうえで，クライエントとの「かかわり」を通した検証が必要になってくる．社会福祉学を学問的・実践的な基盤とする立場から，具体的な実践の積み重ねによって新しく対象をとらえる概念を生み出していくことが要請されている．

　精神障害者のおかれている状況やその背景を十分に理解し，個別にかかえている生活問題や課題を考えなくてはいけない．精神障害者の問題行動や症状には，家族や友人などの本人を取り巻く人間関係と，家庭や地域社会などの環境や社会関係の変化が背景にあることに着目しなければならない．その環境との関連で，本人の生活問題や課題をとらえると同時に，本人の問題が周囲に与える影響も視野に入れなければならないのである．クライエントの人間関係や社会関係の経験は，クライエント固有のものであり，ほかの誰のものでもない．クライエントを受けとめる家族の状況や経済的な問題，環境などの背景も，すべて一人ひとり差異がある．それゆえ，クライエント自身が人間関係・社会関係の経験をどのように感じてきたのか，何を大切にしてきたのか，何に困って

いるのか，不安なのか，将来のことをどのように考えているのかに思いを馳せ，クライエント自身の人生に焦点を当てながらクライエントと話し合うことによって，クライエントに対する理解を深める必要がある．

　また，精神病や障害をもってしまうということは，対人関係に大きな影響を与えるばかりか，将来の夢や希望にも変容を迫られ，喪失感を伴うことになる．PSWはこの喪失の体験を受容していくことが重要である．精神障害や精神疾患をかかえつつ，彼らはこれからどのように生きていくのかという課題に直面し，それを受けとめながら勇気をもって人生を歩んでいくのである．そうした歩みは，時に私たちに生きる強さや潔さを教えてくれるものである．

　病や障害をもっていようと，「生活者」としてのその人なりの生き方，ライフスタイル（生活ぶり）を尊重し，生きるペースを大切にしたかかわりは，当事者である精神障害者や家族の問題解決の力や，健康的な側面の理解を深めることを可能にする．クライエントのかかえている問題が，別の意味で家族の破綻を防ぎ，家族関係を維持するなどの積極的な役割を果たしていることもある．クライエントがどのように，主体的に自分の生活課題に取り組むことに参加していくかが大切であり，クライエントの援助に対する感情に関心をもって，主体的に問題解決に取り組んでいけるような関係をどう創造するかが問われるのである．

　つまり，クライエントのかかえる問題を社会生活上の困難としてとらえ，空間的にも時間的にもクライエントをめぐる社会的関係のなかで理解するとともに，解決に向けた援助においても，単にクライエントの変容を促し，あるいは社会制度の利用にとどめるのではなく，クライエントとの協働による解決への援助でなければならない．

　いい換えれば，PSWは精神障害者を生活の主体者としてとらえ，疾病や障害があって，それが社会生活上の困難をもたらしていたとしても，疾病はその人全体の一部の病理としてとらえ，固定した障害の一部はむしろその人なりの個性と理解する．そして，それらのことが結果的に「生活のしづらさ」を招くのであれば，そのことを補う生活支援システムや技術・方法をもって，彼らの社会生活の成立条件を満たし，維持・継続させていくことに焦点を当てるということである[3]．

3／人間の変化の可能性

　人間が人生の意義を自らつかみ，主体的に生きる自由としての変化の可能性，成長および向上の可能性を実感することは，ソーシャルワークの大きな支えである．ソーシャルワークにおいては，その変化が求められ，実現される過程を重視し，尊重する．この価値前提を原則としてきたのが，クライエントの

自己決定の尊重である.

　PSW がクライエントの自己決定を促して尊重するということは，クライエントが医療を受けたり地域生活の方法を選択することを，自分で決定する意志を尊重するということである．それには PSW とクライエントの相互関係のあり方が大きく影響する．クライエントの「自分のことは自分で決めたい」というニーズを尊重する PSW の姿勢が，クライエントに影響を与え，クライエントが自己決定することに自信をもてるようになるという相関関係がある.

　つまり，クライエントの自己決定の尊重には，PSW がもっている医療サービスや福祉サービス，社会資源などの情報を伝えるという「情報の共有化」が前提となる．そして，自分の生活を選択できるように自己決定の幅を広げていくかかわりは，選択肢を提示するだけでなく，PSW とクライエントの相互関係によって自己決定の内容を支持し，クライエントが自信をつけていく過程を伴うのである.

　さらに，選択肢が乏しい場合には，共に選択肢を増やしていく活動も必要となる．PSW は，チーム医療や地域の関係者との連携のなかで，クライエントの自己決定を尊重するために，関係者との意見調整や関係調整を実践するという姿勢を堅持する必要がある．チームアプローチに可能な限りクライエントの参加を保障し，クライエントの意志が反映できるようにしたい.

　精神障害者は，その障害の特性として，自己不確実感が強かったり，自他の境界が不明瞭になったり，時には認知の障害のために現状認識が不適切であったりする．また，長年の療養生活のなかで多くの失敗を重ねて自信をなくし，自己主張することが不得手になっていることも多い．精神障害者の社会復帰とは，主体性回復の過程であり，PSW はたとえ限界や制限があっても，クライエントとのかかわりのなかで「変化の可能性」を強く信頼し，「変化の可能性」を見出すように努め，クライエントが自分の生き方と生活について自分自身で選択・決定できるようになる過程を支えていくことが大切なのである.

2　PSW の倫理

　「倫理綱領」は，専門職が成立するうえで，その専門職団体の中核的な価値観を明文化したものであり，自らの進むべき方向性，自らの責務，行動規範などを掲げて自己規制を行う行動指針や基準を示すものである.

1／精神保健福祉士法にみる倫理の規定

　精神保健福祉士法では，PSW の倫理にかかわる事項として，第39条に「信用失墜行為の禁止」を定め，第40条で「秘密保持義務」を規定している．しかし，法律はしてはならないことを示す制裁を伴う他律的な規範にすぎず，専門

職業にかかわる倫理はこうした法規範以上に厳しい内容をもつものでなければならない．そしてそれは，他から強制されるものではなく，あくまで自ら進んで自己の言動を律する自立的な規範でなければならない．

1）信用失墜行為の禁止

信用失墜行為とは，厚生労働省の見解によれば，①業務に直接関連して刑法上の罪に科せられた場合，②相談援助業務の対価として不当な報酬を請求し，相談者に多大な経済的負担を生じさせた場合，③PSWの素行が著しく不良である場合などが想定されるとしている．違反した場合には登録の取り消しまたは名称使用の停止という罰則規定がある．

2）秘密保持義務

PSWは，正当な理由がなく，その業務に関して知りえた人の秘密を漏らしてはならず，それはPSWでなくなった後においても同様であるとされている．違反した場合には「1年以下の懲役又は30万円以下の罰金」が科せられることになっている．懲役刑が科せられるという点において，保健師助産師看護師法をはじめ，他のコ・メディカル関連資格法と比べると特段に重い規定となっている．PSWに課せられた社会的責任の重さを示すものといえよう．

2／日本精神保健福祉士協会の「倫理綱領」

日本精神医学ソーシャル・ワーカー協会（現，日本精神保健福祉士協会，以下，日本PSW協会）は，1988年（昭和63）年，PSWが社会福祉的な価値観に沿って実践していく際の行動規範と責務を示した「倫理綱領」を定めている．

この倫理綱領は，PSWが日々の実践において，さまざまな倫理的ジレンマに遭遇したときに下す判断や決定の指針となる．また，この倫理綱領を手がかりとして自らの実践を振り返ることが，倫理綱領を内在化し，PSWへの理解と信頼を促すことにつながる．

現在，日本PSW協会倫理綱領委員会は，倫理綱領をより具体的な判断基準を含むものにすべく改定作業を行っているが，倫理綱領を定めた歴史的な経過と基本理念を理解することがPSWとしてのアイデンティティ確立に不可欠なことはいうまでもない．

1988年の第24回日本PSW協会全国大会（那覇）で採択されたこの倫理綱領は，1973年（昭和48）年に，保健所の精神衛生相談員（当時）が本人の意向を確認することなく，無診察の状況で強制的な入院に加担することとなった「Y問題」（2-3，p.54参照）を契機として，自らの立場性を厳しく問い直す長年の作業のなかから，PSWとして独自の倫理綱領をもつことが不可欠であるとの

結論を得て，坪上宏氏（故人，当時日本福祉大学教授）を顧問とする倫理綱領委員会によって起草されたものである．

　Y問題の総括として，クライエントの立場を理解し，その主張を尊重して「本人の立場に立つ」というPSWの基本姿勢を確認し，①クライエントに対する倫理，②社会に対する倫理，③自らが所属する機関に対する倫理，④クライエントにかかわる人びとや同僚に対する倫理について，最も基本的な理念を簡潔かつ明確に規定したのである．

　日本PSW協会の倫理綱領は，その後3回の改訂を行っている．

　1991（平成3）年には，PSWの実践的・学問的基盤が「社会福祉学」にあることを明記し，「PSWの責務」について順序の入れ替えを行って若干の調整をした．また1995（平成7）年には，会員による倫理綱領抵触事件を反省しPSWの社会的責任を明確にして，新たな不祥事の再発防止のために「地位の利用の禁止」および「機関に対する責務」の規定を追加した．

　1998（平成10）年に精神保健福祉士法が施行されて以降，2000（平成12）年から3年間，会員による日常実践と照らし合わせた倫理綱領の検討と並行して，倫理綱領委員会を中心に検討を重ね，2004（平成16）年11月の社団法人日本精神保健福祉士協会第1回通常総会において全面改定案を採択し，現在に至っている．この倫理綱領の構成は全米ソーシャルワーカー協会のそれを参考に構想されている．倫理綱領がより実践的，かつ身近のものになることをねらいとして作成され，別に行動基準もつくられた．

　一方で，国際ソーシャルワーカー連盟（International Federation of Social Workers；IFSW）が2000（平成12）年7月，カナダのモントリオールにおいて，「ソーシャルワークに関する倫理―原理に関する声明」を採択して「ソーシャルワークの定義」を明記し，ソーシャルワークの拠り所とする基盤を人権と社会正義の原理においた（同連盟には，日本では日本ソーシャルワーカー協会，日本社会福祉士会，日本医療社会事業協会および日本PSW協会の4団体が加盟している）．

　そして，その定義を「ソーシャルワーク専門職は，人間の福利（ウェルビーイング）の増進を目指して社会の変革を進め，人間関係における問題解決を図り，人々のエンパワーメントと解放を促していく．ソーシャルワークは人間の行動と社会システムに関する理論を利用して，人々がその環境と相互に影響し合う接点に介入する」としている．

　日本PSW協会以外の3団体は，この国際ソーシャルワーカー連盟のソーシャルワーカーの定義に基づく，わが国における「ソーシャルワーカーの倫理綱領」を検討し，後に日本PSW協会も参画して4団体合同で2005（平成17）年1月27日，社会福祉専門職団体協議会・倫理綱領委員会による最終改定案を公

表した．これにより，日本PSW協会は2つの倫理綱領をもつことになり，今後はこの2つの倫理綱領の間の整合性についてさらなる検討を加えることが求められている．

なお，2004年に採択された日本PSW協会の倫理綱領と4団体合同の倫理綱領を巻末資料として収載したので，参照されたい．

[荒田　寛／佐々木敏明]

文　献
1) ブトゥリム，Z. T. 著，川田誉音訳：ソーシャルワークとは何か．川島書店，1986, pp. 55-66.
2) 柏木　昭編著：三訂精神医学ソーシャル・ワーク．岩崎学術出版社，1996, pp. 37-38.
3) 佐藤三四郎：精神保健福祉士の専門性と倫理．[改訂]精神保健福祉士セミナー・第4巻，精神保健福祉論，へるす出版，2001, pp. 156.

参考文献
1) レヴィ，C. S. 著，小松源助訳：ソーシャルワーク倫理の指針．勁草書房，1994.
2) リーマー，F. G. 著，秋山智久監訳：ソーシャルワークの価値と倫理．中央法規出版，2001.
3) 仲村優一監修，日本ソーシャルワーカー協会倫理問題研究会編：ソーシャルワーク倫理ハンドブック．中央法規出版，1999.
4) 特集・新倫理綱領とPSWの実践．精神保健福祉，31(3), 2000.

2-5　PSW国家資格化の経緯

　精神科ソーシャルワーカー(以下，PSW)の専門性の確立と資格の問題は常に車の両輪のような関係にあり，切り離して考えることはできない．ここでは，日本精神医学ソーシャル・ワーカー協会（現，社団法人日本精神保健福祉士協会）が1964（昭和39）の設立以来，PSWの国家資格化に取り組んできた長年の経緯を，専門性と資格に関する組織課題とともに再点検してみることにする．

1　協会の設立と資格化への志向性

　1964年11月，仙台市において会員88名が参加して「日本精神医学ソーシャル・ワーカー協会（以下，日本PSW協会）」の設立総会が開催された．その設立趣意書には，「精神医学ソーシャル・ワークは学問の体系を社会福祉学に置き，医療チームの一員として精神障害者に対する医学的診断と治療に協力し，その予防および社会復帰過程に寄与する」とあるが，多くが精神科病院のワーカーということもあって，「入院治療はリハビリテーションを重視して行われ

なければならないこと，そしてその過程のなかにPSWの機能が位置づけられなければならない」として，チーム医療の一員としての役割と機能が強調されている．こうして協会は，PSWの社会的認知のためにソーシャルワークの原則を掲げ，自らの専門性である社会福祉学を学問の基礎に求めてきたが，設立当初の協会は当時の精神医療状況がかかえる問題の深刻さに言及するには限界があったといわざるをえない．

一方，その設立趣意書には，「強固な組織によって山積する身分資格などの懸案に対して，積極的に自らの地位を高めるための努力を払わなければならない」として，社会的な地位の確立が活動方針の重要な柱の1つに据えられていた．

2 「精神衛生法改正」と精神衛生相談員

1965（昭和40）年の精神衛生法改正は，保健所を精神衛生行政の第一線機関とし，実務に携わるものとして精神衛生相談員の配置が規定された．日本PSW協会は，身分制度委員会を設置し，精神衛生相談員の配置は身分資格制度の問題と関連しているとしてPSWの資格問題に取り組む体制を整えるとともに，精神衛生相談員と医療社会事業員の供給充足と執務規定について検討し，社会福祉系の大学卒業生の採用を主張して，日本医療社会事業協会（以下，日本MSW協会），日本ソーシャルワーカー協会（以下，日本SW協会）の3協会合同専門委員会による「精神衛生技術指導体制の確立に関する要望書」を作成，日本社会事業学校連盟の支持を得て，厚生大臣と公衆衛生局長に陳情を行っている．

また，民間精神科病院に採用されたPSWの社会的地位の低さ，身分の不安定さ，劣悪な労働条件等の改善にも早急に取り組む必要があった．同じ時期，日本MSW協会の組織をあげた運動の結果，厚生省公衆衛生局保健所課（当時）の主管により「医療福祉士法案」が1966（昭和41）〜68（昭和43）年にかけて作成，検討された．

3 「社会福祉士制定試案」と協会の姿勢

1972（昭和47）年，政府から「社会福祉士制定試案」が示され，わが国のソーシャルワーカーの国家資格制度をめぐって国内で大きな議論が巻き起こることとなった．日本PSW協会も意見を求められたため，「身分制度委員会」「身分制度実態調査委員会」を中心にこの問題にかかわるが，会員の意見を集約してこの試案に反対表明を行った．その理由は，この試案がソーシャルワーカーを1級と2級にランク分けしていることの問題性と，PSWのおかれている環境は専門性を発揮できる状況になく，まずはPSWの待遇改善を含む，社会福祉

および精神医療全般の基盤整備を優先すべきとするものであった．

4 「Y問題」と身分法

　1973（昭和48）年の第9回日本PSW協会全国大会（横浜）において，PSW業務の加害者性が問題提起された「Y問題」により，協会は，PSWの存在の意味や組織のあり方について内外から厳しい批判にさらされることになったが，PSWの課題を再整理し，PSW業務の専門性と協会活動の総括を行い，その後の組織のあり方を提示するまでには相当の時間を要した．

　日本PSW協会は1975（昭和50）年に報告書を提出し，「Y問題調査報告により提起された課題の一般化について」を資料として一般会員に配布した．「Y問題」の背景として精神衛生法下における入院制度のあり方を点検する必要性を指摘するとともに，PSWが当事者の立場に立つことを基本姿勢とする業務のあり方の確立，そして，その業務遂行を保障しうる身分制度の確立を課題として取り上げている．さらに，これらの課題は，全会員が自らの実践を点検する際に課題とすべきものであるとして，一般化の作業を行うことを協会の基本方針として取り組むことを試みた．しかし，自らの地位の法的根拠や保証をもたない状況下では，患者の人権擁護機能を果たそうとすれば所属組織を告発する事態ともなりかねないとする実践現場からの切実な訴えがあった．協会内の議論は，「Y問題」の継承か身分法かという二者択一的な討論に偏りがちとなり，「Y問題」の継承をめぐって事態は紛糾を続け，1976（昭和51）年の第12回全国大会（静岡）は中止となった．

5 「札幌宣言」による協会活動の方向性の確認

　協会は組織存続の意味を模索し，「Y問題」の教訓化とPSWの専門性の中身を明確化する作業に取り組んだ．「Y問題」の教訓化に基づき，対象者の立場に立って問題をとらえ直すこと，そして対象者とともに歩む関係の重要性を認識し合うところから専門性をとらえることを志向する，ソーシャルワーク実践の方向性を明確にした．また，資格制度を具体化する検討のなかでは，PSWの立場性と倫理性の確立が求められた．こうして「Y問題」の継承と資格制度の最大公約数としての専門性の検討を当面の課題とする，という見解がまとめられた．

　丁度このころ，資格制度については，日本MSW協会よりMSWの制度化を要望する国会請願運動の協力依頼があり，協会員個々で協力することが確認された．さらに協会は，「Y問題」によって提起された課題を受け，1980（昭和55）年，機能回復を積極的に進めるために「提案委員会」の設置を決定した．この委員会による，いわゆる「提案委員会報告」は，1982（昭和57）年，「Y問

題」をふまえて協会の組織活動の基本方針を明確化した「札幌宣言」として結実し，これによって「精神障害者の社会的復権と福祉のための専門的・社会的活動を推進する」ことを組織活動の中心に据えたのである．

6 「宇都宮病院事件」とPSW

1984（昭和59）年3月，看護職員の暴行によって入院患者2名が死亡するという，いわゆる「宇都宮病院事件」が起き，協会もこの問題に対して「宇都宮病院問題に関する声明」を決議し発表する．一方，この事件が国際人権連盟を通じて第37回国連差別防止・少数者保護小委員会に提訴されたのを契機に，わが国の精神医療に対する国際的批判が高まり，国連の人権小委員会や国際法律家委員会などから調査団が来日することとなった．調査団は翌1985年（昭和60）年5月，「日本における精神障害者の人権及び治療に関する国際法律家委員会の結論及び勧告」を日本政府に伝えた．こうして政府も，ついに国連の場で法改正を公約し，法の目的を人権擁護と社会復帰の促進を2本柱とした「精神保健法」へと改正されることになったのである．協会は1986（昭和61）年，政府に対し法改正の趣旨を具現化するマンパワーとしてPSWの配置が不可欠であるとする要望書を提出するとともに，関係団体に理解を求める活動を展開していった．

7 「社会福祉士」成立とそれに対する見解

1987（昭和62）年，政府は福祉と医療領域における専門職に対し法定資格化を図る方針を公表した．その1つに「医療ソーシャルワーカー」が掲げられ，日本PSW協会は「国の社会福祉職への資格制度化に対する対応について」として，医療と福祉を統合化した1つの資格が必要であるとの見解を表明し，国に対する要望活動を展開した．

その一方で，高齢化社会における介護ニーズと適正な支援を確保するためのマンパワー育成が不可欠となったことから，同年5月，「社会福祉士及び介護福祉士法」が制定された．この法律では，社会福祉士を福祉領域に限定し医療領域を含まない職種であると明記し，将来における医療領域のソーシャルワーカーの資格化を国会で約束した．

協会は同年7月，「社会福祉士及び介護福祉士法に関する見解」として，この法律が医療に踏み込まないことに限界と問題があること，将来的に全ソーシャルワーカーを統合した専門資格制度の実現を期待することなどを表明している．そして，ソーシャルワーカーの資格は一本化すべきであると主張して陳情を行った．また協会は，日本MSW協会の申入れを受け，MSWの資格化に関する政府との窓口を日本MSW協会内におくことを了承した．

8　国家資格に関する基本5点

　この当時の日本PSW協会は，PSWが精神障害者の社会復帰の促進と人権擁護のための業務を日常的に実践する必要があるとして，「PSWの配置に関する要望」を政府に提出するとともに，関係機関に理解を求める活動を展開した．そして1987（昭和62）年，国家資格に関する基本的なあり方を次の「基本5点」にまとめた．

1）PSWの専門性の理論的・実践的基盤は社会福祉学にあること．
2）その実践にあたっては「クライエントの自己決定の原理」が貫かれること．
3）「精神障害者の社会的復権と福祉のための専門的・社会的活動」を推進するとした協会の基本方針が支障を受けないこと．
4）国家試験の受験資格は協会の会員資格である福祉系4年制大学卒であること．
5）専門職としての業務にふさわしい裁量権を認めるものであること．

9　「医療福祉士（仮称）案」とPSW協会

　協会は1988（昭和63）年，「Y問題」以来の課題でもある専門職能団体に必須の「倫理綱領」をまとめ，「精神科ソーシャルワーカー業務指針」を理事会に提案し，翌1989（平成元）年に採択した．厚生省（当時）も同年，「医療ソーシャルワーカー業務検討会報告書」を公表し，その内容に即して「医療福祉士（仮称）案」を提案したが，日本MSW協会は当初の方針を変更し，社会福祉士以外の資格を認めないとしてこの案に反対した．これは，この案に医師の指示による相対的な医行為が業務に含まれることに対する見解が変更されたためである．日本PSW協会は資格に関する基本5点の方針に基づき，10項目に及ぶ要望書を厚生省に提出し事務折衝に努力したが，関係団体の意見が一致していないことを理由に国会提出は見送られた．

10　「精神保健福祉士法」の成立

　日本PSW協会は1992（平成4）年，資格問題に対応するために日本MSW協会を窓口に進めてきた方針を変更し，独自に対応することを決定した．そして翌1993（平成5）年，国家資格制度実現に向けて「資格制度委員会」を設置し，積極的に活動を展開することを決定し，厚生大臣（当時）あてにPSWの国家資格化早期実現に向けた要望書を提出した．厚生省健康政策局長（当時）は，「医療の場においてPSWの資格化を図ることができるので，その方向で省内を調整する」と回答し，同年12月「PSWの国家資格化の窓口を精神保健課

として具体的な作業に入ること，医療ソーシャルワーカーの資格問題について計画課と精神保健課で調整を図る」と回答した．

一方，わが国の精神障害者のおかれている状況は長期入院者を多くかかえたままであり，退院援助と地域生活支援を実践するPSWの社会復帰活動が強く求められていた．1987（昭和62）年の精神保健法制定時や1993（平成5）年の同法改正時，1994（平成6）年の健康保険法改正時など数回にわたり，国会においてPSW国家資格化の早期実現に関する附帯決議が行われている．これらの状況をふまえ日本PSW協会は，PSWの国家資格を単独で求めていく方針を1994年の臨時総会で決議した．そして同年，厚生科学研究によってPSWの業務を分類・整理し，一部に業務独占を含む国家資格とする内容を「精神科ソーシャルワーカーの国家資格化に関する研究報告」として公表し，精神保健法改正時にPSWの資格化を求めて政府に陳情するだけでなく，関係団体に理解と協力を求める活動を展開した．

厚生省精神保健課（当時）は，1995（平成7）年の「精神保健及び精神障害者福祉に関する法律案」（精神保健福祉法案）のなかにPSWの資格を位置づけるための作業に着手したが，関係団体の意見調整が必要であることを理由に，精神保健福祉法に含めるPSWの国家資格化は困難となった．しかし，精神保健福祉法の国会上程に伴い，精神障害者の保健医療福祉の推進のためにはPSWが必要であるとの理解が各界に浸透し，各政党ともPSWの国家資格化を具体的な政治課題として考えるようになった．

そして1996（平成8）年，引き続き厚生科学研究において，日本精神科病院協会や日本看護協会，日本MSW協会などの関係団体が参画してPSWの国家資格化に関し検討を進め，翌1997（平成9）年4月には，日本社会福祉士会も加わった検討会で，医療と福祉の関係諸団体の意見調整を図り，PSWの国家資格化が精神障害者の社会復帰のためには必須であるとする，PSWの国家資格の概要をまとめた報告書を提出するに至った．そして，ついに同年12月の第141臨時国会において，PSWの国家資格は「精神保健福祉士法」として可決成立することとなった．

日本精神保健福祉士協会は，精神保健福祉領域におけるソーシャルワーカーの唯一の組織であり，国家資格化以前から，精神保健福祉領域においておよそ60年にわたりソーシャルワークの実践的経験を積み重ねてきた．そして，精神科医や看護師，臨床心理士，作業療法士等とともにチーム医療の実践的経験を重ね，この実践を通して自らの専門性を検証してきた．このチーム医療に参画するためには，学問的基盤を社会福祉学におく社会福祉専門職であるとともに，医療と福祉にまたがる立場から，精神医学，精神保健学，精神科リハビリテーション学等の医学的知識を習得することが必要である．

また，精神保健福祉士の国家資格化の経緯のなかで，精神障害者団体，家族の全国組織の理解や積極的支援，日本精神科病院協会等の協力があったことと，日本社会福祉士会・日本医療社会事業協会・日本ソーシャルワーカー協会等の社会福祉専門職団体の理解と合意のうえに資格化がなされたことも歴史的な意味がある．

　さらに，専門性の深化については，一貫して「当事者の主体性」を大切にした自己決定の尊重の原則に支援の視点をおき，人権の擁護の視点も大切にしてきた．しかし，国家資格化の大きな目標であった「入院医療中心から地域生活中心へ」の具現化を図るという課題はいまだ十分に達成しているとは言い難く，今後も追求し続ける姿勢を堅持しなければならない．

　精神保健福祉士の国家資格化から10年が経過し，さらなる専門性の確立，任用と配置の拡充と待遇改善，専門職独自の裁量権の確保，改正社会福祉士法との関係等々，課題はなお山積しているといわざるをえない．

[荒田　寛]

2-6 「精神保健福祉士」になるためには

　精神保健福祉士は，精神保健福祉士法（1997［平成9］年制定）に定められた課程を修了し，国家試験に合格して国へ登録した者が名乗ることのできる国家資格である．日本では昭和20年代から，精神医学ソーシャル・ワーカー（Psychiatric Social Worker）として存在し，精神保健福祉分野におけるソーシャルワークを実践してきた．

　この資格は「名称独占」と呼ばれ，精神保健福祉士でない人がその名称を名乗ることは禁止されている．2009年4月現在，日本には42,000人を超える有資格者が存在する（財団法人社会福祉振興・試験センター）．

　実際に「精神保健福祉士」になるまでには，①精神保健福祉士になりたいという希望をもつ，②養成カリキュラムを受けて国家試験の受験資格を取得する，③国家試験に合格し登録する，というプロセスをたどる．さらに，④精神保健福祉士としての職場を見つける，⑤精神保健福祉士として実践を重ねる，ということになる．

　つまり，国家資格を取得するまでが，「精神保健福祉士」になるための必要条件であり，その後に専門職の力量を備えた「精神保健福祉士」としての十分条件を満たすための研鑽の蓄積を要する．それは，人の暮らしを支援する以上，その仕事に自信をもって取り組み，結果に責任をもつ覚悟が求められるからであり，常に自身の言動・行動を，謙虚さをもって省み，向上しようとする

意欲をもつことによって支えられる．

1 「精神保健福祉士」になることの意味

　国家資格を取得することは，その後の道のりに比べれば，そうむずかしいことではない．真に「精神保健福祉士になる」ことのほうが，利用者や共に働く関係者，さらには広く国民からの承認を得られるようになることを意味し，相応の心構えと努力を要するのである．

　精神保健福祉士は，国家資格化されて以降10年の間に，狭義の精神障害者の社会復帰支援に関する相談・援助のみならず，メンタルヘルスの課題をかかえて生活上に困難をもつ人の相談支援の領域まで活躍の場を拡大している．これは，現在の精神保健福祉士が社会的要請に応えるため，自らの力で「新しい精神保健福祉士」を創出している途上にあることを示している．

　このことは，2007（平成19）年から，厚生労働省が「精神保健福祉士の養成の在り方等に関する検討会」を設置し，精神保健福祉士に求められる役割や必要な技術，およびそれを養成するためのカリキュラムを検討している経緯からも明らかである．そして，本検討会の中間報告を受けて，2009（平成21）年1月現在，大学等における養成カリキュラム改正のための検討が始まっている．また，有資格者の資質向上に関する意識の醸成や職能団体による卒後研修への取組みが，より一層求められている．これは前記したように，資格取得と真の意味で「精神保健福祉士になる」ことが同じではないことの証である．

2 精神保健福祉士資格試験

　精神保健福祉士の国家試験の受験資格（受験資格）を取得するには，いくつかのルートがある．なかには，厚生労働省令で定められた指定施設における実務経験を必要とするルートもあるが，精神障害者を対象とした実務経験があっても，法的に認められた施設以外では実務経験とみなされない．

　受験申込み期間は9～10月にかけて約1カ月間で，財団法人社会福祉振興・試験センター（http://www.sssc.or.jp/）から手引きを取り寄せ，必要書類をそろえて申し込む．

　国家試験は毎年1回，1月下旬の土・日に，2日間（1日目の午後に専門科目，2日目の午前中に社会福祉士との共通科目）で実施される．社会福祉士の受験資格も有する者は両試験を同時に受験することもできる．

　国家試験の出題科目は，社会福祉士法の改正，精神保健福祉士法の見直しの検討中という現段階では流動的な情報も含む．過去10回の国家試験問題は，社会福祉士との共通8科目と精神保健福祉士の専門5科目で構成されていた．しかし，社会福祉士法の改正により養成カリキュラムが見直されたことから，

2009（平成21）年度（2010［平成22］年1月実施予定）の国家試験より共通科目部分の変更が予定されている．ただし，設問数や科目ごとの配点は明らかにされていない．また，精神保健福祉士の養成カリキュラムも見直されていることから，2011（平成23）年度以降，専門科目も変更となる可能性がある．

従来は選択のマークシート方式で，160点満点で計算され，全科目合計の6割以上の正答があることと，1科目も0点がないことが合格基準として示されている（2002［平成14］年8月，財団法人社会福祉振興・試験センター）．

3 精神保健福祉士がもつべき視点

精神保健福祉士はソーシャルワーカーの一種であり，人を相手に仕事をする専門職である．そしてこの「人」たちは，多くの場合，精神疾患や精神障害をもちながら，生活上に何かしらの困難や問題をかかえている．なかには精神病に特有の問題もあるが，援助の基本は，この人たちを「生活している人」としてとらえ，その生活をよりよいもの，本人の望むものに近づけるためにどうすればよいかという工夫を考えることである．つまり，精神障害をもつ「人」と出会い，その人の生活に影響を与えることになる職業，という自覚をもてるかどうかが重要なポイントである．

以下に，精神保健福祉士にとって最も重要な視点をまとめる．

1／自己決定を尊重する視点

利用者の自己決定の尊重は，ソーシャルワーカーに共通する重要な視点である．私たちが「〜させたい」とか「〜するべきだ」という価値観を押しつけるのではなく，精神障害をもつ本人自身がどうしたいかを自分で選び，決め，実現に向けて歩むことを支援する姿勢が必要となる．精神障害者は，精神医療と社会福祉サービスの両方を活用しながら，生活を成り立たせているが，往々にして治療中心の生活（病者としての暮らし）を組み立てて援助しがちである．しかし，そこで何を活用してどのような生活をしたいかを，本人が自らの言葉で語れるように，精神保健福祉士としてのさまざまな知識や技術を使ってかかわらなければならない．

自己決定の尊重とは，本人の決断に任せて待つということのみをさすのではなく，時には本人がどうしたいかを自発的に述べられるように促し，その答を出すための時間を確保することも支援する．前述したように，私たちは精神障害をもつ人と出会い，人としてかかわること，つまり人間関係を築くことで仕事を進めるのである．

2／人と状況の全体性を考える視点

人は誰でも他者との間に，小さくても「社会」を構成し，そのなかで人としての生活を営んでいる．それは人間関係を形成し，そこで期待される役割を果たすことや，自分の望むかたちでそこに参加するということである．しかし，どのように参加するかは，社会環境によって左右されるので，望むかたちでの参加は必ずしも可能ではない．また人が社会にどう参加するかによって，社会のあり方にも変化が生じる．このように，人と社会とはお互いに影響を与え合っていることの理解が必要である．

また，周囲からある役割を期待され，その社会への順応を求められることもあるが，これは時として障害者にとって暮らしにくい社会となることも考えられる．精神保健福祉士は，精神障害者に焦点を当てて援助活動を行うが，その際に社会環境や生活背景も視野に入れ，問題や課題を考える視点が求められる．

3／人権を尊重する視点

人権尊重は，ソーシャルワーカーに共通の重要な視点であるが，とりわけ精神障害者に対する人権尊重について，精神保健福祉士は敏感になるべきである．このことは，日本が精神病者・障害者に対して行ってきたことと密接に関連する．日本の精神医療と福祉は，他の先進諸国に比べ，大変遅れた特殊な道を歩んできた．それは，精神障害者を「障害者」ではなく「病者」として位置づけ，したがって社会福祉ではなく医療のみの対象として規定してきた歴史である．さらに，人手をかけずに不適切な精神医療を行い，社会の安全を優先するための，精神病患者に対する隔離収容政策を行ってきた歴史でもある．その結果，精神障害者に対する誤解や偏見，差別的な感情を生み出し，精神障害者の人権問題に大きな影響を与えている事実を理解したうえで，なすべきことを考えなければならない．

また，精神科に限らず医療の現場では患者の救命が最優先されるが，精神疾患ではとくに緊急的な場面（たとえば，社会の安全を守る目的も含む）において，患者本人の意向によらないかたちでの診察や閉鎖環境への入院が行われる．こうした場面においても，精神保健福祉士は精神障害者の人権尊重と権利擁護の視点から最大限の配慮を行う働きをしなければならない．

4／よりよい援助活動を行おうとする向上心や探求心

以上のように，精神保健福祉士に求められる重要な視点は，いずれも人をどう理解し，その生き方にどうかかわるかということに関連している．そこでは自分自身の人生観や人づき合いのクセなども影響する．さまざまな「人」との

出会いや問題解決の支援等を通じ，自分自身を振り返る機会も多いといえよう．

精神保健福祉士をめざす者は，まず自身に問うてみてほしい．「なぜ，精神保健福祉士の資格を必要としているのか？」と．そして，その時々の自分なりの答を確認することが，以降の自己を振り返る作業に役立つであろう．

4 精神保健福祉士の養成教育に関する議論

精神保健福祉士をめざす学生は，国家試験に合格することをめざして大学・養成校において教育を受ける．

ところで，精神保健福祉士の国家資格化以降，時折耳にすることの1つに，"現任者の実践力の乏しさ"がある．国家資格法制定以前のほうが，力量のある精神科ソーシャルワーカーがいたというものである．

ここで，改めて「専門職」ということを考えてみたい．

専門職には「知識」「技術」「価値」が必要だといわれている．養成教育により，最も修得しやすいのは国家試験対策でも取り組む，机上の「知識」であろう．半面，実践現場をもたない学生が，具体的な技術や価値をわが物として身につけ，知識も含めて活用するトレーニングを積むことは容易ではない．机上で学習した知識でさえ，応用の幅を利かせ重層的に組み合わせて活用できなければ現場では役に立たない．たとえば，前述したような精神保健福祉士としての視点は知識として記憶していても，実践に結びつかなければ意味がないのである．

そのためにも「精神保健福祉援助実習」と「精神保健福祉援助演習」の教育指導内容をどのように進めるのかということが，精神保健福祉士養成教育の議論の中心の1つとなっている．具体的には，大学・養成施設等におけるカリキュラムの組み方および担当教員の要件，実習指導者の要件の再検討などがあり，その根底には，国がどのような精神保健福祉士を養成したいのか明確な指針を示すことが求められる．

精神保健福祉士として機能することは，頭で理解している考え方や専門職として有する信念を，現実場面に即して柔軟に行動に表せることを意味する．それを現場から離れ，支援の相手となる精神障害者がいない机上の学習でイメージすることには自ずと限界もある．その意味では，精神保健福祉援助の現場に出て，自身の言動行動を「精神保健福祉士らしく」して成長させていくプロセスが重要だといえる．

5 資格取得後に「精神保健福祉士になる」ために

精神保健福祉士の資格を取得し実務につけば，今度は精神保健福祉士として

の心構えをもって日常業務に当たらなければならない．他者は，その仕事ぶりをみて「精神保健福祉士」という資格を理解し評価するため，大きな看板を背負って働くことになる．

精神保健福祉士が，守るべきことや引き受けるべき義務を自覚することは専門職としての責務である．その歩みを支えるものを以下にあげる．

1／倫理綱領の活用

倫理綱領（巻末資料1「社団法人 日本精神保健福祉士協会 倫理綱領」参照）には，専門職としての精神保健福祉士がもつべき価値観や，守るべき義務などがまとめられている．日常の実践にあたり，常に手元において行動の指針とすべきものが示されている．

2／自己研鑽

精神保健福祉士は，常にその専門的知識や技術の向上に努めなければならない．精神保健福祉に関する法制度も，現代のめまぐるしく変化する時代にあっては，日々変化している．常に新しい知識や情報を身につけることは，利用者に対する説明責任を果たすうえでも，よりよい援助を提供するためにも必要である．また，多領域，多機関に精神保健福祉士の職場があり，各機関の機能を果たすための業務には特殊個別のものがある．その結果，同じ精神保健福祉士であっても，日常業務によって影響を受け，培われる考え方や価値観には偏りが生じることもありうる．自己点検の場として研修を活用することは，こうした偏りや基本とすべき視点を再確認する機会になる．スーパービジョンなども積極的に活用するとよい．

3／専門職団体の活動への参加

精神保健福祉士が国家資格として誕生するまで，日本には精神科ソーシャルワーカーという無資格の職業があり，1964（昭和39）年に「日本精神医学ソーシャル・ワーカー協会」を結成して活動してきた．国家資格化のための取組みもその1つであり，いくつかの節目を経て，現在の「社団法人日本精神保健福祉士協会」となった（2-2-[2], p. 51参照）．

この協会では，会員への情報提供や調査研究をはじめ，研修開催や普及啓発，関係他団体との連携や行政等への要望活動，精神障害者や家族に対する支援活動，相互研鑽などを行っている．こうした活動に参加することは，自身の精神保健福祉士としての成長に役立つだけでなく，相互に質を向上させることにもつながり，それは精神障害者へのよりよい支援の提供に通じる．

4／後進の指導

　精神保健福祉士の資格を取得する課程で，現場実習を履修することは既述した．ここで指導者となるのは，原則として資格取得後3年以上の実務経験を有する精神保健福祉士と規定されている（精神保健福祉士法）．つまり一定の現場経験の後には，これから精神保健福祉士になろうとする人たちの，教育の一端を担うことも役割の1つとなる．後進の指導には，次世代を担う精神保健福祉士の育成への責任感をもち，ていねいかつ誠実に臨むべきである．

　なお，前記した精神保健福祉士のカリキュラム改正の議論において，この実習指導者の要件に関しても再検討されており，今後は一定の実務経験に加え所定の研修を修了した者のみを指導者とする可能性もある．

6　専門職団体による生涯研修制度

　精神保健福祉士の専門職団体である社団法人日本精神保健福祉士協会（以下，協会）では，2008（平成20）年度より生涯研修制度をスタートし，本制度に基づく研修と協会内での認定制度を実施している．これは，協会内に研修センターを設置し，一定の研修修了者を『研修認定精神保健福祉士』として認定する制度であり，会員に研鑽の機会を提供し，職務に関する知識・技術ならびに倫理・資質の向上を図ることを目的としている．専門職団体である協会がこうした制度を設けたのは，とくにその援助を必要とする利用者・国民からの信頼を高め，政策的課題への取組みの一環として時代の要請に応える人材養成の充実を社会的責務と考えたことが根底にある．それは，精神保健福祉士としての専門的諸活動が，国家資格に基づく最低限の質の担保とともに，専門職としての生涯にわたって続けられる研鑽によって成り立つものであるという認識に基づいている．

　精神保健医療福祉領域における人材確保の需要は高まっており，資格取得以降の継続的研鑽による質の担保は，前述した国の検討会中間報告にも明記されている．

　国家資格の取得者数が年々増加するなか，協会に所属する精神保健福祉士が一定以上の高い質を有することを担保できるシステムの重要性は，他の専門職団体をみても明らかであり，また有資格者一人ひとりがその必要性を自覚することも求められる．

　生涯研修制度は，以下の3体系で構成される．

1）基幹研修

　協会への入会からの経過年数に応じた積み上げ式の研修で，原則として資格を有する全会員を対象とする．

［基礎研修］

　入会時に配布する「構成員ハンドブック」を活用した自主学習をさす．ここには，協会の歴史や生涯研修制度の概要，精神保健福祉士として必要な視点，倫理綱領，主な活動領域などをコンパクトにまとめてあり，専門職団体に加入した際にまず理解しておきたい事柄を自主的に学習，再確認する機会を提供している．この自主学習を済ませたことを前提に，次の段階（基幹研修Ⅰの受講）へ進む．

［基幹研修Ⅰ］

　日本に精神保健福祉士が誕生する以前からの精神医学ソーシャルワーカーの活動の歴史を学び，専門職団体の役割や一人ひとりの精神保健福祉士としての心構え，実践の相互確認等を行うことを主目的とする．原則，入会3年未満の受講を奨励している．

［基幹研修Ⅱ］

　入会3年以上で，基幹研修Ⅰを修了後，おおむね3年以内であることを受講要件とし，時代や社会情勢に見合った制度政策論の知識の再確認，理論に根ざした実践の再点検などを目的とする．すでに初任者ではないことを自覚し，中堅にさしかかる時点での受講を奨励している．

［基幹研修Ⅲ］

　基幹研修Ⅱを修了後，原則として3年以内の者を対象とし，後進の指導育成や所属機関を離れた社会的諸活動にも参画できる成熟した精神保健福祉士であることを，協会が認定し排出することを目的とする．

　修了者は「研修認定精神保健福祉士」となり，有効期間は5年間である．

［更新研修］

　国家資格は，一度取得すれば基本的に更新は要しないが，この更新研修は，生涯を通じて研修，研鑽の必要な職業であるという自覚に基づくものである．「研修認定精神保健福祉士」の質を担保するために，5年ごとの更新制とし，時代や社会情勢にかなった制度政策論の最新情報の修得と，日常の実践を支える理論の再構築をめざす．

　法制度改正が相次ぎ，施設体系等もめまぐるしく変化しており，情報を更新しなければ，支援を提供する際に，利用者に不利益を与える可能性もある．研修認定精神保健福祉士には，常に利用者の利益を最優先し，ベテランと呼ばれる経験を有しても，専門職としてたゆまぬ自己研鑽を積むことを誇りとしてほしいという信念に基づき，更新制が導入された．ベテランになるにつれ，機会が得がたいといわれる日々の実践を振り返る機会とともに，制度政策の最新知識・情報や協会の動きについての理解を深め，後進育成に対する責任感をもって現場にフィードバックされることを期待している．

2）課題別研修

　基幹研修修了の有無は問わず，全会員および非会員の専門職等も受講対象として，社会的要請の高いテーマを取り上げ，その領域の専門知識の習得や実践者同士の情報交換などを目的として，時宜にかなった課題をその都度抽出して企画する．近年の精神保健福祉領域における支援利用者は拡大しており，養成カリキュラムにおいては習得できなかったさまざまな課題を取り上げることを重視している．

3）養成研修

　研修認定精神保健福祉士を受講の必須条件に据え，本協会における各種事業への参画を期待し，特定のテーマに基づくエキスパートを養成する目的で開催する．テーマごとに所定経験年数を満たすことを受講要件に加えている．現在は，協会認定のスーパーバイザーと成年後見人を養成する研修がある．

　精神保健福祉士は，職業としての長い歴史を有するが，国家資格としてはまだ新しい．その意味ではこれからわれわれ自身が，この資格をさらに国民から信頼されるものに磨き直し創り上げ，社会的認知を高めていくものであると考えることもできる．精神保健福祉士をめざそうと考えた初心を大切にしつつ，生涯にわたり成長し続けるプロセスを大切にしたい．

〔田村綾子〕

第3章
精神保健福祉士（PSW）の活動の実際

第3章 精神保健福祉士（PSW）の活動の実際

3-1 地域生活支援におけるPSW

1 地域生活支援におけるPSWの活動の実際

　障害者自立支援法の成立により精神障害は他障害と統合化され，これに伴い障害福祉サービスの枠組みも一元化された．利用者負担など大きな課題もあるが，本人のニーズに即した支援ネットワークをつくるなど，今後は地域福祉の充実が第一義的に重要になってくる．また社会的には，精神障害者自身の発言や活動，参画がより広く求められ，その機会も多くなっていくものと考えられる．

　精神保健福祉士（以下，PSW）は，こうした地域福祉の充実や当事者が力を発揮していくことを援助しながらも，共に同じ時代，同じ地域で生きる人として能動的に人と社会にかかわっていくことになる．そのことを基本としながらも，ここでは精神障害者のみならず，市民の誰にでも起こりうる危機的な状況など，精神保健福祉士の具体的な活動において重視しておくべき視点をみておくことにする．

1／精神障害者のニーズの現れ方と支援

　PSWは当事者本人のニーズを尊重し，当事者主体を前提として，当事者自身の自己選択と自己決定に基づく支援を展開する．そのためには情報提供と社会資源創出などの環境整備が不可欠であるが，ここでは，その前提となるニーズについて考えてみる．

　精神障害者のニーズの現れ方の特徴として，"表出される意思"と"真意"，

あるいは「時に違う"表出されるニーズ"と"本来のニーズ"」などといわれることがある．

これは第1に，精神疾患の症状として表出されてくるものと，真意や本来のニーズは間々くい違うという見方である．「悪魔に追われている，怖い！」「このまま死ぬ，近寄らないで！」と叫んだとしても，本来の思いは「職場の配置転換のストレスからくる孤独感や焦り」「突然，大事な人が去ってしまった寂しさと怒りで何も考えられなくなった」ということかもしれない．また「とくに何もしたくない」「このままがいい」「…（無言）」など，意欲や自発性の低下は感じ取れるものの，症状として語られること自体，不明瞭なことも少なくない．

第2に，当事者がおかれた状況から生み出されてくるという場合もある．長期にわたる集団管理と同じ日々の繰り返しのなかで意欲を奪われ，自発性を剥奪されて表明すること自体を諦め，本来のニーズや真意を奥にしまいこんでしまう．あるいは長期入院や偏見などから，誰しもが経験しうる人生の機会を奪われ，学び，考え，感じる力を伸ばすことに困難が生じてニーズの表明を中断してしまったり，周りの偏見や差別といった理解のなさへの恐れから，本来のニーズや真意を押さえ込んでしまうこともあるだろう．

第3に，家族や支援者など身近な人たちとの関係性の齟齬から，真意や本来のニーズの表出が困難になっている場合や，時にはかたちを変えて表明されることもある．

このようにして実に多くの精神障害者が地域で生活し，長らく医療機関への入院を余儀なくされている．

PSWは，このようなニーズの現れ方の特性をふまえたうえで，本人主体，自己決定の尊重を基点として精神障害者とかかわっていくことになる．本人のニーズに即した支援とは，本来のニーズや真意を引き出そうと圧力をかけたり，善意の押しつけを傘にしてそれを暴き出そうとしたり，あるいは表出されたものと本来のニーズのズレを無理矢理に解消し，ただ単に既存の地域資源に結びつけるようなことをすることではない．表出されたニーズに即して，本人主体の支援のプロセスを共に歩むのである．その道筋において時に，新たなニーズや本来のニーズ，あるいは思いもしなかった真意が表出されてくるのである．

PSWは基本的な価値として，「人間の変化の可能性への信頼」を保持している．この価値を礎にして，常に柔軟な支援を展開していく必要がある．それは，受け身的な「待ち」ではなく，言語的コミュニケーションを中心とした日常的な「やりとり」を通し，継続して関心を持ち続けるということである．つまり，能動的で主体的な支援者としての「かかわり」を通して「時が熟す（時熟）のを待つ」のである．

柏木昭は,「ゆっくり時が満ちて,本音がおのずから表れてくるのを待つことがソーシャルワークという援助職の専門性の一つではないだろうか」[1]と述べているが,こういう時代だからこそ,この言葉のもつ意味を改めて噛みしめてみる必要があるだろう.それがひいては,われわれPSWの将来にわたる活動を支えてくれるに違いない.

2／当事者中心の連携

現在わが国には,広くケアマネジメントの考え方が導入され,しだいに定着しつつある.なかには,経費削減の観点から導入を図ろうとの考えもないではないが,実にさまざまな人生上のニーズをもつ精神障害者に対しては,1機関,1人の支援者が丸抱え方式で限定的な生活支援を行っていた時代とは違う支援方法が必要であろう.

1人の人の人生には,恋愛や結婚,子育て,学業や就労,家族問題や病気や医療,介護,そして死別,生きがいといったその人の人生を左右する多くの課題や出来事が存在する.こうした課題のどれ1つをとっても,1機関の対応のみで終結することは困難であり,当然,精神障害者の支援においても多機関・多職種連携が基本となる.そしてその連携においては,当然のことながら本人中心,本人参加が原則であり,本人のニーズに関心を寄せる人たちと機関の連携が,本人の生きる意志,表明する力を引き出し,「時熟」を促進する要因ともなるのである.

一方PSWには,ケアプランの実施状況を,当事者主体の観点からモニタリングするとともに,実施過程に不具合があるときは権利擁護の視点から即時的に対応する機動性が要求される.

さらに前述したように精神障害者のニーズは,その現れ方の特徴から当初のニーズとは違った,本人の現在の生活や生き方に即した現れ方をすることが多い点に留意する必要がある.支援者が最初のアセスメントや初期プランにのみ固執してしまうと,当事者の生き方や選択の幅を狭めてしまい,結局は当事者不在の支援ともなりかねない.常に再アセスメントを意識した柔軟な発想と,粘り強い展開力が必要となる.

機関・職種間の連携が共に良質な関係を形成し,その関係を保障する地域の力や環境が整うことで,孤立したまま自己表現も中断するしかなかった精神障害者が,地域の人びとや仲間と出会い,理解ある人たちを増やし,社会への怖さを克服して信頼感を取り戻す.こうした良質な連携が可能な地域でこそ,精神障害者の可能性と力はやがて大きく花開くことになる.また,このような地域は市民にとってもより生きやすい地域となる.したがってPSWには,こうした連携の形成を意識しつつ支援を展開していく「関係力」が必要となる.

また居住の問題など，具体的な支援を通して明確化した資源不足等の問題については，単に個々の精神障害者の問題としてではなく，その地域のかかえる普遍的な問題ととらえ，社会的行政的な課題として広く連携を模索する活動も必要となろう．

3／機会の創出

　精神障害者は歴史的に，長らく主体性というものを奪われてきた．精神病という疾患自体，自ら語ることが困難な時期もあり，また体験的にも自分の生き方を奪われ，自ら願うことを諦めざるをえなかった．

　しかし近年，多くの精神障害者が，孤立し隔絶された空間から解放されて人と出会い，仲間と出会い，自らの経験や自己を語り始めている．その語りは，しだいに多くの市民の共感を得るようになってきた．このような，人と出会い自己を語る機会，時代や同年代の人たちとの出会いを実感できる機会の創出も，地域生活支援の重要な視点の1つである．

　また，地域生活支援の調査研究で用いられる，いゆわる「主訴のはっきりしない相談」[2]が本人のニーズに即し，より明確なかたちで表出されるためには，さまざまな機会と場を保障する必要がある．とくに人と出会い，人を感じ，自分だけではないという共生の経験や人に役立った経験，そして新たに人間関係を築き上げる経験は，当事者の自尊感情（セルフエスティーム）を高める．このような小集団やグループでの活動機会の獲得は，人生を再構築するための大きなきっかけづくりの場となるだけに，PSWにとってもこうした側面への支援が不可欠となる．

　ニーズの表出や自己決定，あるいはその人らしさの表出は，単に言葉だけではなくさまざまな表現形をとる．それはたとえば絵画や音楽，演劇やダンス，詩や小説，スポーツなどさまざまである．人は誰しも，何らかのかたちで存在としての自己を表現する場や機会をもち，今，生きていることに向き合いながら日々を過ごしている．そしてこの自己表現が受け入れられることで，自尊感情が高まり存在としての自己を再確認するのである．

　精神障害者の思いの表現もまたさまざまであり，当然一人ひとり違っている．その人の持ち味，その人らしいやり方での表現が受容され，他者と相互に自己表現を認め合えるような場と機会の創出にも支援の目を向けたい．

4／当事者から学ぶ

　精神障害者は多くの場合，人生の夢を紡ぎ始めた正にそのときに精神的変調をきたし，疾患への無理解と社会的偏見・差別のただなかで自分の人生を取り戻そうと格闘し，その疲労と変わらない状況への絶望感から，ささやかな夢さ

えも諦めてしまう人が少なくない．このような経験をもつ精神障害者は，人生の夢の挫折と人間関係の困難，加えてあまりに堅牢な社会的障壁の存在を痛感している．にもかかわらず，それも重々承知のうえで，自らの願いや夢を，自分自身を再獲得しようと歩み始める．そこに息づくものは，誰しもがもつ自分という存在と社会とのかかわりの感覚，あるいは人との関係性のあり方など，人としての普遍的な問いかけである．これは精神障害者によるわれわれ健常者への問いかけでもある．

　また当事者主体，自己決定の尊重という価値は，支援者側の一方的な判断によるのではなく，常に当事者から学ぶ双方向性のうえに成立する．つまり，PSWがこの当事者主体という価値を貫こうとするならば，常に当事者から学び続ける姿勢の保持が前提となる．加えて精神障害者の自己決定の質は，支援者のかかわりの質に大きく左右されることから，PSWはその質を高めるために自らのかかわりを振り返るとともに，当事者とのかかわりに直に学ぶ必要がある．

　当事者から学び，共に生き方を考える姿勢は，やがて地域や社会を共に創る作業へとつながり，これがひいては当事者とPSW自身の自己効力感（セルフエフィカシー）を高めることにもつながっていく．

5／よかれと思う支援とその落とし穴

　障害者自立支援法の成立に伴い，障害者支援で長年後手に回っていた就労支援に光が当てられたことは重要であり，システムを含め早急に拡充を図ることが課題である．しかし就労移行や地域生活移行など，いずれも十分な人的資源や社会資源が整わないままに，限られた期限のなかで，その成果や効果，能率のみが求められている．

　支援者はこうした状況におかれると，時に成果や能率にとらわれるあまり，よかれと思う支援を当事者に押しつけてしまう危険性がある．つまり，これは当事者のためであるとして，効率的でわかりやすい技法で形だけ整えてしまうことになりがちである．

　かつて日本の精神保健医療の分野で，病院からの退院を主眼としたアプローチが，いつしか病院生活に適応させる支援に変質してしまったことはいまだ記憶に新しい．21世紀を迎えた現在，このような錯誤を繰り返すことはないだろうとは信じつつも，支援者側からのアプローチというのはとかく強引なものに変質しやすく，時に当事者の主体性をかき消してしまいかねないことを改めて見つめ直しておきたい．

　PSWには，アプローチや技法のわかりやすさ，あるいは法や制度に当てはめてよしとするような支援ではなく，人が生きていくうえで誰もが出合う葛藤

や悩みのなかで，共に歩み，その人らしい人生を再獲得するプロセスを共にするという視点が必要である．

また，1つの制度，1つのアプローチに固執するのではなく，「もう1つ」の何かを共につくり出しながら，人間の変化の可能性を信じ，「時熟」のときを能動的に待つことが求められている．

6／専門性と素人性，そして率直さ

生活支援を展開するからには PSW としての専門的視点から，当事者の生活が豊かになるとともに，症状がありながらも自尊感情が保持され，その人自身が今の生き方に「まぁまぁ，いい感じ」と納得し了解できるような支援を提供していきたい．しかしながら専門的視点というのはしばしば協働の視点，つまり「共にある」という関係にはなりにくく，とかく上下の関係に流れやすい．PSW は専門的支援者である一方で，協働の生活者としての生き方を前面に出し，専門的支援を要する人たちと地域住民の生活との間を縦横に行き来し，これをつないでいく．

また，時に精神障害者は，精神病という疾患やおかれた境遇，社会の偏見等から，目の前の人や周りを信じてよいものか不安になることがある．とくにあやふやで不明確なものに戸惑いを覚え不安になることが少なくない．このようなとき PSW は，専門職としての価値と倫理綱領を遵守しつつも，専門職として固く身構えて対峙するのではなく，率直に，「今，ここで」生きている人としてかかわることが大切である．つまり PSW は，一対一であろうが地域を視野に入れたかかわりであろうが，専門性と市民としての素人性を併せ持ってかかわる必要がある．

7／危機的状況への対応

精神的変調による危機的状況は医療機関のなかだけで起こるのではなく，多くは地域のなかで起こる．人は誰しも，ごく普通の日々の生活のなかで，いくつかの要因が複雑に絡み合ったり，災害など生活状況に激変が襲ったときなどに危機的状況に陥る．このような危機状況への対応は，医学の枠組みだけでは十分ではなく，精神疾患を熟知しつつ，かつ当事者と夢や希望を共にし，同じ地域のなかで生活を支援する PSW が，危機に直面した当事者の傍らにいて，本人が感じている主観的な怖れや不安，焦りや苛立ち，絶望感をくみ取りながら，過酷な状況にあるその人との間に信頼関係を築いていく営みが必要となる．それは精神障害者が危機的状況から脱却し，生活を構築しようとする過程を通して大きな力となる．医師などによる医学的対応のみに任せるのではなく，生活の支援者として，本人の傍らにいる PSW の早期のかかわりこそが重

要なのである．

　また，「人と状況の全体性の視点」をもつPSWが精神障害者の生活支援で培ってきた視点や方法，あるいは精神障害者の陥っている危機的状況を共に歩み乗り越えてきた経験などが，自然災害時において多くの被災市民や地球社会の危機的状況への支援のなかで生かされることになる．

　危機的状況においては単に生物学的要因のみならず，心理社会的要因や状況要因が複雑に絡み合っていることから，いわば広く生態学的な視点からその人に関心を持ち続けるPSWの機動性のよさが求められているのである．

8／引きこもり状態への支援

　引きこもりはさまざまな要因から，社会参加が不可能になっている状態であり，単に生物学的な要因や心理的要因のみで割り切れるものではない．いずれにしろ，生活上の何らかの要因をきっかけとして，いわば社会から降りるかたちで自宅に引きこもり，身動きもできないまま息を潜めて生活しているのである．

　PSWは多くの場合，こうした引きこもり状態の本人と出会う前に，まず家族と出会うことになる．そのとき家族はすでにさまざまな手立てを講じ，万策尽き果てて支援者の前に現れる．PSWは自分自身のもつ家族観で接するのではなく，その並々ならぬ労をねぎらい，家族をもう1人の当事者として歩調を合わせて支援していく．その際，まずは精神障害者の家族支援の場合同様，不安感を和らげ，孤立した状況を改善して仲間づくりや生活の広がりをめざし，他機関とも連携を図りながら家族本来の力を取り戻せるように支援する．

　一方，引きこもり状態にある本人その人と会えたなら，何より先にまず信頼関係を築くことに主眼をおき，日常的なやりとりを通して根気強く関心を持ち続け，本人がやろうとしていることやわずかな変化を重視し，その人が今もっている力に焦点を当てて支援していく．ここでもまたPSWの価値に根ざした支援が重要になる．つまり，対象となるその人本人の文脈でその人を理解するとともに，当事者主体を前提として歩みを共にし，人間の変化の可能性を信頼し「時が熟する」のを待つという，能動的なかかわりが不可欠なのである．

　そしてその初期段階では，PSWのもっている精神医学的知識や危機介入時の方法論，さらには権利擁護の視点などがこのかかわりを側面から支えることになる．

9／精神医学との対話

　PSWは，その専門性の理論的・実践的基盤を社会福祉学におき，「医学モデル」ではなく「生活モデル」の視点から当事者とかかわることに変わりはない．

一方，かつて PSW は小さな精神科医と揶揄され，批判された一時期があった．その点を十分意識したうえで精神医学との対話の必要性について考えておきたい．

　地域生活支援に携わっている支援者が，時として精神医療の孕む問題性を取り上げることがある．その批判の多くはわが国精神医療の課題をよくいい当てており，改善していかなくてはならないものが多い．一方，疾患と障害を併せ持つ精神障害者の場合，当然のことながら疾患部分への対応として医療が必要不可欠なことから，精神医学のよりいっそうの充実が望まれる．

　これまで精神医学は，人間存在にかかわる学問として，世紀を超えてどの時代，誰にでも起こりうる精神的変調について考究を重ね，さまざまな理論や方法，実践を構築してきた．こうして培われた精神医学的知見も，時に時代によって，あるいは社会状況の変化によって変わらざるをえない側面もある．つまり当事者が必要としている精神医学もまた，社会や時代状況により変わるものであり，精神医学の体系の一部を切り取って杓子定規に解釈，批判するだけでは不十分なのである．

　また，精神疾患を経験している人の理解や支援を考える場合，1つの時代でもてはやされた精神医学だけでなく，さまざまな立場の精神医学との対話が支援する側の視点に膨らみをもたせることになるはずである．

　かつて PSW の価値をつくり出してきた先達たちは，その過程で多くの精神医学と対話し続ける一方，その医学的枠組みに飲み込まれることなく，当事者主体を前提として当事者自身から学びつつ，PSW の価値を見出してきた．

　現在，実践の場で活動を続ける PSW にとっても，精神医学をただ単に遠ざけるのではなく，いくつかある精神医学的知見と時に対話し，「生活モデル」の視点から読み直す力を養うことが重要なのではないかと考える．

[小田敏雄]

文　献
1) 柏木　昭，簗野 修編：医療と福祉のインテグレーション．へるす出版，1997，p. 10.
2) 岩上洋一：精神障害者地域生活支援センターの現状に関する全国調査．精神保健福祉，32(4)，2001，pp. 320-325.

参考文献
1) 柏木　昭編著：新精神医学ソーシャルワーク．岩崎学術出版社，2002.
2) 藤井達也：精神障害者生活支援研究―生活支援モデルにおける関係性の意義．学文社，2004.
3) 寺谷隆子：精神障害者の相互支援システムの展開―あたたかいまちづくり・心の樹「JHC 板橋」．中央法規出版，2008.
4) 白石弘己：家族のための統合失調症入門．河出書房新社，2005.

5) 野中　猛：精神障害リハビリテーション論―リカバリーへの道．岩崎学術出版社，2006．
6) 浅野弘毅：精神医療論争史―わが国における「社会復帰」論争批判．批評社，2000．
7) 石川到覚：精神保健福祉士の関係力による福祉実践の創造．精神保健福祉，38(3)，2007，pp. 189-196．

2　障害者自立支援法とPSW

　障害者自立支援法（以下，自立支援法）は2005（平成17）年11月7日に公布され，2006（平成18）年10月1日に本格施行された．この法の施行によってわが国の福祉構造，福祉事業体系は大きな転換期を迎えた．精神障害者の生活に深くかかわり，また，法の見直しも検討されている状況のなか，われわれPSWはその動向に関心を寄せ，真に精神障害者の生活支援の根幹となる法とするためにも深く関与していく必要がある．

1／障害者自立支援法の概要

　自立支援法の柱は，整理すると以下の5点にまとめられる．
1) 身体・知的・精神の3障害共通の施策整備がなされ，サービス支給の枠組みが一元化され，透明化および明確化されたこと．
2) 事業は第一義的には市町村事業となり，市町村に障害者福祉計画の策定が義務化されたこと．
3) 障害保健福祉の財源が義務的経費として明確になったこと．
4) 利用者の応益負担を含め，費用を皆で負担し，支え合う仕組みを強化すること．
5) とくに障害者の就労支援および地域移行を推進すること．

　また，法のサービス体系は，自立支援給付（介護給付，訓練等給付，自立支援医療費の給付，補装具費の給付），地域生活支援事業から成り立っている．

　まず，障害者の状態やニーズに応じた支援が効率的に行われるよう，これまで障害種別ごとに分かれていた33種類の施設・事業体系が，①療養介護，②生活介護，③自立（機能・生活）訓練，④就労移行支援，⑤就労継続支援（A・B型），⑥地域活動支援センターの6つの日中活動に再編された．さらに，日中活動と住い（生活）の場を分離し，利用者の個別支援計画に基づくサービスが提供される仕組みとなった．

　介護給付は，一定以上の障害程度区分の認定を受けた障害者が利用できるサービスである．これには療養介護，生活介護，施設入所支援（地域移行型ホーム・退院支援施設を含む），共同生活介護（ケアホーム），居宅介護（身体

介護・家事援助），行動援護，重度訪問介護，短期入所（ショートステイ），児童デイサービスがある．

また，訓練等給付は介護給付とは異なり，障害程度区分によらず，各事業においてその対象者が定められている．具体的には，自立（機能・生活）訓練，就労移行支援，就労継続支援（A型：雇用型，B型：非雇用型），共同生活援助（グループホーム）である．

一方地域生活支援事業は，市町村および都道府県が行う事業であり，それぞれ法律上必ず実施しなければならない事業を定めている．市町村が主体となって行う市町村地域生活支援事業では，①相談支援事業，②コミュニケーション支援事業，③日常生活用具給付等事業，④移動支援事業，⑤地域活動支援センター機能強化事業等は必ず実施しなければならない事業とされており，⑥その他の事業として，市町村の判断により必要な事業を実施することができる．なお，事業の実施を他の市町村と連携し，広域的に実施することや，第三者に委託することもできるとされている．

都道府県が実施主体となっている都道府県地域生活支援事業は，専門性の高い相談支援事業や広域的な支援事業が実施しなければならない事業として定められている．また，市町村の判断によって，障害福祉サービス，相談支援の質の向上のための養成研修事業やその他，必要な事業を実施することができるとしている．

2／障害者自立支援法とPSW

ここでは，PSWがかかわっていく必要があると思われる自立支援法の課題についてまとめる．

1）障害福祉サービスの状況

障害福祉サービスの整備状況をみてみると，これまでは精神障害者社会復帰施設として整備が進められてきており，自立支援法施行直前の2006（平成18）年では施設数が約17,000カ所，利用者25,000人以上となっていた．障害者地域生活支援センターの整備，ホームヘルパーの確保，福祉ホームの整備，生活訓練施設については目標値の90％以上の水準に達していたが，グループホームの整備は目標値の約70％の整備にとどまっていた．そのような状況下で自立支援法が施行され，グループホームや居宅介護では，精神障害者と知的障害者が同程度の割合で利用しているが，その一方で自立訓練（生活訓練）や就労移行支援，就労継続支援では，利用がまだ十分に進んでいない状況である．

また，旧来の社会復帰施設については，2011年（平成23）度末までに自立支援法に基づく新サービス体系に移行することが求められているが，2007（平成

19）年4月時点で，全体の19％しか移行が進んでいない．とくに生活訓練施設などの居住系の施設での移行が，6.6％となかなか進んでいない状況にある．利用者の状況に合わせて新体系への移行を考える必要があるが，事業運営費や人員配置などの目途がなかなか立てづらく，移行後のシミュレーションができないことが要因と考えられる．

　自立支援法では，就労支援の充実や地域移行支援（退院促進）などが重点目標としてあげられている．就労支援においては，労働施策との連動を強化し，当事者の働きたいという気持ちを大切にした支援の充実が必要であろう．

　また，地域移行支援（退院支援）においては，グループホームなどの居住を支援する事業が大変重要であり，設置数の増加とそこでの支援の質の向上も含め，早急に整備する必要がある．

2）障害程度区分について

　自立支援法では，サービス利用時の支給決定の枠組みが規定されたが，支給の基準となる障害程度区分の判定時における課題がある．現在の調査は，1次判定は介護保険で用いられた79項目に加え，コミュニケーション関連，行動等関連，生活関連からなる27項目を加えた合計106項目の一次判定ソフトを用いて行われるが，その項目が，精神障害者の生活上の障害特性を反映するものになりきれていないことがあげられる．このことは審査会おける二次判定で，障害程度区分が重度に変更されるケースが多いことからもわかる．

　また，二次判定の際，重要になるのは医師の診断書と調査時に記入される特記事項である．精神障害者の障害は病状によって変化し，面接時だけでは明らかにならない部分も多い．そのため調査員が精神障害の特性を十分理解し，調査しなければ生活のしづらさを浮き彫りにできず，生活状況に応じた十分なサービスが受けられないことも生じている．

　障害程度区分の見直しも検討されているようではあるが，現行では判定のための調査時に，当事者の生活状況をよく知る家族や支援者が同席し，生活状況を反映した特記事項となるよう伝えていく必要があるだろう．また，不服申立ての制度の活用を視野に入れておくことも重要である．さらには，今後の見直し等のなかで，当事者・家族の申立てやPSWなどの支援者が意見をつけることができるような仕組みづくりを要望していくことも大切であろう．

3）相談支援体制の充実

　精神障害者が安心して地域生活を営むためには，住い，日中活動，医療，余暇の過ごし方など，当事者の生活実態からのニーズや希望に基づいた，包括的な相談支援事業の展開が必要である．相談支援体制の充実は，2008（平成20）

年の「今後の精神保健医療福祉のあり方等に関する検討会（中間まとめ）」においても，重要事項にあげられている．

現行の相談支援体制では給付等に該当するか否かという点にのみ力点がおかれ，精神障害者の生活全般にわたる諸問題についての相談支援体制としては不十分である．概して精神障害者の相談では「施設に入りたい」や「ホームヘルプを受けたい」など言語化されたニーズの下に真のニーズが隠されている場合や，単一のニーズではなく複数の問題やニーズが複雑に絡み合っている場合が多い．また，時間の経過によってニーズが次々と変化していくことも珍しくない．

また現在，見直しのなかでは，病院から退院等に向けた生活支援の準備のための同行やアパートなどへの入居時の支援，緊急時に対応可能な地域生活に係る24時間の支援体制も必要といわれている．また，あまり活用できていないサービス利用計画の作成についても，総合的なマネジメント機能を充実する観点からの対象範囲の拡大や，作成時期も支給決定前から作成することができるよう検討されている．

しかし，このような相談支援体制の拠点となるべき相談支援事業所への市町村からの委託内容に依然ばらつきのある状況である．また，市町村事業であるため，運営費においても利用対象範囲でも少なからず地域格差がみられている．精神障害者の生活上の問題を包括的に支援する拠点としては，財政的基盤も相談を担う専門職の配置もかなり不十分な状況である．相談支援事業所の基盤強化を図るとともに，個々の支援に対して評価を行う仕組みをつくり，総合的な相談機能を担う拠点を設置するなど，地域における総合的な相談支援体制の整備をめざすべきであろう．

4）自立支援協議会の活性化

当事者ニーズに基づく地域支援システムの構築，地域づくりには，自立支援協議会が要になるといっても過言ではない．

自立支援協議会には，都道府県自立支援協議会と地域自立支援協議会がある．地域自立支援協議会は，厚生労働省の概要には「相談支援事業をはじめとするシステムづくりに関し，中核的役割を果たす協議会として設置する」とあり，機能として「相談支援事業の中立，公正性の確保，困難事例の対応のあり方，関係機関ネットワークの構築，社会資源の開発・改善」などがあげられ，市町村への提言も行うことができることから，とりわけこの地域自立支援協議会が地域づくりに大きく影響する．各地域では，設置や稼動の状況がまちまちであるため，自立支援協議会の法律上の位置づけの明確化や自立支援協議会への当事者参加も含め，自立支援協議会をどう活性化させ，地域課題の共有やネ

ットワークの形成，新たな資源づくりなどをいかに有効に機能させていくかが課題であろう．

5）障害福祉計画について

　障害者基本法に基づく障害者計画は，障害者の保健・医療・福祉・就労などに関する日常生活上の中長期的な基本事項を策定したものである．一方，自立支援法に基づく障害福祉計画は，障害者が日々の生活上必要とする具体的なサービス必要量を数値目標として掲げるなど，障害福祉サービスの基盤整備にとって大変重要である．

　障害福祉計画は，すべての都道府県および市町村に策定が義務づけられており，3年を1期とし，2006（平成18）年度から2008（平成20）年度までを第1期として策定された．自立支援法によるさまざまなサービスは，一部を除いて第一義的には市町村の事業であり，居住地域の状況や当事者の生活に密着した障害福祉計画が策定され，その計画によって要する費用が義務的費用として予算化されることになるため，福祉サービスの体制整備に大変大きな意義をもっている．

　現在，第1期計画の実績を踏まえ，2009（平成21）年度から2011（平成23）年度までの第2期計画が策定される時期であり，障害者福祉計画がどのようにつくられていくのか，今後注視していく必要がある．地域生活支援事業などでは各市町村の裁量に任されている事業が多く，既存の社会資源や財政状況などによってはサービスに市町村格差が生じる恐れがある．当事者や家族のニーズをどのように計画に反映させていくか，そのために精神保健福祉士がどう支援を展開していくかが重要な課題である．

6）利用者の経済的負担の問題

　自立支援法のより円滑な運用を図るため，利用者の所得に応じた一部負担も導入された．厚生労働省では，「障害者自立支援対策臨時特例交付金」による改善策と合わせ，2007年（平成19）・2008（平成20）年度の経過措置として，利用者負担に係る対策を講じることとした．特別対策として講じられた臨時特例交付金や利用者負担の軽減策は，法の枠組みを守ったうえでの，あくまで運用上の改善策である．

　また，精神障害者は長期的に医療が必要であり，自立支援医療の対象となっても医療費の負担が長期的に発生する．これらのことから利用者の負担感も大きくなる．

　3年後の法の見直しにおいては，これらの実態をふまえた改善策が講じられる必要がある．さらに，精神障害者の経済保障・所得保障も含めよりいっそう

支援の中身を充実させるため，自立支援法だけでなく，年金などの社会保障制度や就労施策にも視野を広げて支援していく必要があろう．

7）障害者自立支援法とPSW

障害福祉の大きな変化の流れのなかで，精神障害者を取り巻く状況，精神保健医療福祉も大きな転換期を迎えている．

自立支援法は，財源問題も絡み，急ごしらえの法律であったため，多くの課題をはらんで誕生した．そのため成立以来，いくどかの改変，特別対策などが実施されており，少しずつ当事者が利用しやすくなっているようにも思えるが，大変わかりにくい法律になっていることは否めない．

このような状況下で，PSWとしてどうこの法律にかかわっていけばよいのであろうか．

まず，第1には，当事者の生活上のニーズを掘り起こし，必要なサービスにつなげていくかかわりが重要である．単に，自立支援法によるサービスだけでなく，その他の法によるサービスあるいはインフォーマルなサービスも視野に入れ，包括的に当事者の生活全般の支援ができるような体制をつくり上げていくことが重要である．

第2に精神障害者のニーズを伝え，身近な地域で，精神障害者固有の障害に合った支援や新たなサービス創出について提言をしていく必要があろう．

第3に，個別支援だけでなく，広く地域全体を視野におき，「地域づくり」を展望していくことが重要である．この場合，各都道府県，市町村の自立支援協議会などの運営にも絶えず関心を向けておく必要がある．

2009（平成21）年度には3年後の見直しも予定されている．自立支援法が真に精神障害者の生活を支える法となり，誰もが住みやすい地域の実現につながるよう，この法の行く末に関与し続けていくこともPSWの責務の1つといえよう．

[宮部真弥子]

3　就労支援におけるPSW

1／精神障害者の就労支援における変化
1）就労支援をめぐる社会状況

近年，精神障害者の就労をめぐる環境が大きく変わりつつある．国は自立支援法によって，「福祉から雇用へ」というスローガンのもと，障害者の就労のあり方を大きくシフトチェンジさせた．しかし，そもそも福祉もまだ充実しているとはいえない状況であり，また雇用されれば福祉が必要なくなるというわ

表3-1　民間企業の障害者雇用者数

平成20年 6月1日調査	民間企業雇用者数〔（　）内前年〕 実雇用率1.59%（1.55%）
全体 723.8万人	325,603（302,716）
身体障害 366.3万人	266,043（251,165）
知的障害 54.7万人	53,563（47,818）
精神障害 302.8万人	5,997（3,733）

資料：厚生労働省（平成20年11月20日）

けでもない．本来は「福祉も雇用も」が掲げられるべきであろう．

　改正された障害者雇用促進法では，精神障害者の障害者雇用率への算定が認められた．それとともに，先行する身体障害者，知的障害者との格差を縮めるために，精神障害者の雇用に関する諸支援策が打ち出されている．企業にも，働く精神障害者にもメリットとなる短時間雇用支援が打ち出されたことは歓迎すべきだが，制度の利用しやすさが効果に直結するので，制度へのアクセシビリティを高める対策も十分に講じておく必要がある．

　一方，社会経済に目を向けると，いざなぎ景気を抜いたといわれるゆるやかな経済成長に終止符が打たれ，100年に一度という未曾有の経済危機が世界を襲っている．日本企業においても，派遣労働者の契約打ち切りに続いて正規職員のリストラが始まっている．そのような状況に，働く障害者も人ごとではない．従業員が減ると，障害者雇用率（一般の企業は1.8%）によって計算される，雇用しなければならない障害者の数も減ってしまう．業績の悪化している企業においては，雇用率以上に雇用している障害者も解雇される可能性が否定できない．

　一般就労を希望する精神障害者，企業に雇用された精神障害者，ともに右肩上がりで伸び続けている（表3-1・図3-1参照）．上述の精神障害者の障害者雇用率算定などが追い風になっていると思われるが，就職を希望する精神障害者を支える支援機関や支援者が全国的に整いつつあることも促進要素となっている．従来の通所施設や障害者職業センターに加え，ハローワークには精神障害者就職サポーターが配置され，障害者就業・生活支援センターは全国で設置が進んでいる．市町村に独自に障害者就労支援センターが設置されている自治体もある．

年次推移

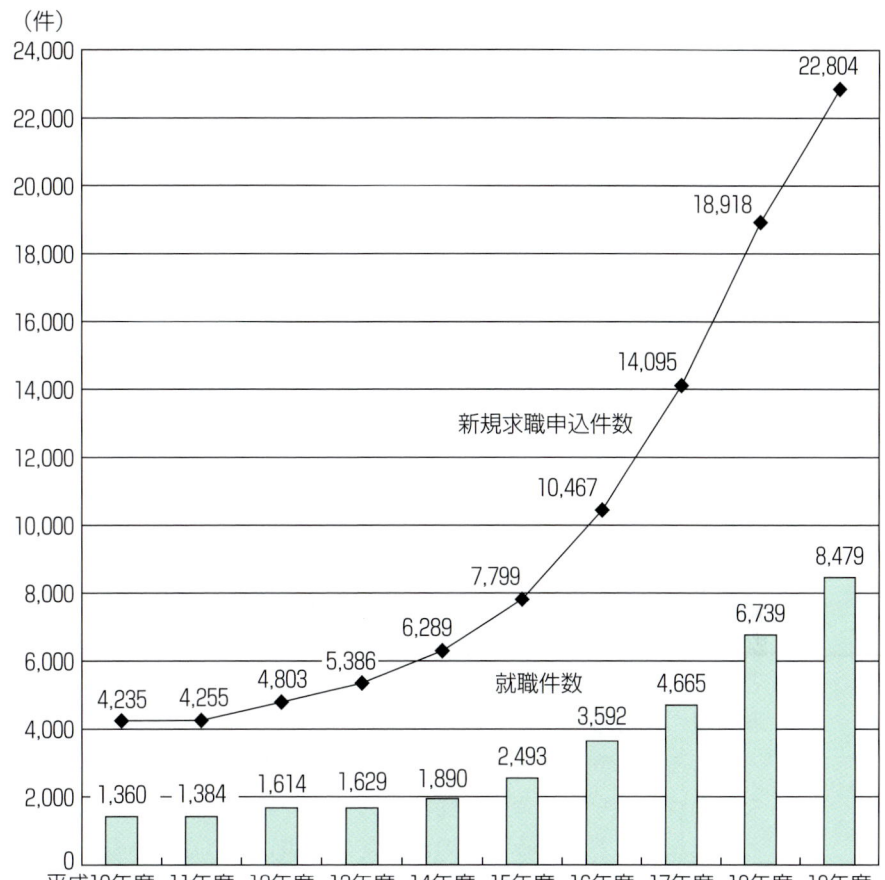

図3-1 精神障害者の就職件数および新規求職申込件数の推移
資料：厚生労働省（平成20年5月16日）

新規求職申込件数：
- 平成10年度：4,235
- 11年度：4,255
- 12年度：4,803
- 13年度：5,386
- 14年度：6,289
- 15年度：7,799
- 16年度：10,467
- 17年度：14,095
- 18年度：18,918
- 19年度：22,804

就職件数：
- 平成10年度：1,360
- 11年度：1,384
- 12年度：1,614
- 13年度：1,629
- 14年度：1,890
- 15年度：2,493
- 16年度：3,592
- 17年度：4,665
- 18年度：6,739
- 19年度：8,479

2）福祉的就労と一般就労

　福祉的就労という語は，福祉施設で働くことを表すわが国特有の言い回しであり，諸外国では働くことに福祉や一般などという区別はない．しかし，わが国特有のこの言い回しも，近年境界線がなくなってきた．自立支援法によって，就労継続支援A（利用者は労働者として，最低賃金などの労働関係法の適用を受ける．精神保健福祉法上では福祉工場）という施設体系ができたが，企業の運営も可能となり，すでに障害者雇用に積極的な企業が特例子会社とは別に運営を始めている．企業が運営する施設を福祉的就労の場というのは不自然である．また，企業就労も「精神障害者ステップアップ雇用」事業によって，そのハードルが下がり，週10～20時間の労働時間でも助成金が出るようになる

など，さまざまな働き方が選択できるような環境が整ってきた．これらによって，福祉的就労と一般就労という用語もあいまいになっており，今までも定義が定まっていなかったが，今後は使用しないか，使用するのであればそれなりの整理が必要であろう．

3）障害者雇用率

　数年前から，障害者雇用義務のある従業員56名以上の企業は，障害者雇用に消極的な姿勢が続くと企業名を公表されるようになったこと，またとくに大企業においては，企業の社会的責任（CSR；corporate social responsibility）が問われるようになったことが障害者雇用を促進させる要因ともなっている．残念ながら，なかには企業名を公表されたくないため，障害者求人をハローワークに出すが，実は障害者採用には消極的な企業も散見される．なるべく面倒なこと，非生産的なことはしたくないという企業の論理が前面に出てしまうためである．一方で，障害者雇用義務がきっかけで障害者雇用を始めたが，独自の工夫を取り入れて，非採算部門をつくらずに多くの障害者雇用を実現している企業があるのも事実である．そのような企業がもっとマスコミ等で取り上げられ，企業イメージが上がるサイクルをつくりたいものである．社会全体で障害者を支えていく仕組みをつくるため，しっかりと企業の社会的責任を認識して取り組んでもらうことを切望したい．

　もちろん，支援するわれわれPSWも，企業の考え方をふまえた支援を行わなければならない．企業が受け入れやすい環境，障害者本人が働きやすい環境とはそれぞれどのようなものか，常に念頭におきながら双方の意見を聞くことが大切である．ソーシャルワークとは文字どおりソーシャルでなければならず，障害者本人にだけ向かっていればよいというわけではない．障害者支援のためのスキルだけでなく，一般就労支援を行う際は企業と良好な関係をもつためのスキルも必要になる．当然，社会情勢もふまえ，企業がおかれている状況，障害者がおかれている状況の双方を理解していなければ，よい支援にはつながらない．

4）新薬のもたらす効果

　さて変化しているのは施策のみではない．近年，抗精神病薬の開発が進み，統合失調症やうつ病の治療薬は，副作用の少ないタイプの新薬が多く認可されるようになった．それによって，病状が軽度で抑えられている人が増え，入院を経験しないで済んだり，活動性が保たれる人が増えている．ほんの10年前までは，通所の施設では入院経験のない人は珍しい存在だったが，今では珍しくなくなっている．疾病の軽症化により，生活上の障害が少ない人は，当然一般

就労を考える．図3-1にみるように，精神障害者の新規求職申込件数が年々右肩上がりとなっている大きな要因の1つに，この新薬の効果も考えられる．

5）障害者自立支援法による変化

サービス体系だけでなく，利用者やサービス提供機関にも変化が起きている．自立支援法によって，新たに生まれた施設類型である就労継続支援においては，利用者は働いていながら利用料を支払わねばならず，障害者関係諸団体からその矛盾を強く指摘されている．

一方，新体系の施設運営においては，補助金制度は廃止され，提供したサービスに対する単価方式による給付費制となった．もともと都道府県や市区町村からの補助金額が少ない地域では，補助金制度のときより収入が増えたところもあるが，全体的に経営はきびしい．日々の利用者数に応じたサービス単価の計算となるので，その障害から利用日数が不安定になりやすい精神障害者が主な利用者である施設は，さらにきびしい状況にある．最低限の人員でのやりくりを強いられており，職員は必然的に非常勤が多くなる．また事務の煩雑化によって職員は利用者と向き合う時間が減り，給付申請事務のためパソコンと向き合う時間が相対的に増えている．そのようななかで，施設経営の感覚も身につけながら，どのように利用者と向き合い，ニーズを汲み，自己実現に向けた支援をしていくかがPSWに問われている．

2／精神障害者の就労支援における課題

精神障害者の就労支援については，1970年代から作業所が全国的に設立されるようになる時代を経て，法で規定された授産施設，福祉工場が加わり，支援施設の種類はしだいに増えていった．しかしその多くは，その施設で働くことを前提とした福祉的就労であり，その延長線上に一般就労を見据えた機能までは持ち合わせていなかった．利用者のなかで力のある人が年に何人か一般就労をするが，施設職員も授産作業をこなすことに忙しく，一般就労を専門に行う時間的余裕もなかった．

そもそもその施設の機能として一般就労を念頭においていないわけであるから，支援内容も一般就労に重点はおかれていなかった．そして，自立支援法の成立によって施策が大きく一般就労にシフトしたが，その方向についていけるポテンシャルをもった施設，うまく方向転換できる施設が少なく，就労移行支援を行う事業所は当初考えられていたよりも少ないものとなっている．

今後は施設の方向性をしっかり見定めた運営が求められるだけでなく，それに応じた人材の育成も事業所には問われている．

3／PSWが取り組む就労支援

　PSWが就労支援を行う際に忘れてはならないのは、「就労させることが最大の目標」ではないことである．確かに、就労支援センターや就業・生活支援センターなどと施設名についていると、そのような使命を帯びているかのように聞こえる．

　しかし、PSWは仕事につくことの支援だけを考えていればよいわけではない．もしそれだけでよいのであれば、仕事を探してきてマッチングすることが最大の業務となってしまう．就労移行支援を行う事業所において最も危惧すべきは、就労したい人ではなく、就労できそうな人しか利用させないという利用制限が行われてしまうことである．すでに、一般就労の力の乏しいと思われる人はサービス利用時に断っている事業所もあるという．

　PSWはソーシャルワーカーである．目の前の人をまず人として尊重することが求められるのである．その人が就労してもしなくても、その人は尊重されるべき人である．ソーシャルワークは結果よりもプロセスを重視する専門職である．その人が就労できたかどうかではなく、就労に向けてどんな努力をしたか、それにソーシャルワーカーはどう寄り添い、かかわったのかが問われるべきである．もちろんよい結果が出ることは喜ばしいことだが、それよりも自己実現に向けて一歩一歩近づく課程に焦点が当てられなければならない．

　プロセスよりも結果に意識がいくようになると、支援は現存能力でできる仕事を探し、与えるという仲介作業になりかねない．そのような支援では、ていねいにニーズを明確にしていく作業が疎かになり、本人のニーズが見落とされがちになる．まずは本人の本来のニーズに基づいた希望職種を最終ゴールとした計画を立てることが大切であり、できそうな仕事という小さな目標だけで支援をしてしまうことは危険である．

　さらにPSWは、仕事につくことのさらに上位にくる、その人の人生を念頭におき、その人の人生にとって今はどのような状況にいるのかを考えることが大事である．これから先の人生にも思いを向け、今は足踏みしているようにみえても、成長に向けて時が熟すのを待つこともある．現在の能力をアセスメントすることも必要だが、長いスパンでみるアセスメントも重要である．つまり、人と状況の全体性をふまえた生活の質の向上を常に意識することがPSWの行う就労支援において忘れてはならない視点なのである．

〔廣江　仁〕

4　PSWが活用する障害者ケアマネジメント

　日本の障害者処遇は、1993（平成5）年の障害者基本法の理念を基本とし

て，戦後から長く続いた施設・措置福祉制度から，自立支援法の成立により大きな施策転換を行った．施設から地域への流れは，諸外国から随分遅れたものの，ようやく脱施設化，本人を中心とした契約利用の新たなる新時代に入ったといえる．

　精神障害者支援を専門とするPSWにとって，この政策転換は大きな実践転換となる可能性がある．それはむしろ，本来のPSW実践をより可能とする環境変化であり，PSWが長く求めていた精神障害者の自己決定が最も尊重されたかかわり実践の始まりであると考えている．今までも，PSWは当事者の自己決定を最も重要視し尊重しながら援助実践をしてきたと主張されるかもしれないが，それを事実とするにはあまりにも精神科病院に社会的入院者が多数いるという現実をどう説明するのであろう．最近でこそPSWは医療機関以外の実践者も増えたが，今でも最も多くPSWが活動の場所としているのは医療に強く影響を受けているところである．

　医療本来の業務である「退院」について，地域から迎えに行く退院促進（地域移行）支援事業といった施策が展開されるのは，いかにも精神医療の質が問われ，そのなかで活動している社会復帰専門職として国家資格を得たPSWは何をしているのであろうかと疑問に思い，どのような心持ちでいるのかと思いめぐらせてしまう．PSWは近い将来，医療機関から外へ出て，それぞれのライフサイクルの生活を基本とした支援の専門職として，相談支援専門員などの任用資格を取得し，ケアマネジメントの専門家として市民から頼りにされる存在に変化することが期待される．

　PSWは個人と環境の相互関係について理解し，両者に働きかけて個人の希望する生活＝人生に向かう過程にかかわる専門職である．誰とて精神障害者として生きることを選択する者はいない．精神疾患をもった人としてごく普通に地域で暮らし続けることを望むのは当然のことである．この暮らしがより安全で安心したものとして続けられる有効な支援方法の中心となるのが，ここで取り上げるケアマネジメントである．

1／わが国の障害者ケアマネジメント

　わが国でケアマネジメントが制度化されたのは2000（平成12）年4月から施行された介護保険法によってである．2006（平成18）年4月施行となった自立支援法により，障害者福祉施策においても障害者ケアマネジメントが制度化されたといわれている．障害を分けずに一元化したこの法律によって，精神障害者の社会的処遇は大きく変わろうとしている．

　障害者ケアマネジメントが制度化に至る経過を概観すると，1995（平成7）年に始まった身体・知的・精神障害別に設けられた障害者ケアガイドライン検

討委員会からである．障害者を地域で生活支援する方法として，欧米ですでに一般化しているケースマネジメントについて検討が始められた．アメリカで，精神障害者の脱施設化政策によって生まれた地域精神保健の個別支援のために開発されたケースマネジメントが，イギリスにおいてケアマネジメントとして制度化された経緯から，わが国でもケアマネジメントとして検討が始められたのである．

　1998（平成10）年には全国規模の「精神障害者介護等支援専門員養成指導者研修」が実施された．全国研修はその後1999（平成11）年には「障害者介護等支援専門員養成研修」，2000年には「障害者ケアマネジャー養成研修」，2001（平成13）年に介護保険のケアマネジャーと混同しないように「障害者ケアマネジメント従事者養成研修」となり，2002（平成14）年からようやく3障害合同の「障害者ケアマネジメント従事者養成研修」が始まり，2006年，自立支援法に障害者ケアマネジメントが制度化されて「相談支援専門員養成研修」となって現在に至る．

　この間1999年9月には，厚生省（当時）監修による『ケアガイドラインに基づく精神障害者ケアマネジメントの進め方』が公表され，養成研修のテキストとなった．2002年3月，障害者ケアマネジメント体制整備検討委員会は「障害者ケアガイドライン」をまとめ，障害者ケアマネジメントの基本的考え方を示した．さらに同年の改正精神保健福祉法の施行に伴い，市区町村によりホームヘルプサービス等をはじめとする精神障害者居宅生活支援事業等が始まり，地域生活支援を支える仕組みとしてケアマネジメントに係る体制整備が必要となってきた．

　2006年4月施行の自立支援法において相談支援事業が次のように定められ，同年10月より施行された．

　「地域の障害者等の福祉に関する各般の問題につき，障害者等，障害児の保護者又は障害者の介護を行う者からの相談に応じ，必要な情報の提供及び助言を行い，併せてこれらの者と市町村及び第9条第2項に規定する指定障害福祉サービス事業者等との連絡調整その他の厚生労働省令で定める便宜を総合的に供与する」「支給決定障害者等が障害福祉サービスを適切に利用することができるよう，当該支給決定障害者等の依頼を受けて，当該支給決定に係る障害者の心身の状況，その置かれている環境，障害福祉サービスの利用に関する意向その他の事情を勘案し，利用する障害福祉サービスの種類及び内容，これを担当する者その他の厚生省令で定める事項を定めたサービス利用計画を作成すると共に，当該サービス利用計画に基づく障害福祉サービスの提供が確保されるよう，指定障害福祉サービス事業者等との連絡調整その他の便宜を供与すること」．

この相談支援を担う者として，相談支援専門員が障害者ケアマネジャーとして制度化されたのである．

2／国が示した「障害者ケアガイドライン」

　国は1995（平成7）年に，障害者基本計画の重点施策実施計画として「障害者プラン―ノーマライゼーション7か年戦略」を公表した．ノーマライゼーションとは障害者を施設処遇ではなく，地域をベースとしてそれぞれの生活の安全・安心が保障された社会のあり方の総体であろう．その支援方法の1つとしてケアマネジメントがある．しかし，わが国はいまだノーマライゼーション社会とは言い難く，地域ケア中心となったときに活躍すべきケアマネジメントを必要とする社会にはなりえていない．これは現今の社会が，いまだケアマネジメントの必要性を希求する状態にないことを意味している．

　前述のように国は，1998年から身体・知的・精神障害ごとに「介護支援専門員養成研修」を開始した．そして2002年にようやく3障害合同の「障害者ケアマネジメント従事者養成研修」が開催され，2006年施行の自立支援法により「相談支援専門員養成研修」となって現在に至っている．ここではまず国が指導者研修を行い，都道府県はこの国の研修内容を基本とした養成研修を実施している．国の研修内容の中核をなしているのはPSWが独自に実施してきた研修内容を大幅に導入したものである．それは，利用者主体のケアマネジメントである．

　2002年に策定された「障害者ケアガイドライン」は，障害者ケアマネジメントを次のように規定している．すなわち，「障害者ケアマネジメントとは，障害者の地域における生活を支援するために，ケアマネジメントを希望する者の意向をふまえて，福祉，保健，医療のほか，教育，就労などの幅広いニーズと，さまざまな地域の社会資源の間に立って，複数のサービスを適切に結びつけ，調整を図るとともに，総合的かつ継続的なサービスの供給を確保し，さらに社会資源の改善及び開発を推進する援助方法である」．

　また障害者ケアガイドラインは，ケアマネジャー（障害者ケアマネジメント従事者，相談支援専門員）の資質について，「ソーシャルワークの実践に努める必要がある」として次の基本的視点をあげている．

　①信頼関係を形成する力，②専門的面接技術，③ニーズを探し出すアセスメント力，④サービスの知識や体験的理解力，⑤社会資源の改善および開発に取り組む姿勢，⑥支援ネットワークの形成力，⑦チームアプローチを展開する力，としている．これらはソーシャルワークの方法論や技術論のなかに包摂されているものばかりであり，ケースマネジメントはソーシャルワークの方法論と考えるべきである．

3／ケアマネジメントの展開

1）アセスメント

　本人との信頼関係を形成しつつ本人がどうしたいか，本音，夢，希望を引き出し，デマンド（要求）でなくニーズを明らかにする．まずは本人のできることを明確にし，本人を取り巻く状況・環境を理解する．本人と関係する家族などのインフォーマル資源の把握，次に２次アセスメントと呼ばれる医療などの専門機関と各種フォーマルケアをアセスメントする．次いでニーズに関連する領域を絞り込み，本人中心のアセスメントを行うことが重要である．

2）プランニング

　ニーズごとに計画が立てられるが，これには留意すべき４つのポイントがある．
　①個別性（パーソナル）を重んじる，②肯定的（ポジティブ）であること，③緻密（プリサイス）であること，④現実的（プラクティカル）であること．
以上のことをふまえてニーズ充足と問題解決のための介入頻度の検討，ケアチームの編成と目標達成の時期を想定すること，そして責任の所在とチーム員の明確化を含むことが必要である．

3）仮のケア計画の提示

　仮のケア計画を本人に提示し，本人に理解できる生活支援内容を本人とともに検討する作業．本人の選択が基本となる．

4）個別支援会議

　本人と合意されたケア計画は，その実施に際し複数のケア提供支援者との間で調整を図るため，サービス調整会議ないし関係者会議と呼ばれる個別支援会議が開かれ，本人の希望（ニーズ）を満たす多様なサービスの実現可能性が検討される．

5）ケア会議

　個別支援会議によって練り上げたケア計画は，実現可能なサービス提供を準備したうえで，本人ないし本人の人権擁護者同席による最終ケア計画作成のためのケア会議にかけられる．このケア会議によって本人は支援者たちと出会い，ケアマネジャーのリーダーシップによって希望の感じられる生活展望をもつことになる．個別支援会議ともどもケアマネジャーが主宰する会議である．

6）支援の実施

　ケア会議で合意されたケア計画に基づき支援が開始される．

7）モニタリング

支援初日からケアマネジャーは，本人と提供者の感想や満足度，客観的観察などの日々のモニタリングを開始する．計画段階において目標達成時期や確認などの時期を定め，定時のモニタリングを行う．モニタリングには過渡的評価が含まれており，ケア計画の再考，再アセスメントの必要性評価などにより，アセスメントとケア計画・支援内容の再点検，再構築が図られる．

8）評　価

一定の時期における本人のエンパワメントとニーズ充足感，満足感などと客観的生活実態の自立度などから，支援内容やケア計画そのものの評価を行い，部分および全体の終結について総合判断を行う．

4／PSWの視点―基本的実践理念

戦後展開された精神医学ソーシャル・ワーカーとしてのPSW実践は，対象者との関係技術論中心の時代から，広く環境や状況と個人の相互作用を重視し，その過程で利用者の主体性中心と自己決定を最大限尊重する援助の総体へと変化してきた．

また，1982（昭和57）年以来，長らくPSWの実践活動指針となってきた「日本精神医学ソーシャル・ワーカー協会札幌宣言」は，「精神障害者の社会的復権と福祉のための専門的・社会的活動」を掲げ，今も採用されている1988（昭和63）年の業務指針では，「PSWはクライエントを生活者としてとらえ，健康である場合には社会的諸機能（家庭的・経済的・文化的等）はそれなりに十全であろうが，傷病や障害を抱えたクライエントは生活の中で社会的機能が部分的あるいは全面的に障害される事態となる．（中略）PSW業務は，クライエントの社会的機能を低下させている問題の特質と，問題を複雑にし現在まで持続させている要因を探り，問題解決ないし困難緩和のため具体的方法にはどのようなものがあるかを吟味し活用することであり，これは独自の領域と考える」とうたっている．

ここで，現時点において誰もが認めるPSWの実践理念を確認しておこう．

1）いかなる時代背景，社会情勢，あるいはどのような個人の状況下においても，個の尊厳基本としてすべての人間の平等（人種，立場，貧富，職業，思想，宗教，疾病や障害等）が保障され，生きていくうえでの諸権利が無条件に確保されるべきと考える．現実には諸権利が侵害されることもあるため「患者権利擁護制度」のような救済制度システムを考えることも大切である．

2）クライエントの主体性の尊重は，いかなる状況にあっても基本的に損なわ

れてはならない．クライエント自らが主体的に健康を保持し，増進することに取り組むことはきわめて重要なことといえる．治療を受けること，社会復帰に取り組むこと，そして，そのために援助を受けることの選択は，クライエントに委ねられた権利である．

3）いかなる状況にあっても「知る権利」は優先されるべきことと考える．
4）いかなる状況においても「クライエントの自己決定」は基本的に保障されなければならない．業務にあたっては，傷病や障害に加えて経済的・心理的・社会的問題をかかえたクライエントが適切に自己決定できるように，状況把握や問題整理を援助し，解決方策の選択肢の提示を行うこと．
5）いかなる状況においても「プライバシーを守ること」は尊重されねばならない．PSWは傷病に関する個人情報に加え，経済的・心理的・社会的な個人情報にもかかわり，また，援助のためにクライエント以外の第三者との連絡調整などを行うことから，特段の注意が必要である．

　以上の基本的視点に加え忘れてはならないことは，PSWは「生活モデル」を基本とした生活支援の専門職であるということである．

　「医学モデル」によって治療・リハビリテーション・生活援助が行われる医療関係施設に働くPSWも多いが，彼らが施設の機能や役割に包括され「医学モデル」による支援を行うとすれば，それはPSW専門職として認めがたいということになる．PSWはいかなる場で活動しようと「生活（社会）モデル」の専門職であること，ケアマネジメントはこの「生活モデル」によって成立していることを明確にしておきたい．

　「生活モデル」は「医学モデル」を包摂する人間の存在そのものの支援モデルである．人は問題をかかえながら生活し続ける存在である．人の生活はすべからく心理・社会・生理的存在として成立しているがゆえに「生活モデル」が基本となる．問題として疾病など避けられないことが認められれば，その解決には「医学モデル」が使われる．

　いずれにしろ「医学モデル」を包摂した「生活モデル」は，これによって成立している人の暮らし全体を，ライフサイクルに沿って維持継続するために必要なモデルと位置づけられる．

5／障害者ケアマネジメントにおける基本視点

　前述のように「生活モデル」を基本とした生活支援がPSWの立脚点である．精神障害者の場合とくに，歴史的現実をふまえて本人中心と社会的復権の視点が重要になる．

　加えて近年のソーシャルワーク実践においては，本人のエンパワメントに着目したストレングスとリカバリーの視点が欠かせない．また，PSWは精神障害

者の生活支援を行う専門職として，生活支援の基本である次の3相構造を満たす必要がある．①命の継続，②暮らし＝心理・社会的存在へのかかわり，③生きがい＝その人らしさ，哲学的・宗教的高みに向かう．

1）ストレングス視点

　個々人には発達し成長する能力，才能，適応力などの強さが固有に備わっている．社会的に不利な状況，無力な状態におかれた人びとが，主体的に自尊感情，自己効力感，権利意識，自己決定といった肯定的自己評価ができるエンパワメントに着目して，ストレングスモデルの6原則が示されている（Rapp, C. A., 2006）．
　(1)精神障害者はリカバリーし，回復し，そして人生を変えることができる．
　(2)焦点は個人の欠陥よりも個人の強さである．
　(3)地域を資源のオアシスととらえる．
　(4)本人は援助過程の管理者である．
　(5)ケアマネジャーと本人の関係が根本であり本質である．
　(6)最も重要な舞台は地域である．

2）リカバリー

　アメリカ・ボストン大学のアンソニー（Anthony, W.）はいう．「リカバリーはまさに個人レベルの事柄で，そのことの価値や態度，感情，目標，技術，役割などが変化するプロセスである．（中略）病気が原因として生じる制限があっても，充実し，希望に満ち，社会に貢献する人生を送ることである」[1]と．
　また，「障害による制限があっても，それを超えて人生の目的に対する新たな意識を回復していく自分自身を経験する．リカバリーとは障害から生まれる人生の挑戦を受け入れ，克服してゆく人間の生きた経験をさす」（Deegan, P., 1988）ともいわれる．
　リカバリーの基本要素をわかりやすく列挙するなら，「希望」「エンパワメント」「自己責任」「知識・学ぶこと」「自己擁護」「支援ネットワーク」といった言葉に要約できよう．
　PSWは，精神障害者の社会的復権を支援する専門職として存在している．社会的復権とは自由を獲得し，自己決定と選択に基づく地域生活がその人らしく行えることであり，ごく当たり前にこの社会に暮らす市民と同等の諸権利が保証された状態をさす．この状態が自ら獲得されないとすれば，個別支援に加えて複数のニーズを満たし複数の支援を必要とするとき，ケアマネジメントはきわめて有効な支援方法となるはずである．

6／障害者ケアマネジャーの「相談支援専門員」とは

　障害者ケアマネジャーは「相談支援専門員」として任用資格化された．「精神保健福祉士」「社会福祉士」「保健師」「看護師」などの国家資格者と，現場における実践者などを基礎とした専門職横断的任用資格として制度化された．その養成研修も国の指導者養成研修に加え，都道府県では，相談支援専門員養成研修として初任者研修と現任者研修，5年ごとの継続研修などが法律に規定された．「日本相談支援専門員協会」も設立され，今後その質の向上をめざして本人中心のケアマネジメント研修の内容充実が図られることになるが，相談支援体制としての基幹型相談支援センターの全国配置や身分保障の問題などが残された喫緊の課題といえよう．

　加えて，ケアマネジメントが自立支援法により制度化されたことから，「制度型ケアマネジメント」に限定されては本人中心の地域生活支援はできない．障害者ケアマネジメントは「制度包括型ケアマネジメント」でなければならないことをとくに強調しておきたい．

　ケアマネジメントの基本プロセスは共通しているものの，理念や利用資源の範囲，チーム編成の仕方など実践レベルでは微妙な違いが認められ，多様なあり方が明らかになってきている．なかで最も特徴的なものをあげれば，「制度型ケアマネジメント」と「制度包括型ケアマネジメント」ということになろう．

　介護保険によるケアマネジメントは制度型ケアマネジメントで，介護保険が提供できるサービスを多様に組み合わせて活用する方法として，類型的には仲介型（ブローカリングタイプ）が主流となっている．ケアマネジメントは基本的に，地域で安心して生活を継続できるように支援する方法であることから，介護保険にすべての生活資源・サービスがあるわけではないので，当然，限界がある．ケアマネジメントの理念としては，フォーマル・インフォーマルすべての生活資源・サービスを，本人のすでに持っている資源・力を十分に活用しつつ，なおかつそれを引き出せるように支援する生活支援の総体と考えられるので，限定的制度内サービスのケアマネジメントでは不十分な支援となりやすい．とくに，本人の生活力が不十分で自分で自分の生活の成立を十分に図れない，生活の安定的継続が困難な者にとっては，介護保険型ケアマネジメントでは地域生活を送ることができない．自立支援法の対象となるのはそのような人たちである．

　自立支援法による障害者ケアマネジメントでは，経済基盤（年金，生活保護など），住居，就労支援，各種入通所資源，各種訪問支援（ヘルパー，看護師等），介護支援，教育，とくに医療などに関する継続相談支援としてケアマネジメントが展開されるのである．このように，精神障害者の地域生活を支援す

るには，制度包括型ケアマネジメントでなければ利用者を支えることは困難である．

　自立支援法のサービスとさまざまな一般社会資源・サービスを上手に組み合わせ支援するには，一般市民の力も活用しつつ，本人の力を引き出し，本人と周辺の人たちとともに協力し，本人の希望を中心に据えた生活支援をマネジメントすることが重要である．

　社団法人日本精神保健福祉士協会のケアマネジメント委員会は，ケアマネジメントの基本に「本人主体」「本人ニーズ中心」「ストレングス視点」をおいて研修会を行ってきた．この基本視点を理論化し実践的に行う研修内容は，野中猛，佐藤光正および筆者らにより，他の障害領域も巻き込むかたちで国の指導者研修にも活用されている．それは，佐藤光正が厚生労働省の「相談支援専門員指導者研修」等の講義で展開している「ミスポジション論」のジョブカフェ研修方式によって一定の水準に達し，現実具体的なケアマネジメント研修法として一般化されつつある．このことは，PSW による精神障害者地域生活支援の実践的蓄積が障害者ケアマネジメントとして成熟してきた結果ともいえる．

　日本の精神障害者処遇はいまだ施設中心を脱しえていないことから，そうした非人道的処遇への批判として，一部の PSW により「脱（反）施設化」「脱完結主義」「脱パターナリズム」「医療中心支援から地域生活支援中心へ」が声高に叫ばれるなか，地域で本人主体を貫くケアマネジメントを活用した生活支援が着実に根づきつつあるといっていいだろう．

[門屋充郎]

文献
1) アンソニー，W., コーエン，M., ファルカス，M. 著, 高橋　亨, 浅井邦彦, 高橋真美子訳：精神科リハビリテーション. マイン, 1993.

5　セルフヘルプ・グループ活動への支援

　PSW のセルフヘルプ・グループ活動（以下，SHG）への支援について述べる前に，まずこれまで多くの議論と研究が重ねられてきた SHG と専門職の関係についてふれておく．そのなかでは SHG のもつ機能の特徴や援助特性が鍵となる．そのうえで実践的な動向については，PSW がかかわる SHG について事例に即して検討したい．また，これまでの研究成果をふまえ，PSW と SHG の関係とそのありようについて整理し，最後に，ソーシャルワークの新たな潮流と PSW に求められるパラダイム転換について述べることにする．

1／セルフヘルプ・グループとは

1）SHGの発生過程

　ソーシャルワークとその関連領域におけるセルフヘルプ・グループの始まりは、1935年に米国においてAA（Alcoholics Anonymous）の誕生によるとされており、つづいて身体的・情緒的疾患をもつ子どもや、ハンディキャップをもつ人のグループが現われ、さらに1950年代以降、劇的な展開がみられるようになっている。

　わが国においては、1950年代における精神科病院内の患者自治会の活動に始まり、病院を退院した回復者により反精神医学的思想をもつ運動体としての患者会活動がみられるようになった。もう1つの流れとしては、入院医療体験者が医療従事者との協調関係のもと、望ましい医療のあり方を探ろうとするものがあった。その後、1980年代以降に地域における保健所デイケアやソーシャルクラブ、小規模作業所、デイケア等において、専門職による支援のもとにSHGが活動を続け、発展してきている[1]。

　このようにSHGがつくられてくる経緯をみると、それぞれの時代背景とその時のニーズの影響を受けながら新たな流れをつくってきているが、その底流には、人の苦しみが個人の不適応の克服によるものだけではなく、状況としての課題が要因となって動機形成がなされてきたことを見て取ることができる。

2）SHGとは何か

　SHGとは、ある個人やその家族が、自分一人では解決できそうにない共通の悩み（問題、課題）をもつ当事者として、専門家の直接的な援助を求めず、対等な関係のもと、課題に取り組む自発的かつ意図的に組織されたグループである[2,3]。それらは専門職の直接的な援助を受けずに独立し、自主的・自律的に運営され、継続的な活動を行う。SHG活動を通して、個人は力をつけ、自らの能力に自信をもち、社会に対して新たなかたちで自分を表す[4]。それはスティグマ（烙印）の軽減など社会に変革を促し、新たなパラダイムを社会に創造していくための可能性をもつ力強い歩みであると位置づけられる[5]。

　精神保健福祉分野においては、具体的には以下のようなSHGが存在する。AAや断酒会、アラノン（Al-Anon；アルコール依存症の家族、友人）、アラティーン（Alateen；アルコール依存症の子どもたち）などのアルコール関連のグループから、GA（ギャンブル・アノニマス）、GAM-ANON（ギャンブラーの家族、友人）、OA（過食症）、NABA（摂食障害）、NA（薬物依存症）、Nar-Anon（薬物依存症の家族）など、アディクション（嗜癖）関連のグループがある。断酒会を除き、これらは当事者が匿名で参加し、集会に際しアディクションからの回復過程を示す12ステップを採用するグループである。

さらに統合失調症，うつ病，パニック障害等，さまざまな症状や課題別のSHGが各地域で結成されている．また全国各市町村単位，または病院や施設などの各機関ごとにユーザー自身およびその家族（親，子ども，兄弟姉妹など）を対象としたSHGが結成されている．PSWはこれらさまざまなSHGにかかわる機会をもち，個々のグループの特性や目的に応じた適切な関係性が求められている．

3）SHGの特徴的機能
SHGの特徴的な機能についてはさまざまな研究がなされ，論じられている[1)5)6)7)]．ここでは専門職のサービスとの比較において，とりわけ特徴的な機能を取り上げ，専門職との関係について考察を加えたい．

その特徴的機能は，(1)本人および個人に対する働き，(2)これまでの専門職（サービス）に対する働き，(3)社会に対する働き，の大きく3つに分けられる．

(1) 個人に対する働き

①孤立からの解放（社会化）

病気や障害のある本人，またそれらの家族のなかには，現実を受け入れることができず，「なぜ私にこんなことが起きるのか，この問題は私にしか起きていない，誰にも理解してもらえないし助けにもなってくれない」という思いから，自ら社会から遠ざかっていく人が少なからずいる．その問題が社会的なスティグマを伴う場合はより大きな孤立感を招く．SHGを通して，「私だけではない，他にも同様に苦しんでいる人がいる，私の気持ちをわかってもらえるかもしれない，この苦しみを乗り越えている人がいる」などの気づきを得て，自ら退いていた社会へ再び戻っていくことができる．こうした孤立感からの解放は，SHGの特徴的な機能である．このような働きを社会化という[8)]．

②役割モデルの獲得

孤独から解放され，グループになじむようになった新メンバーは，さまざまな段階で問題に対処してきたグループや，長くかかわってきた仲間に出会うことで，問題に対する新しい態度やストレスに対処する方法，あるいはさまざまな社会的技術を学ぶためのモデルとなる人を得る．これを役割モデリング[9)]という．さらにSHGの役割モデルの経験は，「同様の問題をかかえた人ができたのなら，私にもできるかもしれない」という「社会的比較における主観的プロセス」[10)]を刺激し，新しいメンバーはグループのなかの他者との比較を通して，自分自身を位置づけることができるのである．

③エンパワメント

役割モデルを得て，自らを他者とのなかで位置づけることができると，個

人は他者に反応し，他者からの影響を受けつつ，社会的に形成され統合し，成長していく．そして，グループダイナミクスのなかで自己効力感を高め，また集団効力（ソーシャルサポート）を高め，まさにメンバー自身が力を得ていくのである．いわゆるエンパワメントである．

(2)これまでの専門職（サービス）に対する働き

SHGは，これまでの専門職による援助を問い直す批判的役割をもつ．それによって，専門職主導のサービスから，コンシューマー（消費者）としてのクライエントを中心におき，コンシューマーを，サービスをつくり出すキープロデューサーとして位置づけ直すことにより，コンシューマー中心のヒューマンサービスの再構築をめざすことができる．これらは，専門職援助のみでは主体性創出の糸口を見出すことを困難にさせていた保護的で，依存的な関係から脱却する仕組みづくりそのものとなりうるのである．さらに半澤節子は，既存のサービスシステムに対して新たなサービスを提案する「オルタナティブ（代替）」であり，専門職との協働を模索するプロセスでもあると整理をしている[11]．

(3)社会に対する働き

気持ちを分かち合える相手を求めて集まってきた人たちによって，誰にもいえなかった思いを話し，また聞き，互いの思いを共有しながら展開される．そして活動を進めていくなかで，自分たちを苦しめてきた社会に目を向けるようになる．精神障害者に対する烙印（stigma）や，周辺に存在する諸々のスティグマを軽減することによって，新たな自己像を支えるイデオロギーの普及や，それを通じて，さまざまなレベルにおいて，さまざまなかたちの社会的変革を促す契機となっていくのである．

4）SHGの援助特性

SHGの重要な強みである援助特性として以下の2点があげられる．

(1)経験的知識（experiential knowledge）[10]

経験的知識は，ある体験に見舞われ，身体・精神を含めてその人の全体が巻き込まれ，しかも，その体験のなかを生き抜く過程を通じて獲得される．個々の体験に根ざした経験的知識は，個人の財産として認知され，このことが非階層的な仲間集団の関係形成の基礎となる．

(2)ヘルパーセラピー原則（the 'helper' therapy principle）[12]

経験的知識を持ち寄った当事者同士が出会い，体験を互いに語り合うことによって，そのこと自体が情報を交換することになり，時には自らの体験そのものがグループメンバーにとって価値のある情報となる場合がある．これまで支援の受け手としてのみ位置づけられてきた個人が，SHG活動のなかで，支援の

与え手となる経験をもつことになるのである．本来，支援を受ける人，支援を提供する人，という二分された人の集団があるわけではなく，誰もが支援の受け手であり，送り手でありながら，互恵性のなかにあるという当たり前の営みを，もっぱらサービスの受け手に徹していた，もしくは追いやられ続けきた人びとに，その機会を再設定したのがSHGであるともいえる．支援の与え手となることにより，自尊感情（self-esteem）を取り戻し，つらい体験を伴った自らの存在価値を再定義することにより，マイナスと認識してきた体験が価値あるものとしてプラスに転換していく．ヘルパーセラピー原則とは，「援助する者がもっとも援助を受ける」とされ，専門職・クライエント関係のなかのみでは得がたいことであるといえよう．

2／セルフヘルプ・グループと専門職の関係

SHGの始まりであるAAは，専門職の援助の限界性とそれに対するアンチテーゼとして生まれてきた経緯がある．また，SHGが過去数十年間のうちで盛んになってきた理由の1つには，専門職によるケアシステムが人びとの直面している問題の定義，診断，治療を独占する傾向にあったからである．このような傾向のために，専門職はクライエントの自己理解，自己管理，自己信頼を軽んじ，かえって依存性や受動性を助長することになったのである[1)3)5)6)]．

1）専門職との関係におけるSHGの分類

専門職との関係におけるSHGの分類については多くの研究がある．パウエル（Powell, T. J.）は，「専門家の指導の強いタイプのグループ」と「当事者の自立の強いタイプのグループ」の2つに分け[13)]，アダムス（Adams, R.）は，①専門職がSHGを「取り込む」（integral），②専門職がSHGを「側面から援助する」（facilitated），③SHGは専門職から「自律している」（autonomous）という3タイプに分けている[14)]．また，半澤（2007）は，さらに①独立型，②扇形関係に基づく独立型（カリスマ的な当事者が中心になって運営），③専門職支援型，④専門職協働型，⑤OB型，⑥専門職による運営型，の6つに分類している[11)]．

2）専門職がかかわることによる危険性

専門職とのかかわりでは，SHGのもつ特徴が相殺されることがないかどうかの検討と評価が常に必要とされる．三島一郎は，専門職とのかかわりから生じる諸問題について以下の4点に整理している[5)]．

①SHGにかかわる専門職がメンバーの主導性を評価せず，彼らを受動的・依存的存在とみなすことによるメンバーの自律性・自治・主導性の喪失．

②専門職の「援助する側-される側」といった関係の枠組みを持ち込むことによる平等性の喪失.

③「アルコール依存症者のみがアルコール依存症者を助けることができる」などSHGが独自に導き出した「イデオロギー」の,専門職がただ単に参加するだけで起こる喪失.

④さらに,こうしたさまざまなかたちでその独自の力を減殺されたSHGが専門的援助に吸収され,支配される.

3)専門職が可能な具体的な支援

上述のような危険性を伴いながらも,SHGの発展においてはさまざまな支援やボランティア等の応援の重要性が否定できない.

半澤(2001)は,①紹介(メンバーを紹介する,グループを紹介する),②物質的な支援(場所の確保,資金源の援助),③地域とグループとの関係調整(他機関や地域社会との橋渡し),④グループの理解者となること,⑤新しいグループの発起人,⑥コンサルタント(困ったときの相談役)の6点に整理している[1].また三島(1998)は,半澤の①,②,⑤,⑥に加えて,SHG活動に関する研究・調査,政策策定支援者としての役割の2点をあげている[5].

以上のように,SHGと専門職との関係については,かかわるべきではないとする意見から,サポートすべきとする意見までさまざまな議論がある.SHGの現状をみても専門職とのかかわりは,独立して運営されているものから,専門職が運営しているものまでさまざまであり,グループによって,また活動の時期やグループのメンバー構成等によってもそのかかわりは変化する.しかしながら,あくまでも当事者が主役であり,自発的な活動を継続していくためのかかわりであるとともに,各々がエンパワメントされていくようなかかわりであることを十分に心がけ,折々に評価(アセスメント)をしていくことが必要となる.

3／PSW がかかわるセルフヘルプ・グループ

SHGとPSWとのかかわりもまた,その成り立ち,構造,形態などそれぞれに影響を及ぼしている.

ここで,PSWがかかわるSHGとして3事例を紹介したい.

1)1人のニーズからセルフヘルプ・グループへの展開[15]

A区にあるB地域活動支援センター(以下,Bセンター)では,立ち上げより利用者や地域住民の声を大切にすることを活動のモットーにしてきた.立ち上げ時には,PSWのCさんと設立に関心のある当事者で開設準備委員会を結成

し，地域内の各作業所などをまわり，地域活動支援センターについての説明をするとともに，利用者たちが現在何を望んでいるのか，「地域にこんなものがあるといい，こんなサービスがほしい」といったニーズについてアンケート調査を行い，それをもとにBセンターのメニューづくりを行った．そこで集約されたニーズのなかで多かったのが「仲間がほしい」「家事などを手伝ってほしい」「夜間休日など不安なときにいつでも話せるところ，立ち寄れるところがほしい」などであった．

　そこで，オープンスペースとして仲間同士が出会い，交流をする場を設けた．オープンスペースを中心に，そこに集まる利用者同士のさまざまな話や声によって，さまざまなグループ活動やプログラムが生まれていった．レクリエーショングループ（月に1，2回ハイキングをしたりボーリングをしたりするグループ），女性ミーティング，福祉・保健・医療に関する学習会，就労ミーティング（就労したい，就労しているけど大変など就労に関心のある人のグループ）などなどである．

　とくにBセンターでは，メンバーの希望により土日および週日の夜間を開所することにしていたが，それによって，オープンスペースには障害をもちながら日中は仕事をしている人びとが集まってくるようになった．

　障害のことを職場へ告知しない（クローズ）で仕事をしている人，告知をして（オープン）仕事をしている人や，雇用形態も常勤採用，非常勤，アルバイトなどさまざまであった．しかし彼らの休日が合わず，代わる代わるオープンスペースに現れ，同様の思いや職場の愚痴，また障害をもちながら仕事をしていくうえでの困難さなどを口々に語った．

　PSWは，同じように感じながら仕事をしている人がいることを伝えると，ぜひ他の人の話も聞きたいという声が大きくなった．なかでも，クローズで仕事をしているDさんにはそのニーズが高かった．Dさんを中心に，障害をもちながら就労している人や就労に関心のある人たちが集まることになった．土曜日の夜にもかかわらず，仕事に関心のある人（仕事をしている人，仕事をしようと思っている人，辞めたばかりの人などなど）が15名ほど集まった．

　フリートーキング形式として，仕事をしているうえでの悩み，困難なこと，またこれから仕事をしようと思う人へのアドバイス，辞めた人からの経験談など思い思いに自らの体験や思いを語り合った．以降月に1回，就労ミーティングとして開催されることになった．

　この事例のように，1人のニーズからSHGへと展開していくために，PSWはメンバー同士をつなげる促進者，媒介者となった．そこから新たなグループの創設まではニーズのある利用者をつなげていく役割を担いつつ，彼らのニー

ズや力量に応じて臨機応変かつ柔軟なかかわりが求められた．創設時に主体となるのはメンバーであることを常に意識し，またメンバー自身も同様に意識していくプロセスがあって，はじめて主体的なグループづくりへと展開していくといえる．

　グループの展開過程においては，これから就職を考えているメンバーが就職しているメンバーの思いや実情を聞くことでモチベーションを高め，また現実的な検討が可能となる．それらは専門職者が伝えるよりもはるかに説得力と現実感をもって伝わっていく．彼らの経験的知識がグループダイナミクスのなかで生かされるのである．岡知史は経験的知識の特性について，社会福祉的援助における専門的知識（professional knowledge）と対比させ，情報の意味内容より，その情報の伝達方法や提示の仕方に違いがあるとし，①体験によって再整理されたわかりやすさ，②情報提供者の心理的・社会的近接性，③体験による実証性の3点をあげている[16]．

2）リーダー主導による SHG へのかかわり

　E町に住むFさんは，3年前にSHG「Gの会」を立ち上げて，リーダーを務めている．グループのメンバーは，同じE町にあるH精神科病院に入院経験があるか通院をしている人で，オープンなグループとしておおむね月に1回開催している．会の運営についてはすべてリーダー1人で担っている．具体的には企画から会場の手配，専門職の講演等の場合は依頼からメンバーへの連絡，文書のコピー等の仕事を行い，奔走していた．

　PSWのIさんはSHGの支援については，Fさんから依頼があれば，コピーをしたり会場の手配を手伝ったりする程度にしながらも，主にはFさんの相談や生活の支援などを行うことが多かった．

　E町は雪深い地域であり，冬になるとグループメンバーは交通の便や足元の影響もあり参加できないことが多いため，冬場は休会になることが多くなった．それに合わせるようにFさんは，夏場は「Gの会」の運営に奔走し，疲れ果てて秋口から冬場にかけて年の半分は入院するというパターンを繰り返すようになった．

　PSWは，もう少しグループメンバーと協力しながらできないものかなどFさんと話し合う場をもったり，またグループメンバーにもそれとなく働きかけたりしたものの，Fさんは夏場開催される「Gの会」を開くことができているため，まったく気にしていない様子だった．

　しかし，しだいに入院の期間が長引き，夏や春など「Gの会」の開催時期にもFさんの入院は早まったり，長引くようになっていた．Fさんがいないなかでは，企画をする人も連絡する人もなく，「Gの会」は自然消滅のかたちで休

会から閉会となった．

　この事例のように，SHGにおいてよくみられるのはリーダーに過重な負担がかかり，リーダーが調子を崩すなどによってSHGが消滅してしまうケースである．その場合，PSWはどのような位置にいて，サポートをすべきなのだろうか．Fさんの，無理してでもSHGを開催したいという思いを大切にし，その強い思いを抱かせる原動力となっている仲間意識や責任感を認めていくなど，個としてのFさんとのかかわりを大事にすることを忘れてはならない．

　一方，本来グループメンバーの士気を高め，グループとしての所属意識とグループにおける自己効力感などを意識化させていくことが必要であるが，このようなグループは往々にしてその成り立ちから1人のリーダーによる圧倒的な主導によって創設されている例が多く，そのプロセスを共有することなしに，自ずからグループへの所属意識を高めていくことは困難となる．無理に継続していくよりも，いったん終結のかたちをとることもまた，1つの流れとして必然であると考えることもできる．それは，ニーズが生まれてきたときにSHGを創設し，新たな構造と形式をもって展開していくことを促進する場合もあるからである．PSWとしては，あくまでも自発的なグループ活動としての特徴を保ち，グループの衰退，消滅のプロセスも見守りながら，次なる展開へと目を向けていく視点が求められる．

3）家族会の立ち上げから施設立ち上げまでのかかわり

　I市にあるJ保健所のPSWのKさんは，上司からしきりにI市の精神障害者家族会をつくれと指示されていた．近隣の市町村にはすでにつくられていた．しかしPSWのKさんは，I市の家族からその要望が出るまで，じっとそのときを待った．

　その間，家族に向けた精神障害者の理解を促す講演会や勉強会などを開催し，そのたびに家族の方々には声をかけていた．時には複数の家族と相談して，次の企画を決めることもあった．

　やがて近隣市町村の創設から遅れること3年，家族の1人から，家族同士が集まってなんでも話せるグループをつくろうと声が上がった．また，「こうして私たちばかりが勉強していても，少しも暮らしやすくはならない．行政や，地域住民の人たちにも精神障害について理解してもらって，地域のなかで"胸を張って堂々と暮らす"ために力を合わせていこう」と呼びかけたのである．

　目的は「地域のなかで胸を張って堂々と暮らす」ためのグループなので，そこには家族だけではなく精神障害のある当事者，そして地域住民，行政職員なども加わっていった．グループの名を「Lの会」とし，初代会長には精神障害

のある当事者が就任した．

　Kさんは事務局として，会の広報誌を発行して会員同士の媒介となり，また地域住民との連携を図り，会の存在を地域に広めていくことを支援した．

　そのうち，家族のなかから，精神障害の本人を残して死ねない，家族に頼らなくても暮らすことのできる施設などをつくろう，という声が上がってきた．Kさんは，施設にはどのようなものがあるのか，設立の可能性と設立するにはどのようなことをしなければならないのか，などについての情報提供をたびたび行った．行政職員の理解と協力を得て，2年後には通所施設とグループホームを設立するに至った．

　本事例では，SHG形成にあたって家族のニーズを重視し，まさに機が熟すのを待った．柏木昭はソーシャルワークにおいて「時熟」の重要性を述べているが[17]，本事例はまさに3年という時間のなかでSHGの目的とその必要性を共有していった時間であり，そのことが次なるソーシャルアクションと社会資源創設へと展開していく原動力となっていったといえる．PSWにはグループの主体性やモチベーションを尊重しながら，適切な情報の提供と，適切なタイミングでのかかわりが求められる．新たな動きを始めるときは，内部にわだかまっていた課題などが噴出して，内部分裂や崩壊の危機に瀕する場合もあるし，また逆に新たな目的をもち，成果を認めることによってグループの凝集性が増す場合もある．このようなグループに対する観察力および洞察力によって，PSWはグループへのかかわりのあり方を吟味することができるのである．

　PSWとSHGの関係は多様であり，常に変化し動きがあるため，「ここで，今（here and now）」求められる適切かつ柔軟な対応が必要となる．近年では，地域活動支援センターをはじめとする障害福祉サービス事業において，SHG活動支援を掲げている機関も少なくない．PSWは大きな視点と細やかな観察力により，利用者一人ひとりのニーズをとらえてSHGへとつなげつつ，活動体としてのSHGを見守り，さらなる展開や発展に寄与することができるよう，深い理解をもってかかわることが求められる．

4／PSWに求められるパラダイム転換

1）SHGとPSWの協働への模索

　SHGのなかには専門職への闘争心，敵意をその運動の原動力としているグループも存在する．SHGとPSWの関係はどうあるべきなのだろうか．このことを考えるうえで，専門職が陥りやすい危険性についてみておきたい．

　致命的なのはSHGの存在そのものや効用を理想化するあまり，えてして自分自身の専門性や知識，技術を卑下し，放棄してしまい，自己の統合性を崩

し，グループに貢献する可能性を失ってしまうことである．両者は互いの特性を生かし，時に対峙しながらも利用者をSHGの中心に据えることで，新たなヒューマンサービスの再編につなげていく努力を積み重ねていくことが重要である．専門性の放棄によって，専門職としての方向性や実践をSHGに「還元」してしまうことは，本当の意味での援助の再構築にならない[5]．

　SHGでは，サービスの受け手でありながら，送り手を経験する機会を得る．これらをプロシューマー（provider/producer/professionalとconsumerを合わせた造語で，サービスの受け手でありかつ送り手でもある人びとのこと）と呼び，彼らの存在によって，既存の専門職主導によるサービスシステムへ一石を投じる効果も期待でき，ヒューマンサービスの質を高めていく可能性をもつ．具体的には，①サービスシステムがもつ階級的で官僚的な様式を弱める可能性をもち，また②サービスがもつ社会統制的機能を根本的に変えたり，破壊する可能性をもつものである．さらに③ニーズに合致した新たなサービスを拡張，創設する可能性をもつ[5]．

　SHGの目的は，一人ひとりの自己実現であり，それに向けた自己変容であり，社会変革である．この目的はPSWがめざすべき支援においても同様であることに鑑みれば，SHGとPSWはその特性をいかしつつ，互いに補完し合い，協働の関係をつくっていくことが今後の課題となろう．

2）新たなソーシャルワーク実践への挑戦

　SHGの展開と，精神保健福祉の支援および政策的な動向が相まって，近年，「ピアスタッフ」や「当事者スタッフ」などと呼ばれる，いわゆるプロシューマーが増加している．

　セルフヘルプ・グループおよびプロシューマーとPSWをはじめとする専門職者との有機的な協働を探るためには，これまでのサービスの送り手（援助者）-サービスの受け手（被援助者）という2者構造の枠組みのなかでのみ考えていては不毛であろう．それはあくまでも支援者側の視野と目線のなかでのみ構造化されるものだからである．これまでの2者構造の枠組みから自由になり，SHGやプロシューマーの存在価値を認識し，新たなポジションとして支援システムのなかに位置づけていくことが必要であろう．従来の2者にSHGやプロシューマーを加えた新たな3者構造のなかから生まれるダイナミクスのなかで，自ずと専門職者はゆらぎを経験し，自らの役割，位置づけ，協働とは何かについて改めて考えざるをえなくなるであろう．それは共に考え，共に歩むなかで，ソーシャルワークのパラダイム転換を喚起し，新たなサービスシステムを構築していく転機につながるのである．

[相川章子]

文　献

1) 半澤節子：精神障害者のセルフヘルプーグループと専門職の支援．やどかり出版，2001，pp. 117-123.
2) Katz, A. H. & Bender, E. I.：Self-Help Groups in Western Society；History and Prospects. The Journal of Applied Behavioral Science, 12(3), 1976, pp. 265-282（岡知史訳：セルフ・ヘルプ・グループの働きと活動の意味．看護技術, 34(15), 1988, pp. 12-16).
3) 石川到覚：セルフヘルプ・グループへの社会的支援．セルフヘルプ・グループの理論と展開，中央法規出版，1998，pp. 226-242.
4) Chamberlin, J.：Telling is Risky Business；Mental Health Consumers Confront Stigma. Journal of Nervous & Mental Disease, 189(5), 2001, pp. 340-341.
5) 三島一郎：セルフ・ヘルプ・グループと専門職との関わりについての検討．コミュニティ心理学研究, 2(1), 1998, pp. 36-43.
6) Katz A. H.：Self-Help in America. A Social Movement Perspective, Twayne Publishers, 1993（久保紘章訳：セルフヘルプ・グループ．岩崎学術出版，1997).
7) 岩田泰夫：セルフヘルプ運動とソーシャルワーク実践．やどかり出版，1994.
8) Katz, A. H.：1993（久保紘章訳：1997．同上 p. 46).
9) Albert Bandura："Model of Casualty in Social Learning Theory," in Cognition and Psychotherapy, ed. Michael Mahoney and Arthur Freeman (NewYork：Plenum, 1985)，pp. 88-89.
10) Borkman, T.；Experiential Knowledge, A New Concept for the Analysis of Self-Help Groups. Social Service Review (Sept), 1976, pp. 445-456.
11) 半澤節子：特集セルフヘルプ活動から学ぶ　特集にあたって．精神障害とリハビリテーション，11(1), 2007, pp. 4-6.
12) Riessman, Frank：The "Helper" Therapy Principle. Social Work, Vol. 10(2), 1965, pp. 27-32.
13) Powell, T. J.：Self-Help Organizations and Professional Practice. NASW, 1987.
14) Adams, R.：Self-Help, Social Work and Empowerment. Macmillan, 1990.
15) 相川章子：ピアサポートとセルフヘルプグループ支援．新・精神保健福祉士養成講座６，精神保健福祉援助技術各論，日本精神保健福祉士養成校協会編，中央法規出版，2009，pp. 140-146.
16) 岡　知史：セルフヘルプグループの援助特性について．上智大学文学部社会福祉研究，1994, pp. 1-19.
17) 柏木　昭：直接的援助技術の臨床研究に携わって．医療と福祉のインテグレーション，へるす出版，1997，p. 10.

3-2　精神保健医療機関における PSW

1　精神保健医療機関における PSW の活動

　医療の目的は，人の健康を守り増幅させることであり，悪いところがあれば，それを早く発見し，治すことである．その究極の目的は「健康」の実現で

あるといえる．ここにいう「健康」とは，WHOが保健憲章のなかで定義した"Health is a state of complete physical, mental and social well-being and not merely the absence of disease or infirmity（1984年）"（身体的・精神的・社会的に良好なことであり，単に病気がない状態を示すものではない）であるべきだ．

しかし，医療は万能ではない．

WHOの定義に基づくならば，精神保健福祉士（以下，PSW）は，とくにクライエントの社会的に良好な状態の実現をめざすことになろう．そして，社会的健康の実現をめざすにあたり，PSWは医療とは異なる視点に立って，異なるアプローチをする．

現在，日本の精神医療は，「今後の精神保健医療福祉の改革ビジョン」[*1]が示した基本方針により「入院医療中心から地域生活中心へ」展開している．PSWは，地域生活への移行支援や地域生活における相談支援の担い手として期待されている．われわれはこれまで，先輩のPSW（精神科ソーシャルワーカー）が脈々と培ってきた理念と知識・技術を用い，精神保健医療の利用者一人ひとり，すべての精神障害者にその機会を提供することをめざすべきである．

PSWは，日本の精神医療政策のなかにあって，自らの役割を自覚し，理念を構築しながら国家資格である「精神保健福祉士」へと成長・発展してきた歴史を有する．ひるがえって，日本の精神科領域の医療に関しては，健康の実現を目的としていたかどうかさえ疑わしい，貧弱な政策が長く続いた．精神保健医療機関におけるPSWの活動を考えるとき，この歴史的・制度的事情は，自らを含む国民全体の精神保健医療に関する認識に影響を与えたものとして，必ず理解しておかなければならない．そして，医療が万能でなく，また，そこでは「患者」がよりよく生きようとすることや，病気・障害をかかえながらも自らの生活を取り戻そうとする営みを支える手立てが講じられていない現実もありうることを理解したうえで，その人が望む暮らしを実現するために，その人らしさを尊重し，寄り添いかかわるという役割を自覚しなければならない．

日本の精神障害者は，長年「医療」のみの対象として扱われてきた．確かに精神障害者は，より広く対象を規定するという配慮等から精神病の診断名によって定義づけられている[1]．しかし，医療は患者の権利を保障するためのシステムが完備されないなかでは，パターナリズム（父性的保護主義）と呼ばれる状況を容易に引き起こし，医療への導入や提供のためにはその生活の自由を奪うことも辞さない側面がある．精神科病院においては本人の意志にかかわら

---

*1 厚生労働省は，精神保健福祉対策本部中間報告に基づき設置された3検討会の結論をふまえ，「精神保健医療福祉の改革ビジョン」をまとめた．

ず，治療者である精神保健指定医が，その必要性を判断し強制的な治療を行うことが法的に許されている．実際に，日本の精神科病院では約34万人以上といわれる入院患者の4割近くが，本人の意志によらない入院形態（医療保護・措置）をとっている[2]．

　これは，患者本人にしてみれば，望まない医療への導入により自分の生活が分断されるという，理不尽な事態の経験でもあるとPSWは理解しておかねばならない．

1／精神医療の歴史の影響

　周知のように，日本の精神障害者に関する法律の整備は非常に遅く，「精神病者監護法」（1900［明治33］年）からスタートしたものの，残念ながらそこに治療の姿勢はみられず[3]，社会防衛色の濃いものであった．この法案提出理由は"よく保護して社会に流す患害を無きよう"にすることであり，本法によって私宅監置された精神病者を後に呉秀三が調査し，問題を告発したことは有名である[4]．呉によれば，監置の理由には「家宅侵入し他人の物品を盗む，他人に暴行，放火，家人殺害（未遂），家人傷害，他人傷害（未遂），神社仏閣破壊，不敬事件，外出徘徊，放浪など」と犯罪名が列挙されている[5]．ここから「精神障害者≒犯罪者」という思想形成が，一般国民の無意識下に成されたことが想像できる．なお，呉は「長期の監置により衰弱，痴呆状態の者の存在」も指摘しており，このような人びとに対して，人間の尊厳を認め，その人権を擁護するという視点が，当時の日本にはなかったことがわかる．

　その後，「精神病院法」（1919［大正8］年）により，精神病者を治療の対象として位置づけ，第1条に公立病院の各都道府県への設置をうたったが，財政上の問題から，私立病院を公立の代用と規定したため，状況の大きな変化はみられなかった．この代用という国の姿勢は今日まで持続しており，「精神保健及び精神障害者福祉に関する法律（以下，精神保健福祉法）」第29条の都道府県知事命令による措置入院は，本来であれば公立病院がその任に当たるべきであるところを，絶対数の不足から多くの私立病院を各都道府県（政令市）の指定病院として位置づけ，入院の受け入れを行わせている．

　ところで，PSWが措置入院の鑑定に際して意見を述べる機会には，法的な位置づけがない．しかし，指定医療機関に勤務するPSWは診察場面に立会うことが可能であり，権利擁護や生活者支援の視点をもって，入院措置により分断される患者本人の生活に着目した支援をここから開始することができることを忘れてはならない．

2／「社会的入院」者の存在

　精神障害者に対する医療は，戦後，「精神衛生法」への改正（1950［昭和25］年）を経て，入院中心の体制に移行した．そして，今日取り組むべき問題となり，大いなる人権侵害といえる「社会的入院」者は，1968（昭和43）年にはすでに存在していたことがクラーク報告書からわかる．すなわち，日本の精神医療について，適切なリハビリテーションと地域精神医療体制があれば退院可能な，若年層の慢性化した長期入院者が大量に存在しているとの指摘である．しかし，この指摘から10年後に再来日したクラーク（Clark, D. H.）を失望させたのは，退院可能な長期入院者が相変わらず精神科病院内にとどまっていたことであった．さらにいえば，この当時若年層だった入院者が現在，高齢になりつつある社会的入院者として課題視され，その退院と社会復帰の促進に国が本格的に着手したのは，つい最近のことである．しかし，受け皿不足や，高齢化，長期入院し過ぎたことなどが理由となり，こうした人びとは，すでに生活の場となった病院からさえ，本人の意志によらないかたちでの施設入所や転院という方法で追われようとしている状況が起こりつつあることも否定できない．

　「精神保健福祉士」は，「精神障害者の社会復帰のための相談・助言・指導や日常生活における訓練など」[6]を主たる役割として国家資格化された専門職である．そのことをPSWの一人ひとりが自覚するならば，どのような機関に働こうとも，社会的入院患者の存在に関心の目を向け，己の立場でなしうる最善を果たすべきであることはいうまでもない．

3／精神医療の現場で誕生したPSW

　既述のように，国策は，精神障害者を治安維持や社会防衛の対象としてとらえるとともに，精神科病院には隔離収容施設の役割しか期待しないかのような低医療費政策[7]*2として精神科特例[8]*3等を敢行し，当事者に対するきわめて貧弱な医療しか提供できない状況を導いた．こうした背景もあり，社会には精神障害者に対する偏見が強化・固定化されていった．

　一方，社会福祉に学問的基盤をおき，精神障害者の社会的復権・権利擁護と福祉のための専門的社会的活動を行うと倫理綱領の前文にうたっているPSWであるが，その誕生の経緯は，精神科医らの求めに応じ治療行為を担う医療チームの一員として位置づけられている．

---

*2　全精神科病床約36万床は，国内のすべての病院病床160万床の約21.7％を占めるのに対して，精神医療費の推計は国民総医療費29兆円のうち1兆5千億円，5.1％にすぎない．

*3　精神科の医療スタッフ数は，他の診療科と著しく格差があり，医師は一般科の3分の1の人数でよいとされている．

実際に精神科病院にソーシャルワーカーが配置されたのは、戦後間もない1948（昭和23）年ころからで[9]，敗戦後のGHQ（連合国軍最高司令官総司令部）による社会事業導入の流れのなかで，精神科における社会事業が日の目をみることができたのは，アメリカの力動精神医学の研究者であり臨床医でもあった村松常雄らの尽力によるところが大きい．これは，治療を症状の単なる除去目的とするのではなく，むしろその社会的な関連においての適応にまで範囲を拡大することとし，この拡大された「治療」目的を遂行するためにはサイキアトリック・ソーシャル・ワーカーが活動する分野はきわめて重大であるとされたためであった[10]．

　具体的には1948年ころ，国立国府台病院に「社会事業婦」がおかれ，1952（昭和27）年に付設された国立精神衛生研究所では，精神科医，臨床心理技術者とPSWからなる臨床チームの試みが導入された．こうしてPSWは，精神科入院患者の社会復帰を主たる目的に配置された．しかし，一方ではPSWが精神科医によって必要視され，つまり「治療」の仕上げを担う，医師の指示下にある職種として当初は位置づけられたとも受け取れる．その後，昭和30年代半ばの精神科病院乱立の時代を経て，PSWは生活療法を中心とした病院精神医学にそのアイデンティティを見出そうとしていく．このころから精神科病院のPSWは，いかにして専門性を発揮するかという課題に直面していたと考えられるが，実際には専門教育を受けた者がきわめて少ないなか，専門家レベルには遠い状態も存在したことが想像される．

　このことは後々の「精神保健福祉士法」成立後まで尾を引き，医師との関係が「指示ではなくて主治医の指導を受け」[11]*4「連携する立場」[12]として整理された今も，精神科医のなかには，PSWを自らの指示下におく発想が払拭されていない場合がある．それは換言すれば，PSWが精神医療の領域において真に専門性を主張・発揮できていないことを示唆し，そうであれば自らを「何のためにいるのかわからない」職種として位置づけてしまう危険性をも有しているといえる．

　日本精神保健福祉士協会（当時）は，「受診・受療援助の全般にわたって医師の指示を受けて行うこと」としている厚生労働省通知「医療ソーシャルワーカー業務指針」（1989［平成元］年）に対し，同省健康局総務課長および医療ソーシャルワーカー業務指針改正検討会座長宛に「医師との関係については業務指針に関係なく，精神保健福祉士法に基づいて行うものであることを明記す

＊4　精神保健福祉士法第41条2項において「精神保健福祉士は，その業務を行うに当たって精神障害者に主治の医師があるときは，その指導を受けなければならない」と規定され，「これは医師との専門性の相違から，具体的な業務内容についてまで拘束されるものではない」と解釈される．

る」よう，要望書を提出した事実[13]がある．

　こうした気構えを，すべてのPSWがもち，チーム医療の一員としての実践を通して，他の医療職種に自らのスタンスを周知していくことも必要である．

4／医療上の人権擁護とPSW

　日本に「精神病者野放し論」を流したライシャワー駐日アメリカ大使刺傷事件（1964［昭和39］年）により，日本の精神科病院は病院ではなく収容所となるべく運命づけられた[14]．当時，私立精神科病院は増加の一途をたどる一方，精神医療の質の向上はみられなかった．のみならず，精神科病院内における不祥事は後を絶たず[15]．したがって，当時職能団体を組織していたPSWではあるが（2-2，p.47参照），精神医療機関の不祥事の歯止めにはなりえなかったことを認識しなければならない．

　この貧しい精神医療政策にメスを入れたのは，いわゆる宇都宮病院事件（1984［昭和59］年）であり，この問題は，国連人権小委員会に取り上げられた．国連の要請で国際法律家委員会（ICJ）と国際保健医療職専門委員会（ICHP）の合同調査団が来日し調査した結果，日本の精神医療のもつパターナリズムや人権擁護の著しい立ち遅れの問題が表面化した．

　ここで，この事件とPSWとの関係について考えなければならない．宇都宮病院で著しい人権侵害が日常的に行われていた事実以外に，この病院には社会福祉系大学出身のPSWが在職していたという事実にも着目するとき，PSWの役割や専門性とはいったい何であったのか改めて考える必要があるだろう．日本精神医学ソーシャル・ワーカー協会（当時）は調査を行い，この人物をPSWとは呼ばないと決定している．しかし，ことは，1PSWのみの問題であろうか．前田ケイは，次のような疑問を投げかけている[16]．

　「このワーカーを単に『例外』として片付けてしまっていいのだろうか．このワーカーは，大学で福祉について何を教えられ，ソーシャルワークの仕事をどう理解するにいたったのか」．

　当時は，PSWをはじめとして日本のソーシャルワーカーには国家資格が設けられていなかったため，その質の担保は背景となる学歴や，現任者への卒後教育に拠るところが大きかった．しかし，少なくとも社会福祉系大学が専門的教育を行い，PSWの専門職能団体として日本精神医学ソーシャル・ワーカー協会の発足後20年を経てなお，精神医療現場に実在する人権侵害の歯止めたりうるソーシャルワーカーを養成しきれなかったことは事実である．これは，PSWの養成や研鑽のあり方，PSWが実践の視点の1つとしている権利擁護の姿勢の貫徹を阻害するような制度上の問題を示唆している．

　ひるがえって，権利擁護に関する法制度が表面的には整備された現在，より

潜在化しやすい権利侵害に対して，PSWは「監視役」となりえているかどうか，省みることが必要であろう．

5／国家資格とPSWの実態

　1987（昭和62）年に制定された「精神保健法」は，国民の精神的健康の保持増進をその目的としつつ，精神障害者の人権に配慮した適正な医療および保護の確保を掲げた．さらに，任意入院制度の新設や，入院時等の告知制度，精神医療審査会制度，応急入院制度，精神科病院に対する厚生大臣（当時）等による報告徴収・改善命令に関する規定が新設された．その後，「障害者基本法」（1993［平成5］年）に影響を受けて「精神保健福祉法」が成立（1995［平成7］年）したことにより，社会福祉的要素の位置づけ，社会復帰施設や事業の充実などが，よりよい精神医療の確保とともにうたわれるに至った．

　しかしながら，この時点においてPSWは国家資格に位置づけられていない．したがって精神医療機関においては，圧倒的多数の医学モデルに基づく職種とのせめぎあいに，法的位置づけのないまま立ち向かうPSWの苦労が存在したことは想像に難くない．

　精神医療の領域において，PSWは2通りの矛盾の問題をかかえる．1つは，精神障害者の人権擁護や自己決定の尊重に深く真摯に取り組むほど，職場において不安定で低い立場におかれるという現実である．日本の精神医療機関の約9割が民間立であることを考えると，チーム「医療」の一員として雇用されたPSWには，病院の利益追求に貢献することや，他の医療職との（連携や協働ではなく）協調も求められる．

　医療の名のもとに，他職種によって人権侵害と思しき行為が行われた際，PSWは精神障害者の人権擁護を貫くか，自身の「チームの一員」という立場を守るために黙するか悩むこともある．あるいは，入院患者の退院希望に寄り添い，熱心に支援するPSWが，患者数を減らしたとして経営者から注意を受け，患者集めのために病院のパンフレットを配って関係機関を廻るという「営業活動」がPSWの「業務」として位置づけられている病院は，PSWが国家資格を有する専門職となった今でさえ存在する．事務当直をする理由が，低い給料を補うためである場合，PSWの待遇の低さもうかがえよう．

　いま1つの矛盾は，PSWが身分や立場の安定を求めて保身にまわり，結果として導かれる精神障害者に対する人権の侵害や抑制である．PSWによる権利侵害の代表例であり，常にPSWへの自戒を促す事実として「Y問題」（2-3「『Y問題』から何を学ぶか」p.54参照）があるが，患者の預かり金を横領す

る[17]*5などの犯罪行為以外にも、「見てみぬふり」的な権利侵害は日常茶飯のことと自覚しなければならない。

　PSWの「働きにくさ」は業務や立場性の曖昧さから生まれる。「精神保健福祉士」は国家資格だが名称独占であり、ごく一部の業務しか診療報酬の算定対象にはなっていない。診療報酬に直結しないために、PSWが実践すべきだと考える業務への傾倒は歓迎されず、反面、算定される業務の遂行のみを期待されることは珍しくない。法的規定はないにもかかわらず、医師の指示下で窮屈な仕事をしている者も存在する。

　現在のPSWは、資格を有したものの、専門職としての市民権を得たとはいえない状況におかれている部分もあるといわざるをえない。診療報酬の算定においては、本来は特定の業務に対する評価ではなく、チーム医療の一員として福祉的支援の担い手であるPSWを配置すること自体を評価する仕組みが求められる。

　「患者・障害者にも受け入れられ、管理者にも好かれるようなワーカーなどありえないのが、医療における現実の労働条件である」と柏木昭が指摘している[18]ように、PSWは二律背反の世界で自らの専門性を頼りに孤軍奮闘する特殊な職種といえるであろう。医療機関における「働きにくさ」は、PSWとしての価値観を貫こうとすればするほど、感じざるをえない必要悪のような側面を有するからである。

　ただし、この種の「働きにくさ」に甘んじて医学モデルに迎合することや、安易な方法でこれを払拭しようとするのではなく、ソーシャルワーカーとしての視点をもって現場でその機能を発揮することに、「精神保健福祉士」たるPSWの存在意義が見出せるのである。保健医療の場にあって、少数派であり続けることが存在意義そのものであり、そのためには自身のうちにアイデンティティを確立することも重要である。

6／これからの精神保健医療とPSW

　精神障害者は精神疾患を有することから、よりよい生活を送るために精神保健医療を利用する。よって精神保健医療は、精神障害者の生活支援を担うPSWが活用する資源の1つに位置づけられる。私たちは、この資源を使いこなす発想をもちえているかどうか、再確認すべきときにきている。それは、精神科医をはじめとする医療従事者と同じ知識・技術を有することではなく、PSWの立場で独自のスタンスから利用者とかかわることであり、アセスメン

＊5　2002年9月に、北海道江別市立病院でPSWによる患者預かり金窃盗事件が発覚、逮捕されている。この事件では日本精神医学ソーシャル・ワーカー協会（当時）も調査委員会を設置して、事件を一般化して検討することと予防策のための提言を行った。

トを行い，相談支援を実践するということである．そして，そのためには自らの意見を説得力ある根拠とともに表現する力量をつけなければならない．それは結果として，他職種と並ぶ１専門職たりうることにつながる．

精神医療は，救急医療，認知症疾患や自殺対策，触法者への強制治療など，課題が複雑多様化する一方，病床機能分化の進展により，個々の問題に対応するには，もつべき専門知識も多様化している．他方，診療報酬や施設基準との関係から，各部署にPSWの必置が進むことにより，配置される部門ごとに業務内容がさらに多様化，専門分化するとも考えられる．

私たちは，精神保健医療の場におけるPSWの必要性を再確認し，職場から期待される業務を遂行するのみで満足せず，PSWが本来重視するクライエント自己決定の尊重や，権利擁護，人と状況の全体性の視点を保持し，医療の場にあって，生活者支援の視点を失わない姿勢を貫く使命をもつこと，少数派であり続けることの意義を忘れてはならない．

［田村綾子］

文　献

1) 精神保健及び精神障害者福祉に関する法律　第5条.
2) 厚生労働省：平成17年度「患者調査」.
3) 仙波恒雄，矢野徹：精神病院―その医療の現状と限界．星和書店，1977，p. 2.
4) 呉　秀三：精神病者私宅監置ノ実況及ビ其統計的考察．1918.
5) 仙波恒雄，矢野徹：前掲書．p. 2.
6) 精神保健福祉士法　第2条.
7) LeCont, D. 著，木村真理子監訳：日本の精神保健システムを最良のものにするために．リハビリテーション研究，No. 111，2002，pp. 26-33.
8) 医療法施行規則　第19条.
9) 柏木　昭：サイキアトリック・ソーシャル・ワークの現状．生活と福祉，21(25), 1958, p. 14.
10) 柏木　昭：前掲書．p. 15.
11) 精神保健福祉士法詳解．ぎょうせい，1998，p. 127.
12) 精神保健福祉士法　第41条.
13) 木太直人：医療ソーシャルワーカー業務指針改正に関する要望書提出，PSW通信，No. 121，2002，p. 4.
14) 石川信義：心病める人たち―開かれた精神医療へ．岩波新書，1990，pp. 26-31.
15) 大熊一夫：この国に生まれたるの不幸①精神病院の話．晩聲社，1989，pp. 38-40.
16) 前田ケイ：ソーシャルワーク教育のアクレディテーション制度について―米国の場合．テオロギア・ディアコニア，17号，1984，pp. 59-76.
17) 木太直人：会員による入院患者預かり金窃盗事件への協会の対応．PSW通信 No. 121，2002，p. 4.
18) 柏木　昭：協会10年の歩みの中から．精神医学ソーシャルワーク，9(15)，1975，p. 13.

2 精神科病院における活動の実際

　わが国における精神科ソーシャルワーカー（以下，PSW）の配置は，1948（昭和23）年の国立国府台病院が始まりといわれている．その後，精神科病院を中心に徐々にPSWが配置されていった．一方，このころの精神科病床数は，1953（昭和28）年には約30,000床であったが，1954（昭和29）年に精神科病院の設置および運営に要する経費に対し，国庫補助の規定が設けられ，1960（昭和35）年には約85,000床に達し，1965（昭和40）年には約17万床と毎年10,000床以上増え続け[1]，平均在院日数は400日を超える状況であった．そうした隔離収容政策のなかで，PSWは精神科病院のなかで精神障害者とその家族の相談支援や退院援助を中心に実践を積み重ねてきた．

　1965（昭和40）年の「精神衛生法」の改正により，保健所を中心にした地域サービスが展開されたものの入院中心の方向性が強く，当事者のニーズを尊重した地域生活支援といえるものではなかった．また精神科病院においては，精神科デイケアや作業療法が導入され，通院医療費公費負担制度も始まったものの，通院医療費公費負担制度は，通院医療の中断を防ぐことを主たる目的としており，それも社会防衛施策としての意味合いが濃く，当事者が地域で生活することそのものを支援する仕組みとは言い難いものであった[2]．

　1987（昭和62）年に「精神保健法」が制定され，精神障害者の人権擁護と社会復帰の促進が法の目的にうたわれ，社会復帰対策が実際に展開されるようになった．1990年代から精神科病床数，入院患者数ともにわずかに減少傾向をたどり，ようやく入院中心の医療に歯止めがかかりつつある．2004（平成16）年「精神保健医療福祉の改革ビジョン」が示され，今日の精神医療は，隔離と収容を目的とした入院中心医療の時代から，通院を中心とした精神障害者の社会参加と地域生活を支援するための地域医療のあり方を模索する時代となった．

　しかし，精神科病床に入院している患者約34万人のうち約70,000人は受け入れ条件が整えば退院可能といわれ，依然として病院への入院に依存した状況が続いている．これは精神障害者が地域生活を送るために利用できる社会福祉制度や生活支援サービスがいまだ十分とはいえない状況が，その原因とされている．これについてはあながち否定するものではないが，むしろ入院中心医療がつくり出した精神医療保健福祉の問題と課題が大きく残存しているというべきである．

　「精神保健福祉士（以下，PSW）」が精神医療のなかでクライエントの権利擁護と，地域社会で主体的に生活できるような支援を実践しようとするとき，今日の精神保健福祉の現状では，必ずしも円滑に進むときばかりではなく，多くの場面で困難を伴う．PSWには，クライエントが何を思い，どんな生活を望む

かについて語り合い，それを実現する方法について一緒に考えるかかわりのなかから実践的課題を持ち続けることが求められる．

1／精神科病院のPSWの役割と視点
1）クライエントを生活者としてとらえる
　精神障害者は，疾病と障害を併せ持っているため，さまざまな生活のしづらさをかかえている．精神科病院では，その機能として精神症状や問題となる行動が治療の対象となり，医療行為として病気を治すことを目的とする．それゆえに治療が優先され，当事者には治療へのコンプライアンス（遵守）が期待され，医療側の指示に従うことが求められる．治療場面において，当事者が病気や障害について理解しづらい状況にあったり，認めたくないと思う気持ちを主張したりすると「病識がない」とみなされてしまうことがある．本人の生きるうえでのつらさや困難さを理解することよりも，問題や現象をとらえる治療者の価値観が重視される．むしろ治療者側にとってはこれが当たり前，大前提であるといったほうがいいかもしれない．

　PSWは，クライエントの悩みや現状を認識することの困難さを単に「病状」や「病識のなさ」として安直なかたちでとらえることはしない．精神疾患ゆえの生活のしづらさや，病気になったことで失ったものへの諦めや，現状への不満や不安をどうとらえているかを知りたいと思い，本人の「ここで，今」の気持ちに共感することを重視する．そのうえで，病気によって生活にどのような影響を受けているかをクライエントとの「かかわり」を通して一緒に考える過程を大切にする．

　このように医療における治療関係を中心とした方法と，クライエントを生活する主体的存在として，関係性を重視する「かかわり」には，明らかな違いがある．それは，医療を否定するということではなく，PSWがクライエントの生き方に寄り添うなかで，相手を病者としてとらえるのではなく，疾病問題をかかえる生活者として理解する福祉専門職の視点に立って医療チームに加わるということである．

2）精神科病院のPSWとかかわり論
　精神医療を歴史的にとらえると精神障害者は長く続いた隔離収容政策によって，精神科病院のなかで権利を剥奪されてきた人たちである．そのなかにあってPSWは，はじめからクライエントのニーズに対して生活課題を解決する方法をもっていたわけではない．むしろ適応論を中心とした患者側の問題として社会にいかに合わせることができるかを援助の中心においていた．それは生活療法を中心として作業療法，レクリエーション療法，ナイトホスピタル（外勤

療法）にPSWが深くかかわった事実に現れている[3]．そこでの中心課題はいかに病棟に順応した生き方ができるか，また社会や家庭にいかに適応するかが前提になって，退院が決定された．地域に戻ってからの生活はあくまで患者側の問題として，その生活支援をとくに重視する姿勢はみられず，ソーシャルワーカーもいわゆる「医学モデル」に依拠した実践の域を出ることはなかった．

1980年以降，「生活モデル」の考え方が勃興し，精神科病院のなかで当事者とかかわり，共に過ごし，当事者の声を聴き，当事者から学ぶことによって実践課題が明確になっていった．それが生活のしづらさの理解であり，権利擁護であり，また多様な生き方を保障することであった．言葉を換えていえば，それはクライエントの「独自の生活スタイルの獲得の保障」である．PSWはより個別性を尊重し，クライエントの自己決定を中心に据えることによってクライエントの自己実現を図るという手法が重視され，その援助のあり方は自ずから多様なものとなった．そのうえでPSWは精神障害者との関係を構築する過程のなかで，地域の重要性について理解することができるようになったのである．その契機になったのが，デイケアでの実践であり，共同住居をスタートとしたグループホームの取組みでもある[4]．

認知症についても精神科医療の役割は大きい．精神科病院には，多くの認知症の人が入院している．PSWは，治療が困難な状況で認知症の世界をどのように理解するかを「生活を中心とした視点」により援助しようとしてきた．しかし一般的には安全と保護の名のもとに病棟内で行動制限や拘束を行う処遇がなされ，精神科病院のPSWとして十分役割を果たしてきたとはいえない．社団法人日本精神保健福祉士協会はその反省から，現在，認知症問題に対するPSWとしての関与について，その実践課題を明確にしようとしている．

PSWは，症状や現象に目を奪われることなく，生活問題をどうとらえるかが課題である．一部の医療管理に埋没する病院のPSWも数多くみられるが，一方では認知症高齢者に対する自己決定の意味や有効性をより明確化しようとするPSWも存在する．認知症という疾病にとらわれることなく，当事者に寄り添いながら，行動の意味を考え，援助のあり方を模索するなかで，認知症高齢者との「かかわり」が重要であることを，身をもって体験するソーシャルワーカーが漸増しつつある．さらに「かかわり」には時間をかけることがきわめて重要な課題であることがしだいに明らかになってきた[5][6]．

3）医療チームのなかでのPSW

PSWはクライエントとの「かかわり」のなかで，クライエントの思いを理解し，チームのなかにそのニーズを反映させていくことが役割の1つである．

しかし，PSWのいうことがはじめから無条件にチームに受け入れられるわけではない．医療チームにおいては，医師の方針がしばしばチームに大きな影響を与え，スタッフは医師に依存的になり保障を求めようとする傾向があることを知っておきたい．PSWは，チームメンバーのもつ機能や専門性を理解したうえで，クライエントの意向を伝えていくことが重要である．

　筆者の勤める病院では，個別支援会議にクライエントが参加し，本人の意向をチームスタッフに伝え，協働して支援計画について検討する機会を設けている．クライエントの生活課題をチームで共有し，クライエントからスタッフが影響を受け，チームが成熟していく過程としても重要な機会であると筆者はとらえている．当院では，まだこの取組みは一部の病棟に限られているが，クライエントがチームに参加し，協働していくことをスタッフが経験することでスタッフの気づきが生まれている．PSWは，医師を中心とするチームではなく，クライエントを中心に据えたチームをつくっていく役割を担うという自覚と技術をもつことが必要である．時にはチームのなかで時間をかけてスタッフとの関係をつくり，生活者としてクライエントを尊重する視点とクライエントの生活課題への気づきを促す役割がある．そのうえでチームの一員としてクライエントや家族を加えていくことを重視する意味を伝えたい．

　医療においてクライエントの思いは届きにくく，治療関係は一方通行になりやすい．PSWはそうしたクライエントの思いや主体性をいかに医療のなかに位置づかせるかという実践的課題を背負っている．チームのなかでのPSWとクライエントの協働がチームとの協働関係を構築し，そのことがクライエントの主体性を尊重し，自らの生活を獲得する支援につながっていくというよい循環が生まれるのである．

4）クライエントが地域に住むことを推進する

　医療機関におけるPSWの役割は多様であり，そのフィールドは医療機関のなかだけにとどまらない．医療機関の相談窓口として，地域の関係機関と医療機関内での連携や調整に終始するのではなく，クライエントが暮らす地域での活動も必要である．

　住民に理解がない，行政の協力が得られない，利用できる資源が少ないなどの困難性は地域にはつきものである．どんな地域であろうとそこにクライエントが暮らしているか，もしくは暮らそうとしている限り，困難な地域だから生活支援はできないなどという言い訳はできない．その困難性があるからこそPSWがかかわることに意味がある．

　PSWの役割は，クライエントの生活課題を明確にし，生活支援の視点からクライエントの求める生活をどのように実現するかに向けての協働である．家

族や地域の関係者，医療・福祉サービスの担当者，行政担当者等にクライエントが希望する生活を伝えられるように本人と方法を検討し，周囲が考える問題の解決のためでなく，クライエントが独自の生活を獲得することを共通課題として支援計画が立てられるように協働することが求められる．

　人が暮らす場所は地域であり，クライエントが住民の一員として，地域生活を共に享受することによる関係力を活用した地域づくりが必要である．お互いに生活を共有することによる地域での経験知の蓄積が重要であり，クライエントが住民として地域に住むことを推進し，参画していくこと自体が地域の経験知の蓄積につながる．

　しかし，精神障害者が地域で暮らすのは容易ではない．とくに長期にわたり入院していた精神障害者は，入院していたことによってつくられた生活のむずかしさと，地域社会の防衛的姿勢によって地域で暮らすことを阻害されるという幾重もの困難を背負っている．アパートひとつ借りるにしても困難を伴う場合がある．入院中からいかに地域とのかかわりをもつか，PSWの力量が問われるところである．

　地域住民は精神障害者とのかかわりの経験がほとんどない．そのため入院中からいかに地域との交流をもち理解を深めていくか，そういう機会を提供できるかどうかが課題となる．精神科病院のもつ閉鎖的環境と，地域のなかでも閉ざされたままの病院では，偏見や差別はなくならない．

　地域と精神障害者との「かかわり」が地域での生活を可能にする．むずかしく考えるのではなく，入院中であっても必要品はスーパーに買い物に行き，銀行や散髪，時には外食に出かけ，市役所に自ら出向き，日常的な関係性を構築することである．小遣いは病院が管理し，病院内の売店で買い物を済ませ，リハビリと称して，モチベーションのないクライエントに作業療法やSST（社会生活技能訓練）を押しつけ，院内適応をめざしていても意味がない．地域には多くのインフォーマルなサービスがある．サービスを利用しない生活などありえない．さらに，サービスの利用に際してもサービス管理ではなく，生活支援の視点が必要であり，フォーマル，インフォーマルなサービスを有効に活用する支援方法が望まれる．就労支援においても職安等を通しての制度利用だけなく，地域の関係力を活用した支援が展開されるべきである．

5）PSWのとらえる権利擁護

　クライエントが自らの権利を自ら行使するのはむずかしいので，クライエントに成り代わって，権利を守る意味で権利擁護制度を利用するというのが一般的な理解であろう．しかし制度的権利擁護では真にクライエントの権利が守られるとは限らない．むしろ制度そのものが権利を剥奪するということもある．

「成年後見制度」における後見は基本的人権である選挙権の剥奪であるし，「高齢者虐待の防止，高齢者の養護者に対する支援等に関する法律」，いわゆる「虐待防止法」も，高齢者というきわめて限定的制度で障害者にまで及んでいない．さらに精神科においては，安全と保護の名のもとでの過剰な行動制限による病棟管理が法的に許されるとして問題としないなど，精神保健指定医のもと，一定の行動制限が認められていると安易に考えてはいけない．患者に対する行動制限を最小限のものとするために病院内に行動制限最小化委員会が設置されるようになったが，こうした委員会は行動制限に違法性がないかどうかを検討するだけのものになりやすい．PSWは「かかわり」によって，病的世界に支配されている人の苦しみや混乱を理解しながら，行動制限や拘束のない対応が可能かどうかについてこだわりを持ち続けなくてはならない．認知症高齢者においても「かかわり」によって，行動制限や拘束は必要ないとする実践報告は多くある．むしろ施錠の許されている精神科病棟のほうが拘禁的であるとの指摘もある．こうした批判にPSWは謙虚に耳を傾け，どのような代替方法があるのかを検討し，チームのなかで問題意識を共有できるように働きかける役割を負うべきである．

　そのためにPSWは，人権に関する知識を保持するとともに，いかにクライエントとの「かかわり」の質を高め，時間を共有するかの実践感覚が求められる．

2／精神科病棟の現状

　わが国の精神医療は，一般科の医療に比べてマンパワーが少ない．マンパワーが少ないことで個別的な対応ができず，病棟に鍵をかけ，病棟のルールに従わせることにより，集団で管理する傾向が強まる．仮に「トラブルを起こしたら閉鎖病棟に戻す」とか，「約束を守れなければ開放病棟に移れない」というようなことが行われているとすれば，本来の治療とは関係のない管理的側面から精神科病院の構造を利用していることになると認識しなければならない．管理的な傾向が強まれば，患者の個別性は軽視され，それに対して，患者の側としては主体的な生活意欲をもちにくくなり，依存を強めてしまう恐れがある．このことがホスピタリズムを進行させ，いっそう社会に出て行くことを困難にし，長期在院者をつくっていく要因の1つになると考えられる．

　入院が長くなれば，クライエントがこれまで暮らしていた地域社会との関係も希薄になる．症状の改善のみに焦点を当てるのではなく，入院時から退院後の生活を重視した支援計画を本人，スタッフや関係者で共有し，入院前の人間関係や地域社会との関係が壊れないように意識できる医療の成熟が求められる．

3／精神科病院の PSW の業務

　PSW の業務は，受診前の相談から受診時のインテーク，入院中の援助，退院の援助，退院後の社会参加に向けての援助等々，多岐にわたる．いずれの業務についても PSW が最も重視しなければならないのがクライエントとの「かかわり」である．

　クライエントはさまざまな生活課題をかかえており，どうしたらよいかわからない不安や自信のなさ，うまくいかないことを嘆き，時には自分の望む生活を諦めてしまっている人もいる．PSW は，クライエントが安心して自分自身の思いを語れる関係をつくることに努め，生活課題に共に取り組むことをクライエントと共有することが重要である．クライエントの思いを十分に聴き，受け入れ，表現を保障するという PSW の態度により「かかわり」の質を維持していくことが，よりよい援助関係の構築と自己決定の保障に欠かせない要素である．そのうえで病気の原因や治療の方法を，本人の理解に合わせてていねいに提示されているかをチームと検討することが必要である．また，入院中に自らの権利を主張するための退院請求・処遇改善請求の手続の方法，苦情の窓口についてクライエントの理解の程度や心理的状況などを十分に配慮して情報を提供し，さらにクライエントが利用できる社会保障制度や福祉サービスなどの福祉的情報の提供を行い，クライエントのかかえている生活課題を共に考えていくことが重要である．

　また，精神科病院では，医療の対象であるかないかを問わず，精神保健福祉に関するさまざまな相談が持ち込まれる．アディクション，引きこもり，虐待や DV などの相談においては，利用できる適切な機関の情報提供も含めた相談機能が求められる[7]．このときクライエントやその家族の思いを聴き，その問題や心理的負担に対し共感的に理解したうえで，他機関の利用をクライエントとともに考える「かかわり」がなければ，単に他機関の紹介で終わってしまう．

　インテークにおいては，信頼関係をどのように築くかを重視する必要がある．課題にばかり目がいきがちになり，現象や家族，関係者等本人以外の訴えに引きずられ，クライエントの真のニーズを見落とす状況に陥りやすい．とくに入院時においては，本人との信頼関係をつくることよりも家族や地域の希望だけで決定が行われることも多い．こうした問題に対しては，援助者側の課題を中心にした本人の状況の確認よりも，クライエントとの「かかわり」に重きをおき，本人の思いを中心にしたアセスメントを行うことが重要である．

　付言になるが，筆者は「かかわり」という用語にかぎ括弧をつけてきた．これには意味がある．上述したようにソーシャルワークにおいては「かかわり」はほとんど唯一の技術，もっと強調するなら，これ以外に"武器"はないとい

わなければならないと考えているからである．

4／今後の課題

　PSWが制度のなかに組み込まれていく今日的状況のなかで，課題とすべき点は多い．とくに「介護保険」や「障害者自立支援法」におけるケアマネジメントシステムは，ソーシャルワークを危うくしているという指摘がある．

　もともとケアマネジメントはアメリカにおいて，精神障害者が地域で暮らすためにいかに地域にある複数のフォーマル，インフォーマルなサービスを有効に利用するかというシステムとして登場した．それはソーシャルワークの一手法であり，本来の個別援助技術の方法論にすぎない．しかし日本においては制度を有効に活用すべく，ソーシャルワークの一部だけを都合よく利用しようとしているために多くの問題が発生している．精神科病院におけるソーシャルワークがケアマネジメントシステムの影響を直接的に受けることは少ないかもしれない．しかし，クライエントが退院に向けて地域での生活を確立するため，病院のPSWが地域の複数のサービスを有効に活用すべくケアマネジメントの手法を使うことは有効である．

　注意すべきはサービスの利用の調整をしたからといってソーシャルワークが完結したとの思い込みをもたないことである．むしろサービスの活用にあたっては「自己決定」が最も重視されなくてはならないし，ワーカー・クライエント関係が問われる場面でもある．十分な情報のないなかで入院生活を送ってきたクライエントが，じっくり時間をかけて意思決定をするためには，クライエントの要請が真のニーズかどうかの検討が重要であるし，PSW自身もクライエントに思いを伝え，一緒に考えていく過程のなかでPSWとクライエントの価値観の協働化が不可欠となる．そこでは方法論としてのケアマネジメントシステムだけでなく，クライエントの幅広いニーズに応えられるジェネリックなソーシャルワークが求められる．そのため精神科病院のPSWには，地域で暮らすための包括的な支援のあり方や，生活していくなかで起こる心理的な問題にも関係性のなかで継続的に取り組んでいかなければならない．

　サービスのはめ込みだとの批判もある介護保険と同様のシステムが障害者福祉サービスにも導入され，ソーシャルワークが埋没しかねない状況になっている．制度を活用しながら援助することは必要だが，制度やサービスに当てはめる援助は厳に戒めなければならない．

　精神科病院におけるPSWの課題は，医療のなかにいていかに精神医療改革も含め，精神障害者の生活問題への取組みとして必要な改革への意識を持ち続けるかであろう．1つは，院内における治療環境と処遇への取組みである．社会との隔絶のない治療環境整備への提言や，病院内における生活の獲得とはど

のようにあるべきなのかといった取組みは大変重要であり，クライエントを生活者として尊重する視点を，いかにチームとの共通した課題認識に持ち込むかが問われているといえる．

さらに退院促進として，急性期病棟等の診療報酬の仕組みに振り回されるようなかたちで，入院期間の短縮だけに奔走すべきではない．医療スタッフは転・退院先を確実に確保するPSWを優秀だと評価する．しかし，それは医療スタッフの都合にすぎないことが多く，患者の生活問題の解決を前提としたものではない．

生活支援施設をはじめとするサービスの利用についても慎重でなければならない．サービスの利用は，クライエントの生活を支えるうえで重要な役割を果たすが，クライエントが自らの意思で決定したとしても，利用後，思い違いはなかったか，施設が自己決定をはじめとして本人本位のサービスを提供しているか，通院も含め疾病に対する理解が得られているか，権利侵害がないか，新たな生活獲得や自己実現へ向けた取組みが保障されているかなどの状況の点検等のためにも，クライエントとの関係性の継続を図るべきである．そのために訪問を中心として，医療のなかで病院の外に出かけるPSWとして認知させることが必要となる．医療経済のなかでは費用対効果や治療効果が評価の対象となるが，クライエントの生活の獲得なしにそうした効果は期待できないという確信のもと，PSWとして主張すべきははっきり主張すべきであろう．

病院内にあって地域との関係をいかに確立するかも，これからの重要な課題である．精神障害者が地域での生活を獲得するという意味と，地域住民が地域の一員として精神障害者を受け入れるという2つの課題が存在する．それには最初から行政やシステムに頼るのでは成功しない．入院中からクライエントに地域の活用の仕方や住民との関係づくりのためのかかわりをいかに発生させるかが重要である．そのために病院内にボランティアを導入したり，クライエントの暮らす地域の行事にクライエントとともに参加することは有効である．そのうえで町内会や民生委員，行政を巻き込んでいく技術がPSWには求められる．

精神科病院を利用する人たちは，若年者から高齢者まで幅広く，急性期，思春期，アルコール，高齢者と病棟機能も専門分化している．同時にさまざまなストレスに関連する障害，うつ等の気分障害，認知症，発達障害など各々の疾患およびそれに伴う生活上の課題に対し求められる支援は多様化している．多様なメンタルヘルス課題に対応できるよう，実践力を高めていくことが大きな課題である．とはいえ「精神保健福祉士」たるPSWの専門性まで分化するわけではなく，疾病や障害の特性があったとしても，ソーシャルワークの本質は変わらない．

ここで大切なのはソーシャルワークの原則を守ることである．目まぐるしく

変化する精神保健福祉施策のなかで，ともすると制度に振り回されがちになり，自分たちの有効性や評価を気にしがちである．しかし私たちの役割はあくまでも生活問題を中心とした，自己実現へ向けてのクライエントの生活支援にある．そのためにジェネリックなソーシャルワーカーが求められるのであって，われわれの職業的アイデンティティが重要なのではない．

　精神科病院のなかで，福祉の立場から精神障害者の生活の獲得や権利を主張することは，精神医療のあり方にとって大きな意味がある．個人の求める生活の獲得や生きがいに対し，本人以外の意向による問題解決が優先されて「自己決定」が軽視される状況に陥りやすい．周囲が期待する問題解決のためではなく，クライエント本人のニーズに基づき，個別性を重視したサービスを有効に活用し，本人の求める生活の獲得が実現できるかどうかが問われなければならない．そこでは，関係性を軸にクライエント自己決定の原則を重視したソーシャルワークの展開が求められているのである．

[岩尾　貴]

文　献
1) 精神保健福祉研究会監修：我が国の精神保健福祉―精神保健福祉ハンドブック．平成15年度版，太陽美術，p. 21.
2) 荒田　寛：医療機関における PSW の活動．第3版これからの精神保健福祉―精神保健福祉士ガイドブック．へるす出版，2003，p. 79.
3) 浅野弘毅：精神医療論争史―わが国における「社会復帰」論争批判．批評社，2000.
4) 谷中輝雄：精神障害者福祉とソーシャルワーク―精神医学ソーシャルワーカーの活動の足跡．日本精神保健福祉士協会40年史，社団法人日本精神保健福祉士協会，2004. pp. 138-146.
5) 棚田真美，岩尾　貢：痴呆老人への取り組みと視点．精神医学ソーシャルワーク，第33号，1994, pp. 111-115.
6) 田口裕佳子：痴呆性老人の自己決定―関わり場面を通して．精神医学ソーシャルワーク，第36号，1996, pp. 89-91.
7) 川口真知子：単科精神病院の精神保健福祉士．PSW 通信，No. 152, 社団法人日本精神保健福祉士協会，2008.1, p. 7.

3　精神科診療所における活動の実際

　近年，精神科診療所（以下，診療所）は増え続けている．厚生労働省の調査によれば，精神科を標榜する診療所は全国で3,500カ所を超えているという．この状況にはそれなりの理由があるだろう．かつての入院中心の精神医療が，デイケアの増加や社会復帰施設，地域生活支援センターの整備など，入院を防止し地域で生活することを支える場が増えたことにより外来中心の医療へとシフトし，これが定着しつつあることが底流にある．また，診療所が街なかにあ

ることや仕事帰りに受診できること，休日の診察など診療日や診療時間の点で受診しやすくなったことなどから，これまでは受診することが少なかった不眠やうつ状態のような軽症者の受診を促している．加えて，「自立支援医療」の精神通院制度により通院の経済的負担が軽減されていることも後押ししているだろう．さらに不況など社会情勢の影響から，失業やリストラ等によるストレスが増大したことなどとも相まって，受診者が増え，その結果診療所が増えてきているのではないかと考えられる．

診療所で働く精神保健福祉士（以下，PSW）の数は，2005（平成17）年医療施設（静態・動態）調査のデータのなかに，一般診療所という項目で1,058人という数字が出ている．このようにかなりの人数がいるにもかかわらず，診療所におけるPSWの活動を紹介したものや，役割とか機能について論じたものは少ない．本項では筆者の活動経験をもとに，診療所におけるPSWの役割と活動の実際について述べることにする．

1／診療所の現況

診療所の歴史は古く，1933年（昭和8年）に小沢平作が都内東玉川に開設したのが始まりとされる．昭和30年代以降，向精神薬の開発が契機となって診療所が開設され始め，昭和40年代には先駆的な診療所の多くが開設された．さらに昭和60年代に入ると，通院精神療法の点数引き上げなど診療報酬上の追い風に加え，小規模作業所など地域での生活を可能にする施設やサービスができて診療所の数は大幅に増加した．

1995（平成7）年には，それまであった日本精神科診療所医会が発展的に解消して法人化され，全国的な診療所組織として日本精神神経科診療所協会（以下，日精診）が設立された．日精診の会員は，2008年（平成20年）現在1,498カ所である．精神科を標榜する診療所の全体数が3,500カ所を超えているとすると，精神科病院は2008年現在1,059カ所であるから，実際に通院している精神障害者は病院の外来診療より診療所のほうが多いと考えられる．このことからも，精神科医療のなかに占める診療所外来機能の比重がこれまで以上に大きくなってきていることがわかる．

診療所というところは，多機能で多様性に富んでいる．その特徴からデイケア併設診療所が福祉型，デイケアをもたない主としてビル診の診療所がメンタルヘルス志向型という分け方もある．圧倒的多数は後者であり，現在増えているのもこのタイプの診療所である．こうした診療所を利用している人のなかには，慢性のうつ状態，不安，緊張，過敏さなど，「生きづらさ」をかかえた人たちが多くいる．メンタルヘルス志向型診療所も2つのタイプに分けられる．1つはメンタルな問題を薬物療法中心で対応する「治療型」，もう1つは，も

う一歩踏み込んで日常生活の相談にも乗る「サポート型」．たとえば，患者さんからの電話相談を積極的に受けているところもある．このように診療所は，地域のニーズに対し，その診療所なりの考え方，スタイルで応えている．

そもそも診療所とはどんなところなのであろうか．診療所とはまず，精神科に相談したいと思った人が最初に訪ねる場所であると考えられる．人がはじめて精神科を訪ねるときというのは，生活のなかで疲れ，傷つき，人間関係も保てなくなった末の，ぎりぎりの選択ということが多いのではないだろうか．混乱や焦り，怒り，惨めな気持ちなど，追い詰められて行き場がなくなった状態のときに，じっくり話を聴き受けとめてもらうことで，自分への信頼を取り戻し，他人への信頼も回復することが可能となる．診療所はそういう人が来て，安心感のもとに治療を受ける場，それが診療所の原点だろうと思う．もちろん相談にも幅があり，日ごろ気になっていることを相談するという気軽なものもあるが，多くは切羽詰まった緊急性のある相談が多い．最近は，公的・民間相談機関のアクセスもよくなり，そこから廻ってくることもある．

本人ではなく，家族がみかねて連れて来る例も多く，時に緊急入院が必要な場合もあるが，本人の病状，入院の目的に合った病院がすぐには見つからないことも多い．最近では，PTSD（心的外傷後ストレス障害）や犯罪被害，DV（ドメスティックバイオレンス）被害，解離性障害（多重人格等）など，ある程度の専門知識をもたないとかかわりが困難な患者も少なくない．

現在の診療所は，外来機能だけでなくリハビリテーション機能も充実してきている．デイケアを併設する診療所が増えているのもその表れの1つである．PSWもデイケアの職員として配属され，そこから給与を得ている例も多いだろう．また，デイケアだけでなく，デイ・ナイトケア，ナイトケア，ショートケアなどを実施する診療所も出てきている．精神科訪問看護を実施しているところもある．さらには，就労支援など地域のさまざまなニーズに基づいた活動も徐々に広がりをみせている．そこに，ソーシャルワーカーとしてのPSWの活動の広がりをみることもできよう．

2／診療所の特徴と機能

診療所は精神科病院とどう違うのか，その特徴を整理すると以下のようになろう．

(1)病床をもっていない（有床診療所以外）

病床をもつ精神科病院の外来に通っている人からみると，調子が悪くなったら入院できるという安心感もあるが，反面，入院経験のある人には病状の悪かった自分が思い出され，できれば離れたいという気持ちも強いようである．

診療所は患者本人と医師，スタッフとの信頼関係で成り立ち，その関係は広

い意味での治療契約，共同作業だといえる．しかし，あまりに自分本位すぎる患者の場合，診療所での治療にそぐわず，むしろ精神科病院の外来のほうが安定する場合もある．また，入院が必要となれば病院に紹介して入院してもらうことになるが，この場合，両者の連携がうまく機能しないとスムーズにいかないことはいうまでもない．

(2) 規模が小さい

多くは医師1人に事務員，必要に応じて看護師やPSW，臨床心理士などの専門職種が配置されていることが多い．そのため開設者の考える治療的雰囲気が浸透しやすく，家族的なあたたかさももてる．精神科病院がデパートだとすれば診療所は個人商店に例えられよう．融通も小回りも利くのが特徴である．

(3) 患者が診療所を選ぶ

診療所には，それぞれに診療スタイルがある．ルールといってもいい．そのスタイルに合う人がその診療所を選ぶということになる．選択基準として医師との相性が重要だという患者もいる．また，雰囲気や交通の利便性などを重視する患者もいる．相性が悪いために診療所を替えるという患者も少なくない．

(4) 地域の活動と密着している

診療所は街なかにあることが多いことから，生活に密着した援助が受けやすく，障害者地域生活支援センター，社会復帰施設や小規模作業所など地域の各種関係機関との交流も多い．

(5) 診療所の個性（特徴）がはっきりしている

診療所にはそれぞれ個性がある．たとえば「白衣を着ない」「カウンセリングが受けられる」「デイケアがある」「気分障害やアディクション（嗜癖）の患者を中心に診る」「訪問看護をする」「病床をもっている」など，診療所ごとに特有の個性をもっている．

(6) 早期発見し早期に治療する

診療所は病院に比べ敷居が低いといわれる．それは，多くの診療所が「入院施設をもたない」「街なかの目立たないところにある」「いろいろな人が来ているという気楽さがある」「嫌ならやめられる」といった理由によるだろうが，この敷居の低さという特徴は早期発見・早期治療に貢献しているともいえる．医師はよく，「ひと昔前は入院させなければいけない患者も今はいい薬もでき，外来で済んでしまうことが多い」という．切羽詰まってとことん追い詰められ，病状が進行してから医療にかかるのではなく，早めに相談・受診すれば経過もよく，早く回復する可能性が出てくることはいうまでもない．

このように精神科病院と診療所とでは明らかに役割が違う部分もあるが，機能としては共通しており，どちらがよい悪いという問題ではない．地域によってはその地域に病床がないため地域での診療所によるサポートが強化された

り，病院が地域でのサポートの推進役だったりするであろう．どう役割分担をしていくかが重要であり，それも各地域の特性によって違ったものになるはずである．

3／PSW の役割と活動の実際

　前述したように診療所には多様な機能がある．それは，都市部か地方か，駅から近いか遠いかといった地域性や，他科の併設・病床の有無，規模や職員構成，関係機関・社会資源の有無，デイケア併設の有無などによって条件づけられる．診療所の機能が違えば，当然のことながら PSW の業務も違ってくる．

　診療所の PSW はデイケアに所属していることが多く，したがってデイケアを開設している診療所には PSW が配置されていると考えていいだろう．最近では訪問看護を業務の柱とする PSW もいる．

1）活動内容

　まず，診療所における PSW の業務と活動内容を概観しておくことにする．ちなみに，PSW がどんな動きをしているかを示すために，筆者の一日の業務例を紹介しておこう．

　　8：45　出　勤
　　　　　診療所の移動式看板を歩道に出し，エレベーターのスイッチを入れる．鍵を開け，コンピュータ，おつりの準備など診療開始への準備をする．
　　9：00　診療開始
　　　　　医療事務の補助
　　9：30〜4：00
　　　　　デイケア
　　4：00〜診療終了
　　　　　相談（電話，面接），関係機関への連絡・連携，事務仕事（自立支援医療・保健福祉手帳関係），医療事務の補助．
　　　　　最後に診療所の鍵を閉める．

　以上が一日の大体の流れだが，実際のデイケアには看護師のほか午後のプログラムからはもう 1 人の PSW も加わり，一日平均15人ほどが参加する小規模デイケアを実施している．デイケアには，引きこもりがちな人が仲間やスタッフとの関係のなかで安心し，自信をつけ，外来の診察だけではみえない病状への対応，健康維持など多くのメリットがある．

　筆者の行っているデイケアはゆったりした居場所的な空間で，プログラムも訓練というよりエネルギー補充の場という感じが強い．「たまり場」的といっ

てもいいだろう．たまり場には「スタッフの○○さん」という，たまり場の顔が必要である．場だけあってもたまり場にはならない．個別の相談はもちろん，グループワーク，デイケア運営など，PSWの果たす役割は重要である．もちろんスタッフのチームワークが大切なことはいうまでもない．

業務の分担については，診療所の外来業務とデイケア業務を，曜日や時間によってPSW2人，臨床心理士1人と分担している．時には緊急入院のための病院探しや，待合室で具合が悪くなった人への対応など，その日によって種々対応することも違ってくる．今はPSWが2人になったが1人しかいないときは，何はさておき駆けつけなければならなかった．

診療所においては，「急いで」（緊急性），「すぐに」（敏速性），「融通を利かせて」（柔軟性）という動きが要求される．さまざまな役割や業務を総合的，かつ同時進行的に行うことが多い．業務内容については，社団法人日本精神保健福祉士協会の「業務指針」中の入院以外の業務はすべて含まれると考えてよいだろう．

2006（平成18）年3月に行った日精診の調査によれば，診療所のPSW業務の上位5位は以下のとおりである．

　1位　相談業務，患者・家族との連絡調整
　2位　自立支援医療などの諸手続きの援助
　3位　他機関との連絡調整
　4位　院外地域活動，公的連絡会議への参画
　5位　デイケア（ナイトケア）スタッフとしての活動

「自立支援医療制度」が始まって，以前の通院医療費公費負担制度（旧法第32条）で行っていた代行業務はなくなって本人が自分で手続きをすることになった．また，2年ごとだったのが毎年の申請になったうえ，保険証での世帯の所得の申告など面倒なことも多く，とくに生活保護の患者などは何の手続きかピンとこない人がほとんどである．さらに，自立支援医療制度と精神保健福祉手帳，障害年金との関係も違っていて複雑になっている．したがってその申請の補助が必要な人が多く，業務量はかなり増えている．

診療所におけるPSWの役割について考えるとき大阪府にある三家クリニックの報告[1]にふれておきたい．この論文は地域生活を支えるための相談業務について統計をとり，とくに外来機能の個別援助に言及したものである．個別のかかわりに関する統計から次の3点が明らかになったとしている．

　・統合失調症圏の人がより多く相談を求めていること
　・面接相談に劣らず電話相談が多いこと
　・当事者が求めているのは社会復帰相談や病気についてというより，近況報告・時間の過ごし方・対人関係など身近な生活に関する相談が多いこと．

これらのことから，「精神障害者が病気をかかえて地域で生活していくにあたり，生活の支援，とりわけより日常的な生活の相談を必要としていることがわかった」「そのニーズをとらえ，それに応えていくことが診療所のソーシャルワーカーの役割だといえる」．しかし，その生活支援は必ずしも診療所のソーシャルワーカーである必要はない．他の専門職でもいいし，家族でも仲間や近所の人でもよい．何より地域生活支援センターに期待するところが大きいとしている．

　筆者の診療所でも，電話相談が一日に10本はある．たわいなく，内容はさして重要とも思えないような相談である．しかし患者にしてみれば，電話をすることでそれからの行動を決めたり，心もとない状態になっているがこれでいいのかと確認をしているのである．そして，話しているうちに自らいろいろ気づいてわかっていく感じ，そして不安をやり過ごす感じの相談である．

　不安な状況で電話がかかるのはとくに夕方が多い．統合失調症やうつ病，境界例の人からの電話が多い．医療的なかかわりの比重が大きい患者の生活のサポートというだけでなく，病状の悪化を防ぐいわばソフト救急的な役割を担っているともいえる．唯一医療機関にかろうじてつながっている場合もあるが，多くの機関にかかりながらも，使い分けをして症状がらみの強い不安を医療機関に向けている患者もいる．

　どこの機関にも，こうした電話相談で頼りになる職員がいると思う．このような支援は地域生活支援センターがやる仕事，あるいはクリニックや他の機関がやることというように強いて区分けする必要はなく，むしろ診療所も地域の一資源と考えるべきだろう．

2）PSWの役割と課題
　診療所のPSWの役割と課題を整理すると以下のようになろう．
(1)相談援助活動
　PSWは診療所の外来機能においても，また，リハビリテーション機能においても重要な役割を担っている．医療の場に登場してくる当事者は，不安，自信喪失，信頼感の喪失など多くの困難をかかえている．PSWは当事者との間に基本的な信頼関係を築くように努め，彼らが安心して相談でき，心安んじて来られる場（たまり場）を確保することなどを通して，生活者としての主体性を回復するための支援を展開するという視点が重要になる．ここでは，PSWは電話相談だけでなく，病気かどうかという相談から日常生活の問題に至るまで，気軽に，安心して相談できる役割を担う．
(2)チーム医療の実践と他職種との連携
　診療所も医師や他の専門職，事務職などとともにチーム医療を行っている．

PSWはそのチームの一員として,治療や生活支援のコーディネーター役を担う必要がある.そのためには,まず所属する機関の職員同士の信頼関係を築くことが重要であろう.

　診療所は1人職場のことも多いため,代わりがいなくて休めないことがあったり,チームワークがうまくいかずに孤立してしまうこともあるかもしれない.規模は小さくとも1人何役もこなすことになるので,労働条件にも厳しいものがある.慣れるのには経験が必要だが,診療所や自分の持ち味を生かしながら,さらに活動を広げていける可能性をはらんでいる.

(3)他機関・地域との連携

　緊急入院や,社会復帰施設や諸サービスの利用など,診療所自体が他機関との連携なしには成り立たない.そして,その連携の窓口を担う職種がわれわれPSWなのである.連携とは,地域のなかで各機関が相互補完的な役割を担い,有機的につながることによってはじめて可能となる.さらにいうならば,各機関の窓口となる人と人のつながり(信頼関係,親密さ)が連携をより有効にする.入院が必要な場合には,まず精神科病院との連携が必要であり,退院後の生活支援を見通した連携であることが求められる.また,当事者を生活者としてとらえ,その生活問題を解決するために,地域の地域生活センター,社会復帰施設や保健所・市区町村とも連携する.さらには,安心して暮らせる地域づくりのために,当事者運動との連携も視野に入れる必要があろう.

(4)新たな課題

　時代の要請のなかで,就労支援や休職者の職場復帰,地域の社会資源とつながらず引きこもっている統合失調症等の患者への訪問看護などに,試行錯誤しながら取り組んでいる診療所も増えている.PSWはこのようなニーズに対応し取り組むための中心的な存在だといえる.また地域で,いわゆるスーパー救急病棟をもった精神科病院ができたりすると,地域の連携の姿も大きく様変わりしてしまうことが考えられる.そのような新しい動きにも関心をもちながら的確に対応していくことが求められる.

　今後も,多くのPSWの仲間が増えることが予想される.地域福祉活動が大きく展開するこの時期,診療所で働く仲間がさらに増えていくことを望んでやまない.

[児玉照彰]

文　献
1) 浜中利保,他:精神科診療所におけるソーシャルワーカーの役割を考える―地域での生活を支えるための相談業務の統計から・三家クリニック.病院・地域精神医学,128号,1997.

参考文献
1）特集・精神科クリニック最前線．臨床精神医学，26(8)，1997．
2）窪田　彰：精神科外来診療．臨床精神医学講座20―精神科リハビリテーション・地域精神医療，中山書店，1999．
3）日本精神神経科診療所協会編：こころの健康案内―メンタルクリニックガイドブック．中央法規出版，1998．
4）精神科診療所の地域ケアに関するアンケート調査報告，社団法人日本精神神経科診療所協会地域福祉デイケア委員会，2006．

4　精神科デイケアにおける活動の実際

1／精神科デイケアとリハビリテーション

　精神科デイケア（以下，デイケア）の歴史は，カナダのキャメロン（Cameron, E. D.）によるマクギル大学でのデイホスピタル（1946年）と，ロンドンでビエラ（Bierer, J.）が行ったマールボー・デイホスピタル（1948年）におけるソーシャルクラブに端を発している．わが国においては，国立精神衛生研究所（当時）での試行的実践研究やいくつかの病院での実践を経て，1974（昭和49）年に「精神科デイケア料」が診療報酬化されて以降徐々に増加し，現在では1,380か所（2004［平成16］年6月30日現在）でデイケアが行われている．

　わが国におけるデイケアの驚異的普及は，施設ケアから地域ケアへの移行の流れ，医療法改正による「精神科デイケア料」の増額，リハビリテーション理念の普及，できる限り本人の望む場所で本人の望むかたちでの生活支援をめざすノーマライゼーションの具現化に向けた努力，人権思想の普及などが相互に影響した結果と考えられる．

1）自らの責任で生きることの勧め

　長期入院がもたらす問題として，自己主張・自己決定の諦め，受け身的生活，責任性の少ない日常生活，社会性の後退などが指摘されている．デイケアにおけるリハビリテーションアプローチは，これらの課題に取り組むことから始まる．そこでは，デイケアの通所メンバーが自分の意見をいいやすい環境づくり，メンバーの意見を取り入れたプログラム活動の実行，少数派の意見を重視する民主的運営，特別の場ではなく普通の現実社会に近い環境の提供，個別性重視の実践などをめざす．そのなかから，自らの責任で行動する習慣が育まれ，自己決定の重要性が理解されていくのである．

2）人として普通の生活・普通の感覚の体得

長く施設に暮らすということは，生活のリズムや様式などを施設に合わせることであり，長く患者であるということは，世話をされる役割や受け身的立場に長く身をおくことでもある．デイケアでのかかわりの目的は，リハビリテーションの理念である社会的復権を果たすことであり，スタッフはそのための援助を行うことが第一義的役割となる．普通のその年齢の人びとと同様に，仕事や恋愛や社会的活動を行うことを当たり前のことと認識し，それができていない状況に疑問をもち，行動するように支援し，励ますことが重要になる．

2／精神科デイケアの活動内容

上述したような主体性を重んじたデイケア運営を行うためには，日々の活動への主体的参加，メンバー間の自由な交流の促進，双方向からのコミュニケーションや役割分担と責任の分担などが促進される場づくりと働きかけなど，さまざまなかかわりが必要となる．

1）主体性を重視する方向での活動

筆者がかかわっていたデイケアでは，ジョーンズ（Jones, M.）が提唱した治療共同体の概念に基づく全体集会（コミュニティミーティング）を運営の中心的決定機関と位置づけた．そのうえで，プログラムの改廃，非常勤職員や見学者の受入れ，行事の決定，グループ活動場面で生じた問題点の解決など，さまざまな問題を，できる限り全員参加を求め，全体集会で討議して決定する努力をしていた．

準備されたプログラムに参加するだけの受け身的参加ではなく，やってみたいプログラムを提案し，参加メンバーを募り，提案者としての責任を果たしていく——．その過程で不安や心配や喜びを体験することになるのだが，最初のころは，スタッフに解決策を求めたり，プログラムをつくるのはスタッフの役割だと責めたりするなど，スタッフに依存する場面もみられた．自分の本当の希望と微妙にずれる点を我慢すれば，他者に委ねてやってもらうほうが，責任を追求されるという重荷からは逃れることができる．「責任を負う」という慣れない仕事に勇気をもって取り組むことを励まし，支え，メンバー自身が問題に直面し，解決に参加する過程を共に歩むことが，スタッフの役割であると考えていた．

2）相互交流の促進を意図したグループワーク

デイケアの利点は，自らの意思で通うことを選択し，社会の普通の人と同じように公共の交通機関を使って通い，グループでの活動に参加し，他の人と交

流できること，といえよう．入院中も，作業療法やレクリエーション活動に参加することで入院仲間との交流を図ることはできる．しかし，それらは病棟で決められた日課として準備されているために，自分で選び，自分で決めたという意識は低く，ある程度回復してきた人には受け身の活動となる．また，院内という特殊な，守られた空間での活動である点で，普通の暮らしとはかけ離れている．

　デイケアの主な目的は，自らの人生を自らの責任で生きる体験をすることである．みんながやってみたいことや挑戦してみたいことを提案し合い，設備や費用等の条件を考慮しながらプログラムとして準備する．

　はじめてラケットを握り，思ったように動けずに悔しい思いをしたり，野菜を切って料理をつくり，仲間とワイワイ感想を語り合いながら味わったり，会計を引き受けたものの収支が合わずに焦ったり，友達ができて，帰りに喫茶店に寄ったりなど，ちょっとした出来事が人生経験として積み重なり，自らの力を信じる機会となっていく．

　日課としてのプログラムは，それぞれの地域性や，スタッフやメンバーの特技や興味を生かして組み立てれば，デイケアごとにユニークなものができ上がる．その際重要なことは，その活動過程でどの程度の相互交流が図れるか，である．デイケアのメンバーは，対人関係に臆病だったり，人とのつき合いが苦手だったりする人が多い．グループが安全な場であること，仲間と一緒にゲームやスポーツをすることは楽しいことなどを，スタッフも共に楽しみながら伝え，育てていけるかどうかがポイントである．

3／精神科デイケアのスタッフ構成とチームワーク

　デイケア施設としての認可条件としては，専用施設面積や利用患者数および従事者等に関する施設基準が設けられている．従事する職員に関しては，患者数が1日50人を限度とする「大規模デイケア」では，精神科医および専従する3名の従事者（作業療法士またはデイケアの経験を有する看護師のいずれか1名，看護師1名，PSWあるいは臨床心理技術者等が1名）の計4名が必要である．1日30人を限度とする「小規模デイケア」では，精神科医および専従する2名の従事者（作業療法士，PSW，臨床心理技術者等のいずれか1名，看護師1名）の計3名が必要条件となっている．

1）チームワークを生かしたかかわり

　デイケア設置基準の職員構成には，多様な職種があげられている．医学，看護学，ソーシャルワーク，臨床心理学等，さまざまな教育背景をもつ人びとの多様な視点は，さまざまな個性や生活史・価値観をもつ多様なメンバーとのつ

き合いや援助にとって有効である．たとえば，あるメンバーがデイケアをやめたいといったときに，スタッフミーティングで検討することがある．自立に向けての一歩なのか，誰かともめ事があったのではないか，家族が費用の点で困っていないか，社会関係を拒否し引きこもろうとするサインではないか，心のなかで変化が起きようとしている前兆かなど，各場面での本人の状況報告をもとに，それぞれの専門性を生かした複眼的な視点により考察を深めることができる．

2）カンファレンスの活用

1人の職員がすべてをこなし大きな力をもつ構造ではなく，多様な専門的観点や個々のスタッフの考え方や文化に基づいて状況を検討し，チームワークによる働きかけを行うことで，メンバーの個別性や希望に配慮した援助が可能となる．チームワークを機能的に展開するには，民主的なグループの日常的運営とともに，カンファレンスや事例検討会を積極的に活用することが有意義である．

当然ではあるが，カンファレンスでは，ベテランも新人も互いの意見を率直に述べ合うことが重要である．経験の浅い人の新鮮な疑問が新しい解釈への糸口となることもあれば，援助における最も重要な課題を問い直す機会となるなど，業務の振り返りや学びの機会として活用することもできる．

4／精神科デイケアにおける援助の視点

デイケアでの援助の重点課題は，これまで生活や人生上の重大な決定を職員や家族・知人に委ねてきた人びとが，いかに自己決定に参加して，自己の生き方の主導権を取り戻していくかにある．

1）選択と自己決定の実行に向けての援助

デイケアの利用にあたり，積極的で動機づけがはっきりしている人はあまり多くはない．職員や家族に強く勧められて利用を決めたり，自らの内なる偏見をかかえたまま精神障害者グループに参加したり，就職がむずかしいので当面の過ごし場所として仕方なく選んだりと，消極的な気持ちからの利用が多くみられる．まずはその気持ちにつき合い，受け止め，利用の目的や意志を一緒に考える過程から始め，活動としての日課を考案し，プログラムを作成する作業，その運営に関するさまざまな事柄を共に検討する機会を重ねていくなかで，自己決定が促進される．

2）自己を大切にした生き方の体験

やる気がないように，あるいは人生を諦めて人任せにしているようにみえる原因としては，自ら選択し，達成したときの感動をもてずにきた過去の人生や，治療の副作用，あるいは社会の偏見に押しつぶされ，力をなくしてしまった生活史等の関与が考えられる．欠点を指摘して改善を求めるという援助の進め方ではなく，メンバーのもつ可能性や長所・利点を生かす方向での援助展開，すなわち近年よくいわれる「ストレングス視点での働きかけ」が重要になってくる．グループ場面で自分の作品をほめられたり，卓球が上達したり，仲間との旅行で素晴らしい体験をするといった過程で，人生が少し楽しくなり，自信を回復し，自己肯定感を高めていけるようなかかわりを意図し，プログラムを組み立てることが望まれる．

3）他者との交流・相互支援の促進

プログラムは，メンバーが楽しめるもの，新しい体験をもてるもの，季節の変化を感じることができるもの，社会生活技能の上達が図れるもの，仲間に関心をもち交流が促進されるものなど，さまざまなもののなかから，地域性や予算その他の条件等を考慮して決めればよい．重要なのは，プログラム展開過程での仲間との交流・協力である．体験を分かち合い，自分たちの希望を意識化し，それらを盛り込んだプログラムを準備できれば，職員への依存が軽減され，主体的な文化が育まれていく．仲間とともに活動することの価値を理解し，共同で活動を展開していく習慣を身につけることができれば，地域生活における相互支援の実現が可能となる．

5／住民としての暮らしの支援

本人の望む場所で，できるだけ本人の希望に沿った生き方を支援するノーマライゼーションの実行は，徐々に浸透しつつある．このノーマライゼーションの理念は，障害者だけでなく高齢者も，また一般市民も望む方向であり，すべての人にとって大切な指標である．

1）家族との協力関係の樹立

多くのメンバーが家族と一緒に生活しているが，家族の態度や対処の仕方，精神障害者観，日常のケアによる疲労感等は，デイケア通所者の生活の安定と変化に大きな影響を与える．症状が激しかった過去の出来事を引きずった葛藤関係や，障害者と家族に対する社会の偏見のために家族自身が疲れきっている面もみられる．家族に病気や治療の知識と対処法を学んでもらい，負担感の軽減をめざしたサポートや，家族同士の自助グループづくり等を支援する心理教

育的アプローチの有効性が研究され，わが国においても普及しつつある．PSWには，家族の負担を軽減し，生活の支援者として協力関係を維持していくことが望まれる．

2）他機関との協力，他資源の活用

　デイケアのなかでの変化を他の場面にも広げていくことが社会化の一歩である．他のデイケアや小規模作業所等とスポーツの交流試合をしたり，文集を交換したりすることなどは，所属意識を高め，社会圏の拡大に役立つ．また，他機関や資源についての情報を得ることで，広い視点でものごとをとらえることができるようになり，新しい世界に飛び出すきっかけとすることもできよう．

3）地域に開かれた活動

　デイケアで培った明るさや自信，仲間意識などを地域における普通の生活場面で生かすことを意識した，開かれたデイケア実践が重要である．日ごろからこの目的に向けて相互に支え合う経験や，相談援助の主体的活用，地域との交流等を重視していれば，閉鎖性の予防にも役立つ．PSWは，自己決定の尊重，多様な価値観・生き方の受容と支援を実践し，デイケアを社会に開く役割と責任をもつ．

6／精神科デイケアにおけるPSWの役割

　「精神保健福祉士法」には，その役割として，精神障害者の社会復帰に関する相談援助や日常生活に必要な訓練その他の援助を行う業務に従事することが明記されている．デイケア場面における各専門職の役割を明確に区別することはむずかしい．時には互いの職域に侵入しつつ，高い専門性を求められる場面では専門的助言を交わし，より望ましい援助に向けて模索し協力することになる．

1）地域生活援助と自己決定への支援

　チームを形成している職員は，職種を問わず，それぞれの専門的知識と技能をもって社会参加の促進に協力すべく努力している．PSWが援助過程でとくに重視する視点は，メンバー自身が生活の仕方を自分で選び，決め，責任を引き受けるように支援していくことである．

　最近，退院促進強化に伴う地域移行支援への取組みが展開されているが，地域移行後の日中の生活の場として，精神科デイケアや作業所通所をまず勧めているという話を聞くことがある．メンバー本人の本当の気持ちはどうなのだろうか．最初に利用を勧められたときの本人の不安や迷いを気遣い，その思いに

ていねいに寄り添い，受けとめることが優先されるべきである．メンバーが情報や他者の意見を参考にしながら，自分で情報を整理し，考え，決定していく過程に，じっくり寄り添うことこそ大切である．その自己決定に至る支援の過程を経てこそ，メンバーは元気と自信を獲得していけるのである．

2）社会的存在としての復権への協働

デイケアでのメンバーの話を聞いていると，日常場面で細かく指示・干渉されていたり，困った存在とみられていたりするらしいと感じることが少なくない．

デイケアで活動を楽しみ，友人を得ることができ，小さな役割の遂行や成功体験を重ね，生活技能が上達すると，メンバーは表情が明るくなり元気が出てくる．病気や生活経験の少なさを問題視され，問題点を改善することを求められていた状況に比べ，得意とすることが増えて元気が出る環境は，まさにエンパワーにつながる．世話をされることが多い患者という役割から，自分の責任で生きる生活者としての役割への転換は，価値ある存在，責任ある存在として社会に認知されていく一歩である．

今なお偏見の強い社会のなかで，メンバーが社会参加の場を得て固有な存在としての役割を果たせるように支えること，および社会的復権と障害の軽減や役割拡大に向け，さまざまな機会を提供し，協働していくことがPSWに期待されている．

3）地域との連携

メンバーが地域に住み，デイケアという活動参加と地域生活の拠点を得て元気を回復したとしても，デイケアという限られた場所だけでの自己実現では不十分である．デイケアで獲得した小さな自信や経験，困ったときの援助の求め方やその他の生活技能，知りえた人脈や資源の活用等を，日々の生活においても実行可能にするための環境調整・改善が重要である．日ごろから地域を視野に入れたデイケアの運営を行うとともに，家族との協力，地域との連携を心がけるべきである．

すなわち，地域住民との関係において精神障害者問題への理解，協力を求めるとともに，心の健康に関する市民教育への参加を促進し，共に生きる社会づくり，地域全体のこころ豊かな暮らしの実現をめざす点に，PSWの役割と意義があると考える．

〔松永宏子〕

参考文献
1) 精研デイ・ケア研究会編：改訂 精神科デイ・ケア．岩崎学術出版社，1997．
2) 精神保健福祉士養成セミナー編集委員会編：改訂第3版 精神保健福祉援助技術各論．精神保健福祉士養成セミナー第6巻，へるす出版，2006．

5 精神科救急病棟における活動の実際

1／「精神科救急入院料」算定病棟について

わが国の医療の潮流である入院中心医療から地域中心医療への変換は精神医療にも求められ，「早期治療」「早期退院」が進められている．その一環として精神科救急医療体制の整備があり，1996（平成8）年には，精神科急性期治療病棟で行われる医療が評価され，はじめて診療報酬の算定対象となった．この算定要件として，質の高い精神科急性期医療を担保するための厳しい施設基準が設けられたが，その基準の1つとして，専従の精神保健福祉士（以下，PSW）ないし心理技術者を1人以上配置する必要があることが明記された．

また2002（平成14）年には，診療報酬体系の特定入院料として「精神科救急入院料」が創設されたが，これも2008（平成20）年に改正されている．その条件は精神科急性期治療病棟入院料以上に厳しく，取得できる精神科病院は全国的にも限られ，2008年10月現在50にも満たない病院数である．

表3-2と表3-3に，「精神科救急入院料」の施設基準，算定要件，人員配置基準等を示す．ここにあるようにPSWを2名以上常置することを求めており，精神科救急・急性期医療の現場でPSWの存在が不可欠であることが制度上認められたことになる．

精神医療における精神科救急入院料算定病棟（以下，精神科救急病棟）の役割は，「いつでも病状悪化したときには入院し，手厚い治療を受け，早期に退院してもらう」ことである．それを可能にするためにマンパワーを充実させ，より細やかな治療を提供できるように体制を整備することが求められている．

その条件を具体的にみてみよう．

(1) 設備面

病床の半数が個室で，休養できる環境を備えていることが必要．また常時，緊急的に検査ができる体制も備えていなければならない．

(2) 医療提供の体制面

精神科救急システムに参画し，時間外・夜間・休日の診療実績が年200件を超えること，3カ月以内の再入院者は算定できないこと，新規入院患者に関しては3カ月以内の在宅退院率も決められている．また，医療保護入院以上の非自発的入院が年間6割を超えるという条件もあり，常に重い病状の患者を受け

表3-2 精神科救急入院料（設備基準等）　　　　　　　　　　　　（2009年4月現在）

項　目		精神科救急入院料　1	精神科救急入院料　2
点数	入院後30日以内	3,431点	3,231点
	入院後31日以上	3,031点	2,831点
病院常勤		精神保健指定医5名以上	
病棟常勤		精神保健指定医1名以上	
		医師16：1以上，精神保健福祉士2名以上	
看護職員数（常時）		看護師　常時　10：1以上	
夜勤帯の職員		看護師　常時　2人以上	
併存する精神科病床		精神科病棟入院基本料1〜4または特定入院料	
1看護単位		60床以下	
病棟隔離室		隔離室を含む半数以上が個室	
検査体制		必要な検査，CT撮影が必要に応じて速やかに実施できる体制	
精神科救急医療システム		・全入院形態の受け入れが可能 ・時間外・休日・深夜受診件数（電話再診を除く）が年間200件以上 　または以下の地域における人口万対2.5件以上 　イ．所在地の都道府県 　ロ．1精神科救急医療圏と1基幹病院が対となって明確に区分された圏域がある場合は当該圏域	

入れる体制が求められることになる．

(3)人員配置面

　医師は16：1以上と，精神科特例ではなく通常の基準で設定されており，なおかつ病院全体に精神保健指定医が5人以上，当該病棟には1人以上専属がいることと決められている．

　また，看護師は10：1以上で，夜勤の時間帯も2人以上と充実した看護体制をとることが求められている．

　PSWは，前述のように2人以上となっており，期待されている役割が大きいと考えるが，現場のPSWからは，60床では3〜4人必要との声もある．

　このように精神科救急病棟では厳しい条件が課せられるが，適切かつ手厚い医療を受け，早期に退院することで，入院生活が長期化することによる家庭や職場，社会におけるポジションの喪失や社会からの孤立を防ぐ効果を上げることをめざしている．実際算定要件では，「入院から起算して3カ月を限度として算定する」こととしている．

表3-3 精神科救急入院料 (対象患者 & 算定要件)　　　　　　　　　　(2009年4月現在)

	項　目	精神科救急入院料　1	精神科救急入院料　2
対象患者	患者構成	年間の新規患者の6割以上が措置入院，緊急措置入院，医療保護入院，応急入院，鑑定入院および医療観察法入院	
	新規患者	以下の地域における措置入院，緊急措置入院および応急入院の患者（都道府県等地域の年間新規発生患者の4分の1以上，または30件以上の患者の受け入れ） イ．所在地の都道府県 (政令市の区域を含む) ロ．1精神科救急医療圏と1基幹病院が対となって明確に区分された圏域がある場合は当該圏域	
		入院前3カ月間に保健医療機関の精神科病棟に入院していない患者	
		新規入院した患者で入院期間が3カ月以内の患者	
	算定対象外患者	精神科病棟入院基本料2（15対1）を算定	
算定要件		1カ月間の当該病棟新規患者入院延べ日数／1カ月間の当該病棟の全患者入院延べ日数≧4割	
		措置入院，鑑定入院患者，医療観察法入院を除いた新規患者のうち6割以上が入院日から3カ月以内に退院し在宅（居宅，精神障害者施設）へ移行すること	措置入院，鑑定入院患者，医療観察法入院を除いた新規患者のうち4割以上が入院日から3カ月以内に退院し在宅（居宅，精神障害者施設）へ移行すること
		入院日から起算して3カ月を限度として算定	

2／PSWの具体的業務

前述したように精神科救急病棟ではPSWの常置が義務づけられている．その具体的な業務は下記の通りである．

1）入院受け入れ

①予診：新規患者の場合には，問診票をもとに家族構成やこれまでの経過を社会的な背景を交えながら聴取し，経過記録（カルテ）に記載する．
②入院診察：入院形態について把握し，保護者の確認および告知が行われていることを確認する．
③アナムネ：家族問題や経済問題の有無を確認し，必要な対策について検討する．
④「入院」についての説明：入院手続きや病院内，病棟内の構造，入院生活など，さまざまな事柄について紹介や説明を行う．
⑤保護者選任の説明：保護者が必要な患者に必要な説明や援助を行う．

⑥受容，共感：新しい環境に対する患者本人，および家族の不安や心配を受け止め，共感，ねぎらい等の支援を行う．

2）入院中の援助
　①傾聴，受容，共感により不安や心配の軽減を図る．
　②退院，処遇改善請求の相談や利用援助を行う．
　③療養上の相談，援助を行う．
　④病棟内作業療法やレクリエーションへの参加を働きかける．
　⑤家族への働きかけ，調整を行う．
　⑥入院形態の切り替えが必要な場合はその旨説明する．
　⑦経済問題の調整等，必要な援助を行う．
　⑧退院後の生活に向けた指導，援助を行う．
　⑨社会資源の紹介，検討，調整を行う．
　⑩入院時・中間・退院時の病棟カンファレンスに参加する．
　⑪朝の申し送りに参加する．
　⑫退院前から訪問看護の導入を検討する．
　⑬多職種間での情報共有を図る．

3）退院援助—退院前1～2週間
　①自立支援医療，精神保健福祉手帳等，利用できる制度の検討，最終確認を行う．
　②本人の意思確認や利用する社会資源との連携など，さまざまな環境調整を行う．

　以上は，病棟専属のPSWが日常的に行っている具体的な業務を，患者の入院以降の時間的経過で整理し，列記したものである．病棟専属のメリットとしては，病棟で行われている朝の申し送りや，その直後のカンファレンス等に必ず参加しているために，患者に関する情報量が多く，同時に多職種間での情報共有が容易なことがあげられる．また，ナースステーションのドアを開けるとすぐそこに患者の病室があるため，介入しやすいことも利点の1つである．
　入院時の診察場面にPSWが立ち会い，新鮮な情報を得てかかわりをもつことにより，患者や家族がかかえている課題の整理や環境整備を比較的スムーズに行うことができる．病状により大切なものや人間関係を失って入院してくる患者もいれば，経済的な問題をかかえたまま，どうする術もない状況で入院してくる患者，さらには家族関係が悪くなっている患者，身元不明の患者など，その患者像は実にさまざまである．なかには自分がおかれている状況を正しく理解できずに，強い不安感をもっている患者も少なくない．このような患者の

ためにも，治療と同時に，PSWの早期介入による社会的課題の整理や環境整備，制度利用援助が不可欠となる．

　また，入院時より退院後の生活を見据えた援助が必要なことから，早期からケースワークの視点でニーズアセスメントを行うことができるのも，病棟に常勤するメリットである．このアセスメント後は，PSWとして思い描く仮のプランを立て，本人や家族，病棟スタッフとも相談しながら正式にプランを立てていく．そのプランには，退院後の社会生活を見据えて必要と判断される支援のうち，退院までにできることを盛り込んでいくことになる．

　しかしながら現実には，入院期間が限られ時間的制約があるなか，対処すべき課題の多さから，問題に介入しながらアセスメントを行っているのが現状である．

　患者の病状が改善され，休養期からリハビリテーション期に入ると，現実問題としてどのような生活をしたいのかを，一緒に考えることができるようになる．状態に応じて多少の調整は必要になってくるが，リハビリテーションが必要な患者には，デイケアや外来作業療法につなぐかたちで，院内での試行からスタートする．また，地域生活支援や就労支援が中心になる患者には，相談支援事業所や地域活動支援センター，就労支援事業所に関する情報提供を行い，見学に同行する場合もある．また，訪問看護や介護ヘルパーの導入を検討することもある．

　これらのつなぐかかわりにおいては，社会資源があるから使うという「当てはめ」や「丸投げ」は避け，本人の希望とつなぐ先の状況を詳細に把握し，「細やかにつないでゆく」必要がある．利用を急ぎすぎると，「当てはめ」になりがちである．しかしそのような方法では，経験上，うまくつながらないことが多い．関係性を大切にするPSWとしては，ことのほか大事にしていきたいことの1つである．

　病棟専属のPSWは，所属病院のシステムにもよるが，退院後の援助は別のPSWにバトンタッチしなければならない．退院が間近になれば，それまで自分が行ってきたことはもちろん，関係性もバトンタッチすることになるが，それらを切れ目なくつないでいくことも精神科救急病棟専属PSWの大切な業務の1つである．

3／精神科救急病棟のPSWとして心がけていること

　精神科救急病棟専属のPSWとして，病棟の特性をふまえ心がけていることをアトランダムに整理すると，以下の7点になる．

(1) 救急医療特有の混乱した環境の整備に努め，とくに患者家族への心理的サポートに力を入れる

(2) 入院当初から退院後の生活をイメージし，本人・家族のニーズの理解に努め，そのニーズをふまえて，どのような生活ができそうかを一緒に考える．
(3) 3カ月以内という入院期間は短く，医師や看護師の流れに押されて話が早く進んでしまうことが多い．そのペースに巻き込まれないよう常に冷静さを保ち，立場上いうべき意見はきちんというようにする．
(4) 病棟内の多職種間で同じ価値観，共通用語を持ち合わせているわけではない．「すき間を埋めていく」役割を引き受け，連携の強化に力を注ぐことにより，患者や家族が被る不利益を最小限にする．
(5) すべてをタイムリーに行わなければならず，そのタイミングを逃すと大きな痛手を被ることがあることを忘れずに，「時は金なり」を実践する．
(6) 情報収集は常に積極的に行う．しかし，情報は時に独り歩きし違う話に変わりやすいことを忘れずに，常にアンテナを張り巡らして小さな情報も見逃さず，多方面からの情報をもとに「何が正しいか」を見極める癖をつける．
(7) 入院以前にその人がもっていたフォーマル，インフォーマルな社会資源や能力，強みを失わせず，むしろ育てていくことでその後の生活に生かせるように支援する．

　精神科救急病棟は，病院にとっては経済効率が高く，患者にとっても充実した治療環境のなかで集中的な治療が受けられ，短期間で退院をめざせることから，双方に大きなメリットがある．しかし，3カ月以内の退院をめざすあまり，いわゆる「回転ドア」になる危険性も否定できない．PSWにとってはこのリスクをふまえたうえで，「治療」に「生活」を食い込ませつつ，いかに患者・家族のニーズを的確に把握し，患者本人の「自己決定」をサポートしていくかが最大の課題になると考える．間違っても，当てはめや丸投げの「交通整理」をしないように気をつけたいものである．

　この先，精神科救急病棟はさらに増えていくことが予想される．そこでPSWに期待される役割は大きく，とくに一緒に働く仲間からは，数多くある社会的問題の解決と社会資源へのつなぎを期待されていると考える．それらを業務の1つとしてとらえながらも，やはりPSWの専門性であるソーシャルワーク実践を精神科救急病棟においても常時，堅持していたい．

〔澤野文彦〕

6　認知症高齢者支援における活動の実際

　わが国では高齢化が急速に進み，2007（平成19）年には世界に先がけて超高齢社会（65歳以上人口が人口比率21％以上）に突入している．そのなかにあって認知症高齢者数も急増しており，有病率は65歳以上の人の4～6％，85歳以

上を超えると4～5人に1人が認知症をかかえるといわれている．つまり，わが国では百数万の人が認知症高齢者ということになる．また，最近の厚生労働省の調査によれば，1996（平成8）年から2005（平成17）年までの9年間で認知症の入院患者が43,000人から83,000人と倍増し，精神医療機関等に入院もしくは通院している患者は約32万人と推計されている．

　本節では医療機関における認知症高齢者へのかかわりのうち，主として認知症病棟における精神保健福祉士（以下，PSW）の活動の実際を取り上げるが，2008（平成20）年度に新設された「認知症疾患医療センター」についても若干ふれておきたい．

1／認知症病棟について
1）施設の概要
　認知症病棟は，認知症の中核症状である記憶・見当識障害などに加え，幻覚・妄想・せん妄などの精神症状や徘徊・異食・暴言・暴力等の問題行動が著しい重度の認知症疾患患者を，急性期から入院させ，集中的な医療を提供する病棟である．1病棟の定員をおおむね40人から60人とし，そこに看護職員6：1，介護職員5：1，専従の精神科医師1人，作業療法士1人に加え，1人以上のPSW（または臨床心理技術者）も専従配置となっている．

2）PSWのかかわりの視点
(1)個別性の尊重

　高齢になるほど認知症の出現率は高くなってくる．かかわる者としては，私たちが出会う認知症高齢者が生きてきた時間の長さ，生の重みを，まずは厳粛に受け止めなければならない．長年にわたり社会生活を営んできた人の生活史は，それぞれに多彩であり，家族や友人，知人とのかかわり方も千差万別である．職場や地域社会での役割も，その人の年代や地域によって違いがあろう．時代や社会状況の混乱や変化に翻弄された人生もあるだろう．認知症という目の前の事象にとらわれず，その人のもつ歴史性，全体性，そして何よりも個別性を理解しようとする姿勢が大切である．

(2)自己決定の原則

　認知症高齢者の自己決定能力には，もちろん個人差があろうが，病気の特性上，そしてそれに起因する生活上の困難性から，自己決定を問うことがきわめて厳しい現実がある．しかし，PSWの存在基盤である「クライエントの自己決定の原則」を，認知症の人だからといってなおざりにすることは許されない．それを保障するためのかかわりこそが，PSWの目標であり，存在意義であることはいうまでもない．

(3)権利擁護

　問題行動と呼ばれる症状を呈する認知症の人には，虐待，抑制，身体拘束という権利侵害の問題がつきまとう．危険防止や安全確保の名目と人員不足の前に，抑制廃止の行政指導も画餅に帰すばかりである．介護施設や一般病院では抑制が許されないために，精神科への入院を希望する例も決してまれではない．このようななかにあって，精神障害者の人権を擁護する立場のPSWは，そこから目を背けることなく，認知症の人の人権について他の医療スタッフに対して積極的に発言し，よりよいケアの実現に貢献していかなければならない．

3）活動の実際

(1)電話相談

　電話相談では，主として受診や入院に関するものが多い．家族への暴力や虐待など，緊急に対応せざるをえない事例もあり，そのような場合はベッドの確保や院内関係者の調整だけでなく，地域関係機関と連携して速やかな危機介入を図らなければならない．

(2)インテーク

　入院相談に関しては，当事者の心身の状態，ADL（日常生活動作），入院を必要とする問題行動，家族の事情（介護力，地域や近隣の様子，現在受けている介護サービスの内容など）を聴取し，入院システムの説明，入院病棟の見学・案内などを行う．認知症高齢者の入院の場合，家族は施設入所や一般病院への入院と同じ感覚でいることがあるため，精神保健及び精神障害者福祉に関する法律（精神保健福祉法）上の入院であることや保護者選任手続きや入院費用の説明などを前もって行っておく．逆に精神科病院に「すぐくくられる」「薬漬けにされる」などのイメージをもっている相談者には，不安を除き，正しい認識をもてるように説明する．

　また入院相談で来院しても，介護サービスなどの説明を行っていくなかで在宅介護を選択する家族もいる．その場合は関係機関の紹介・連絡を行い，介護負担の軽減を図り，本人および家族の生活の質が保障できるように取り計らう．

(3)入院時面接（入院時面接票の記入）

　入院に際しては，入院費用や各種手続きの説明を行うだけでなく，経済的問題や扶養あるいは直接的な世話をめぐり家族間で齟齬(そご)はないかなども探る．生活史の聴取にあたっては，認知症特有の不自由さが日々の暮らしのなかで具体的にどのようなかたちで現れたのか，また一人ひとりの高齢者たちがどのような場で暮らし，どのような人生を送ってきたのか，どんな人たちとどのような

関係を結んできたのかなどを，できる限り知っておく．このような背景を知り，他のスタッフとこれらの情報を共有することで，治療やケアにおいて対象へのより深い理解や援助が可能となってくる．生活史や性格，考え方などをていねいに聴き取ることは，自己の意思を表現しにくくなった人の気持ちに沿ったかかわりの一助となろう．

(4)家族相談

入院期間中，家族はさまざまな不安や葛藤をかかえる．精神科に入院させてしまった罪責感，主介護者に向けられる他の家族や周囲からの非難，環境を変化させたことで認知症が急激に進行したことへの後悔の念，医師や看護師の治療やケアに対する不信，今後の介護への心配や不安……．その他のさまざまな相談には，秘密保持を原則に，家族の思いをまず受け止める．また家族を単に介護者・支援者とみなすのではなく，"よりよいケアをめざす介護者としての家族"ととらえて支援する．その一方で，認知症の人をかかえ，混乱し，疲弊し，悩む当事者としての家族をサポートするという重層的な視点が必要である．そのうえで，具体的な改善が必要な場合は，相談者の合意のもとに他の家族やスタッフに向けた働きかけを行う．

(5)退院相談

退院の選択肢は，在宅か施設入所である．施設入所を希望する場合は，介護者の利便性や地域性を最優先させるべきだが，経済事情をはじめとして個々人によって適・不適が異なるため，その家族特性も考慮する．申込みにあたっては，問合せや見学などをして情報提供を行う．在宅の場合は介護保険サービスの内容を説明し，家族が具体的なケアプランをおおまかにイメージできるようにしたうえで居宅介護支援事業所を選択する．ケアマネージャーやヘルパー，訪問看護師といったサービス提供者との情報交換，院内外の関係者と本人・家族を含めたケア会議の設定などは，欠かせない業務である．

(6)各種会議

病棟では連日，勤務交代時の申し送りや，患者個々のアセスメントを行い，治療や看護の方針を検討・立案するカンファレンス，退院後のケアを院内と地域の関係者が集まって検討するケア会議など，多種多様な会議が行われる．それらに参加することにより，患者の状況や背景をよく把握できるようになってくる．また他職種や他機関特有の視点や援助方法，その限界もみえてくる．そのなかでPSWの役割を再確認することも重要である．

(7)家族教室の運営

入院もしくは通院中の患者家族に対して，医師，看護師，作業療法士，PSWからなる多職種チームで，認知症に関する知識，ケア方法，利用可能な社会資源などについて説明を行う家族教室を実施する．また家族同士の交流会は，家

族の癒しやエンパワメントに有効である．いずれであっても，その運営にはPSWが関与し，活性化のための工夫を配慮しなければならない．

(8)その他

　生活機能回復訓練や回想法，音楽療法などの各種療法は，作業療法士や臨床心理士が主として担当することが多い．PSWはそれらを補佐する立場であるが，グループワークの手法により集団活動のなかから個別化を図る役割を担う．

4）今後の課題

(1)認知症病棟の入院期間は，診療報酬上の制約から3カ月以内を目標としている．そのため，入退院者の出入りが激しく，PSWの対応には，じっくり関係性を築くことより，効率のよい入退院の援助やその場その場のニーズに即応することが求められている．病院や受入施設の都合，家族の事情などが優先され，本人不在になりやすい．それだけに限られた時間のなかで，どれだけ本人の意思決定を尊重し，生活の質に配慮した取組みができるか，PSWの力量が問われるところである．

　しかし最近では，この急性期病棟であるはずの認知症病棟でさえ，長期入院化の傾向にある．入院が長期化した患者を他の精神科病棟に転棟させるケースもあり，これがさらに長期化に拍車をかけている．その要因としては，特別養護老人ホームのみならず老人保健施設やグループホームさえ長期待機者が多いこと，また在宅サービスの不足や家族の疲弊から自宅への復帰がますますむずかしくなっていることがよくあげられる．しかし筆者は，それだけではなく，入院者を常時確保していたいという経営者サイドの方針や，入退院の激しさに振り回されてスタッフが疲弊しており，退院の働きかけが鈍っていることも一因としてあるのではないかと考える．PSWにとっては，また新たな課題の出現といえよう．

(2)専従配置でチーム医療の一翼を担う立場から，抑制や身体拘束についてPSWとしてどう取り組むかは大きな課題である．少ない人手で過酷な業務に奮闘する看護や介護スタッフを目の当たりにし，直接ケアに当たるわけでも夜勤をするわけでもない私たちが異議申立てをすることには正直なところ遠慮が働く．しかし，そこを乗り越えなければ精神障害者の権利擁護を旨とするわれわれPSWの価値はない．抑制廃止に先んじている介護保険施設等の実践の工夫や技術の情報伝達を含め，適切な人員配置の要求なども視野に入れた活動が必要となってこよう．

(3)認知症患者の退院に際しては，退院先が施設か在宅かの別なく，地域関係者，関係機関との連携は必須である．とくに在宅を志向する場合は，ケアマ

ネジャーの力量が地域での暮らしを支える鍵となる．またそのケアマネジャーを支える地域の力，地域包括支援センターや地域の診療所などの存在も，生活支援の質を大きく左右する．認知症の人が地域で暮らすためには，地域の生きた情報とネットワークが必要条件である．PSWには，その情報を把握し，吟味し，つなげる役割が求められる．逆に地域で暮らす認知症の人の虐待や心身状態の悪化など緊急の対応が求められる場合には，PSWがゲートキーパーとして迅速に応じることにより，地域との信頼関係も生まれ，連携が強化されていく．また，地域関係者・機関と医療関係者・機関の連携は，個別事例を通じてのみ行われるのではなく，研修会や交流会の開催などを通して結びつきを強めていくことも，PSWが取り組むべき課題となってこよう．

(4) 認知症病棟には介護保険制度の対象年齢から外れる年齢層，とくに40，50歳代に発症した若年認知症の人も入院してくる．働き盛りの人の発症には特有の社会的問題が存在し，本人と家族が直面する精神的，社会的，経済的打撃の大きさは想像するに難くない．彼らの実情を正確に把握し，困難な状況に立ち向かう手立て，必要な援助などを共に考え，まだまだ社会の認知度が低く体制も遅れている状況を変革していく役割こそPSWに課せられた使命であろう．

2／認知症疾患医療センターについて

厚生労働省は2008（平成20）年7月，「認知症の医療と生活の質を高める緊急プロジェクト」の報告書をまとめた．そこでは，今後の認知症対策の具体的な柱として，①実態の把握，②研究開発の促進，③早期診断の推進と適切な医療の提供，④適切なケアの普及および本人・家族支援，⑤若年性認知症対策，をあげている．このうち③の1つとして，認知症の専門医療の提供や介護との連携において中核機関となる「認知症疾患医療センター」を全国150カ所に設置することが盛り込まれた．またそれに対応して，地域包括支援センター約150カ所に認知症連携担当者を配置し，認知症疾患医療センターにも常勤専従のPSWとは別に連携担当者を常勤配置し，地域における認知症医療・ケア体制の連携強化を図っていくことが大きくうたわれている（図3-2参照）．

筆者は，認知症疾患医療センターの前身ともいえる老人性認知症センターに長くかかわってきた．その経験から，認知症疾患医療センターにおけるPSWの役割と課題のポイントをまとめると以下のようになる．

(1) ゲートキーパー・交通整理の役割

まずは，認知症に関するものであれば，どのような相談も受けること．そのうえで適切な機関や人を紹介する．必要と判断すれば相手先に連絡することも

	実態把握	研究開発	医療対策	適切なケアの普及本人・家族支援	若年性認知症
現状と課題	▶正確な認知症患者数や，認知症にかかわる医療・介護サービス利用等の実態は不明	▶幅広い分野にわたり研究課題を設定しており，重点化が不足	▶専門医療を提供する医師や医療機関が不十分 ▶BPSDの適切な治療が行われていない ▶重篤な身体疾患の治療が円滑でない	▶認知症ケアの質の施設・事業所間格差 ▶医療との連携を含めた地域ケアが不十分 ▶地域全体で認知症の人や家族を支えることが必要 ▶認知症の人やその家族に対する相談体制が不十分	▶若年性認知症に対する国民の理解不足 ▶「医療」・「福祉」・「就労」の連携が不十分
方向性	▶医学的に診断された認知症の有病率の早急な調査 ▶要介護認定で使用されている「認知症高齢者の日常生活自立度」の見直し	▶各ステージ（①発症予防対策，②診断技術向上，③治療方法開発，④発症後対応）ごとの視点を明確にした研究開発の促進	▶早期診断の促進 ▶BPSD急性期の適切な医療の提供 ▶身体合併症に対する適切な対応	▶認知症ケア標準化・高度化 ▶医療との連携を含めた地域ケア体制の強化 ▶誰もが自らの問題と認識し，認知症に関する理解の普及 ▶認知症の人やその家族に対する相談支援体制の充実	▶若年性認知症に関する「相談」から「医療」・「福祉」・「就労」の総合的な支援
対策	▶認知症の有病率に関する調査の実施 ▶認知症にかかわる医療・介護サービスに関する実態調査の実施 ▶より客観的で科学的な日常生活自立度の検討	経済産業省，文部科学省と連携し，とくに①診断技術向上，②治療方法の開発を重点分野とし，資源を集中 ▶アルツハイマー病の予防因子の解明（5年以内） ▶アルツハイマー病の早期診断技術（5年以内） ▶アルツハイマー病の根本的治療薬実用化（10年以内）	【短期】 ▶認知症診断ガイドラインの開発・普及支援 ▶認知症疾患医療センターの整備，介護との連携担当者の配置 ▶認知症医療に係る研修の充実 【中・長期】 ▶認知症に係る精神医療等のあり方の検討	【短期】 ▶認知症ケアの標準化・高度化の推進 ▶認知症連携担当者を配置する地域包括支援センターの整備 ▶都道府県・指定都市にコールセンターを設置 ▶認知症を知り地域をつくる10か年構想の推進 【中・長期】 ▶認知症ケアの評価のあり方の検討 ▶認知症サポーター増員 ▶小・中学校における認知症教育の推進	【短期】 ▶若年性認知症相談コールセンターの設置 ▶認知症連携担当者によるオーダーメードの支援体制の形成 ▶若年性認知症就労支援ネットワークの構築 ▶国民に対する広報啓発 【中・長期】 ▶若年性認知症対応の介護サービスの評価 ▶就労継続に関する研究

今後の認知症対策は，早期の確定診断を出発点とした適切な対応を促進することを基本方針とし，具体的な対策として，①実態の把握，②研究開発の促進，③早期診断の推進と適切な医療の提供，④適切なケアの普及および本人・家族支援，⑤若年性認知症対策を積極的に推進する．

資料：厚生労働省「認知症の医療と生活の質を高める緊急プロジェクト」報告書概要（2008年）

図3-2　今後の認知症対策の全体像

行い，相談者が諦めてしまわないように，アクセスしやすい状況をつくることが必要である．

(2) 制度・サービス利用の具体的援助

　成年後見制度，年金・手帳制度，介護保険や障害者自立支援法などの制度，サービス利用の手続きに関する説明を行うとともに，居宅介護支援事業者やサービス事業者の紹介も行う．その際は，本人や家族の力量に応じたていねいな説明や案内を心がける．

(3) 緊急対応・危機介入の判断と手立て

　虐待事例や合併症，認知症に伴う問題行動，いわゆるBPSD (behavioral and psychological symptoms of dementia) による暴力などは，可及的速やかに対応しなければならないことは自明である．しかし，相談者がこちらが考えるほどは深刻に受け止めていない場合もある．電話による聴取であってもさまざまなサインを見逃さず，適切な機関につなぐ力量が問われる．

(4) かかりつけ医や介護・福祉・保健担当者の研修

研修に関しては，テーマの設定，講師の選定，案内・広報，会場の設営など，実質的な企画・運営を担う．

(5) 地域の情報収集・地域への情報発信

地域の社会資源等に関する情報を一元化し，必要な人に必要な情報が行き渡るようなシステムの構築が必要である．また民生委員や校区福祉委員，自治会などに対しても広報活動を行い，地域の力を底上げする視点が必要になる．

(6) 地域包括支援センターとの有機的連携

地域包括支援センターがもつアウトリーチ機能や介護保険関連の情報把握機能，研修システムと認知症疾患医療センターがもつ鑑別診断，緊急対応，合併症治療等の機能が有機的につながれば双方の機能が強化される．

地域連携の要としての役割への期待が大きいPSWであるが，その前提として，相談支援の力量がすべての事業内容にからんでくると思われる．相談支援の専門職として，また地域連携の担い手として，今後いよいよその真価が問われてくることは間違いないであろう．

[柏木一恵]

3-3 地域精神保健福祉行政におけるPSW

1 地域精神保健福祉行政におけるPSWの役割

わが国の地域精神保健福祉行政は，1965（昭和40）年の「精神衛生法」一部改正による「保健所への精神衛生相談窓口設置」などが起点とされている．しかし，1964（昭和39）年に統合失調症の少年が起こしたライシャワー駐日アメリカ大使刺傷事件などが影響し，国が精神科病院への入院中心の施策を押し進めたため，地域生活支援はなかなか進まなかった．地域精神保健行政が全国規模で実行性をもつようになったのは，欧米より約20年遅れの，国際障害者年（1981［昭和56］年）以降のことである．

その後も困難の連続ではあったが，2002（平成14）年度からようやく，身近な精神障害者支援が市区町村業務となった．その後，2005（平成17）年度の「障害者自立支援法」（以下，自立支援法）の制定により，市区町村が障害者福祉（身体，知的，精神障害者支援）の実施主体に位置づけられた．本項では，「地域精神保健福祉行政」を「精神障害者の地域生活支援のための医療・保健・福祉・権利擁護等に関する行政施策」ととらえ，その担い手である精神保健福祉士（以下，PSW）の役割について述べる．

1／地域精神保健福祉行政の必要性と今後の方向

　ところで，精神障害者の地域生活支援（地域精神保健福祉行政）はなぜ必要なのであろうか．それは，精神障害者やその家族が，心理・社会・経済的に「社会的弱者」の立場におかれ続けているからである．社会的入院問題，精神障害者や家族の老齢化などによる日常生活機能の低下，貧困化など，いずれも従来から指摘されている問題だが，なかなか解消されていない．一方，近年顕在化している精神面での健康を損なう地域住民の増加や，メンタルヘルス問題との関連が指摘される社会問題の広がりも見逃せない．こうした事態に対応するために，地域精神保健福祉行政，とりわけ精神障害者の危機介入や地域生活支援および自立支援の拡充が求められているのである．

　今後の方針としては，障害者プランや社会福祉基礎構造改革等のなかで，一定の生活地域（障害保健福祉圏域）を単位とした「地域完結型の精神障害者支援」が打ち出されている．これは，一定の生活エリアのなかで入院から社会生活までの支援を完結させようというものである．実務的には，自立支援法の枠のなかで市町村がその主な担い手となり，保健所を「心の健康危機管理の拠点」に，精神保健福祉センターを「行政機能を併せ持つ専門的なバックアップ機関」とするシステム再編が進んでいる．ただし市町村は現在，合併対策の推進下にあり*，市町村の既存の社会資源や財政状況により，さまざまなサービスに地域格差が生じている．この格差問題解消のためにも，地方再編・分権の確立は喫緊の課題である．

2／地域精神保健福祉行政とPSWの役割

　地域精神保健福祉行政は，国，地方自治体（都道府県，市区町村）およびその出先である保健所（保健センター）や市区町村障害福祉課，およびバックアップ機関である精神保健福祉センターなどの機関から成り立っている．今日ではこれらの機関には，本庁精神保健福祉担当課も含め，多くの場所でPSWが働いている．その業務には，入院治療をはじめとして，社会復帰や社会参加支援などの実務，医療・保健・福祉・人権・権利擁護など，「精神障害者の社会的復権や福祉を確立するため」の施策の推進，新たな制度づくりのための企画調整に至るまでさまざまな内容が含まれている．

　「保健所」は，1965（昭和40）年の精神衛生法の一部改正により精神衛生行政の第一線機関に位置づけられたが，近年は再編が進んでいる．ちなみに，全国の保健所数は1993（平成5）年の852カ所をピークに2007（平成19）年4月に

＊　総務省はホームページ上で，2008（平成20）年8月1日現在1,787ある市町村が，2010（平成22）年3月23日には1,760市町村になると告示している．

は518カ所に減少した．保健所におけるPSWの主な業務としては，市区町村の精神保健福祉業務の実施，多面的な精神保健相談，精神障害者移送業務（精神保健及び精神障害者福祉に関する法律［精神保健福祉法］第34条）等への対応などがある．加えて最近は，災害や複雑化する地域ニーズに対応するための，広域的かつ専門的な「心の健康危機管理拠点」として機能すべく，能力アップや業務統合が求められている．

しかし，組織再編や人員不足などから，総体的には危機介入（受診・受療援助）や生活支援のための相談，訪問機能の低下などが深刻な問題となっている．

また，2002年度からは市区町村において精神保健福祉業務が実施されるようになったが，当初期待されたほど市区町村へのPSWの配置が図られなかった．それをカバーするためにも，保健所PSWの役割として，この先も精神障害者が地域で普通に暮らせるように，地域生活支援やその体制づくり推進を堅持していかなければならない．

ところで，精神障害者地域生活支援の先駆的な取組みについては，これまでは大別して2つの流れがあった．1つは保健師を中心とする「公衆衛生モデル」による地域生活支援（宮城県，群馬県，高知県など）である．もう1つは，PSWを中心職種においた取組み（神奈川県や大阪府など）である．PSWの取組みは，生活者としての精神障害者支援の視点に立った「社会福祉的モデル」として評価されて久しい．今日，PSWを配置した地域では，社会資源や地域支援体制づくりなどの面で，注目すべき成果が出ていると評価されているのである．しかし，これからは地域支援チームのなかで，保健師とPSW双方の専門性を活かした業務分担や協働を確実に進めていく必要があり，市町区村へのPSW配置は引き続き求めていかなければならない．

今後は，地域における「精神障害者支援ネットワークづくり」などの「地域援助事業（機能）」がますます重要になると考えられる．しかし，メンタルヘルスに対する住民の意識は，この40年間に変化してきたとはいえ，身近なものとして理解され，必要とされているとはいまだいえず，行政からの働きかけなしには解決しにくい面が多い．

とくに，社会復帰施設や地域生活支援ネットワークなどが身体障害者や知的障害者に対するものに比べ未整備にすぎることから，それらの充実によりいっそう力を入れていくことが重要な課題である．それゆえ，今後の保健所PSWには，個別援助の能力だけでなく「地域援助」，すなわちコミュニティソーシャルワークの能力が今まで以上に求められることになる．

「精神保健福祉センター」は，1965（昭和40）年から都道府県単位での設置が始まり，昭和40年代から50年代にかけて，精神障害者の地域生活支援を推進す

る指導的専門機関としての役割を果たしてきた．しかし，近年は精神保健福祉ニーズの多様化や行政改革に伴い，精神障害者の地域生活支援だけでなく，一般住民の心の健康問題も視野に入れた「心の健康の総合的拠点」として，さまざまな役割を担うに至っている．また，2002年度からは，精神医療審査会等の権限行使業務を担当することになり，その後は「心神喪失等の状態で他害行為を行った者の医療及び観察等に関する法律」（心神喪失者等医療観察法）による地域処遇のための調整業務なども付与され，行政機関として再スタートした．さらに，社会復帰施設機能の併設や精神科救急情報センター機能の併設などに加え，自立支援法の制定により，関連業務のバックアップの役割も付与された．

　このような精神保健福祉センターの機能から，PSWには，当初は実務能力もさることながら，むしろ高い指導性や研究能力などが必要とされていた．しかし近年は，より専門的な実務能力が求められるとともに，企画立案や調整などの「社会福祉管理運営」的な能力も期待されている．いわゆる「行政センスをもった専門家」である．さらに近年は，「本庁精神保健福祉担当課」に勤務するPSWも増え，地味ではあるが，行政施策に現場の意見等を反映させることのできる貴重な存在となっている．今後はますます，地域精神保健福祉行政の改革指向に伴い，このような分野においても「生活者」「地域福祉」に視点や足場をおくPSWの活躍が期待される．

　「地域におけるPSWの実践」は，基本的には，精神障害者やその家族の主体性を尊重することを前提にした「向き合い」から始まるものでなければならない．行政におけるPSWのスタンスもそうである．とりわけ，精神障害者の病気や障害への気づかいとともに，その人がもっている強み（希望，可能性）や地域の強み（豊かな社会資源，サポートネットワークの可能性）などに目を向けることが重要である．精神障害者は，暮らしの場である地域におけるさまざまな「出会い」や「経験」を通してこそ，自らの生き方に希望をもち，壁を乗り越えていくことができるのである．これらの視点や価値観は，「エンパワメント」「ストレングス」「リカバリー」などの新たな実践論として共有されつつある．

　精神障害者支援は経過的に，行政や民間医療機関が担わざるをえなかった．しかし，利用者を無能力者とみなすような言動や権威的な対応が，とりわけ行政のなかに根強くあったことを再認識し，今後は率先して「施策拡充や質的な転換」を図っていく必要がある．さらに，サービスの消費者としての市民や精神障害者の当事者活動の可能性にもぬかりなく目を向け，より実効性のあるものにするための支援を考えていかなければならない．それらは施策評価（モニタリング）であり，社会起業，ピアサポートやアドボケート活動などである．欧米においては，このような当事者活動が「ユーザーインボルブメント（user involvement；当事者参加）」や「クリニカルスペシャリスト（clinical specialist；臨床専門家）」として，臨床や行政，教育分野などにおいて安定的な社会的地位を得て機能しはじめているのである．

[助川征雄]

参考文献
1）吉川武彦，竹島　正：これからの精神保健．南山堂，2001．
2）助川征雄：今後の精神保健福祉業務と保健所機能について—厚生科学研究報告書．国立精神・神経センター精神保健福祉研究所，2001．
3）全国保健所長会：保健所行政の施策及び予算に関する要望書．2007．
4）精神保健福祉白書編集委員会：精神保健福祉白書2008年版—多様化するメンタルヘルスと2年目を迎える障害者自立支援法．中央法規出版，2008．

2 市区町村における活動の実際

1／市区町村の現況

　日本の地方自治体は，都道府県と市区町村からなっている．前者の数は1969（昭和44）年の沖縄返還以降47で変わっていないが，後者については，国は「地方分権の推進を図るための関係法律の整備等に関する法律」いわゆる地方分権一括法を定めるなど法律の整備を図り，市町村の合併を推し進めており，2002（平成14）年に約3,200あったその数は「平成の大合併」により，2008（平成20）年3月31日時点では1,816市町村となっている．

　1999（平成11）年の「精神保健及び精神障害者福祉に関する法律」（以下，精神保健福祉法）の一部改正により，2002年4月1日より，従来都道府県の業務であった「精神障害者通院医療費公費負担（現在は「自立支援医療」）申請及び精神障害者保健福祉手帳交付申請窓口」「社会復帰施設の利用相談，助言，斡旋及び調査」など，精神保健福祉業務の一部が市区町村に移管された．住民に身近なサービスとされる部分の移管とはいえ，すでに精神保健福祉業務を実施してきた政令指定都市や東京都の特別区，中核市の保健所などと，それ以外の新たにこれらを引き受けることになった市町村とでは，都道府県からの業務移管による様相は大きく異なっている．精神保健福祉に携わる組織や人員が未整備なところも少なくなく，そのことが都市間によるサービス格差を生んでいることから考えると，保健所や精神保健福祉センターなど精神保健福祉の専門機関が最寄りにある市町村は，精神保健福祉業務遂行上かなり有利な立場にあるといえよう．

　2004（平成16）年9月，厚生労働省の精神保健福祉対策本部は，「精神保健

医療福祉の改革のビジョン」を，同年10月には「今後の障害保健福祉施策について（改革のグランドデザイン案）」を公表している．ここでは，精神保健福祉施策を「入院医療中心から地域生活中心へ」に向けて改革を進めるために，①精神疾患や精神障害者に対する国民の理解を深め，②早期に退院を実現できるよう精神医療体系を再編し，③地域生活支援体制の強化により，受入れ条件が整えば退院可能な約70,000人について，今後10年間で解消を図るとする達成目標を提示し，障害種別を超えた新たな障害保健福祉サービス体系の構築をめざす姿勢を示した．

そして，2005（平成17）年に成立，2006（平成18）年の4月と10月の2段階で施行された自立支援法により，先のグランドデザイン案が制度化され，市区町村は障害種別を超えた障害保健福祉サービスの提供主体として，①障害程度区分の認定調査，②市町村審査会の設置，③介護給付，訓練等給付の支給決定，④自立支援医療（精神通院医療）の支給，⑤地域生活支援事業の整備（相談支援，地域活動支援，福祉ホームなど）を担うことになった．

自立支援法の成立に伴い精神保健福祉法も一部が改正された．そのなかで特記すべきは，自立支援法第88条により，市区区町村に「市町村障害福祉計画」の策定が義務づけられた点であろう．これについては，都道府県，精神保健福祉センター，保健所および地域の医療機関，精神障害者社会復帰施設等，関係機関の協力を得てその策定推進を図るとし，国の定める基本指針に即して，市区町村および都道府県は，障害福祉サービスや地域生活支援事業等の提供体制の確保に関する計画，つまり「障害福祉計画」を定めることとされている．

しかし，子どもの「エンゼルプラン」と高齢者の「ゴールドプラン」に加えて障害者計画と，プランづくりが続くなかで，自ら独自のプランを作成することなく，高額な代金を支払って民間のコンサルタント会社に委託する市町村が少なくなかった．とりわけ精神障害者のニーズ調査や計画の作成については，知的障害者や身体障害者と違って，これまで市町村になじみが薄かったこともあり，プラン作成に精神障害当事者の参加を得られたのはごく一部の限られた自治体のみであった．

1965（昭和40）年の精神衛生法の改正により保健所に精神衛生業務が位置づけられて以降，同じ法律，同じ通知等をもとに全国一律に動かなければならないのだが，マンパワーをはじめ組織のあり方や取組み方には自治体レベルで大きな格差があり，都道府県レベルの「精神保健福祉活動の実際」やその方向性を画一的に語ることはほぼ不可能に近い．精神保健福祉センターや保健所もまったく同じ状況にあり，これら，それぞれ独自性のある関係機関との連携や支援のもと新たに業務を展開していかざるをえない市町村の現状を，ひとくくりで報告することは容易ではないのが実情である．

2／大阪府堺市の場合

本項では，大阪府堺市を例に，市町村がかかえる課題とPSWの役割を整理しておきたい．なお，堺市は政令指定都市であり，他の市町村と比べて特殊性はあるものの，以前から保健所（現在は保健センター）が存在し，PSWが多数採用されている．

1）堺市の行政の歴史と現状

堺市は大阪府中心部の南寄りにあり，西は大阪湾に面し，北は大和川を隔てて大阪市と接している．2005（平成17）年2月に美原町と合併し，人口が83万6,000人となり，2006（平成18）年4月1日に全国で15番目の政令指定都市となった．

保健衛生行政としては，1940（昭和15）年に「大阪府立堺保健所」が設置され，1948（昭23）年からは，保健所法施行令による保健所政令市として堺市が保健所を開設している．2000（平成12）年，地域保健法に基づく「地域保健対策の推進に関する基本的な指針」一部改正に伴い，堺市の支所体制が整備され1保健所6保健センター体制となり，さらに美原町との合併により1保健所7保健センター体制となっている．

2006年4月に政令指定都市になってからは，支所のすべてが区役所体制となり，本庁に精神保健福祉課，北内に「こころの健康センター（精神保健福祉センター）」が開設されている．2007（平成19）年4月からは自立支援法の成立に伴い，精神障害者の福祉サービス部門を精神保健福祉課から障害福祉課に移し，保健センターは各区役所の保健福祉総合センターのなかに位置づけられることになった．

堺市には保健所1カ所が存在しており，そこでは地域保健に関する諸統計や各種保健サービスの企画調整，医療対策，食品衛生，環境衛生を担っている．精神保健福祉課は健康部の所管で，保健所とは別組織となっている．また，各保健センターは各区役所の保健福祉総合センターに位置し，市民の健康の保持増進を目的に，対人保健サービスを中心とする住民に身近な相談援助業務や申請受理業務を展開している．精神保健福祉業務については各保健センターに複数配置されているPSW（7保健センター18名）を中心に，保健師や，週1回以上来所する精神科嘱託医により業務が展開されている．

精神保健福祉分野では，住民に身近な各保健センターを中心に業務を展開しているが，精神医療関係業務（精神科救急，措置診察，自殺対策など）は本庁の精神保健福祉課（PSW4名を含む11名）で担い，福祉サービス部門（ホームヘルパー，社会復帰施設補助，障害程度区分認定，精神科病院長期入院者地域移行サポート事業など）は本庁の障害福祉課（4係でPSW2名を含む30

名）で，また，精神医療関係書類の判定・人権擁護・複雑困難事例応援（手帳および自立支援医療の判定，専門相談，医療審査会など）などはこころの健康センター（精神科指定医師2名，PSW 4名，臨床心理士3名，保健師・看護師3名，事務2名）で担うことになっている．

　ちなみに，堺市における精神障害者手帳保持者は4,579名，自立支援医療（精神通院医療）受給者は10,320名（2008［平成20］年3月末現在）である．

　2008年3月末現在で，精神医療施設は，精神科病院5病院（2,910床），外来のみを有している総合病院の精神科4カ所，精神科診療所31カ所，社会復帰施設としては，生活訓練施設1カ所（20床とショートステイ3床），地域活動支援センターⅠ型6カ所（各区に1カ所相当），地域活動支援センターⅡ型（1カ所），就労移行支援施設1カ所，就労継続支援施設2カ所，小規模授産所16カ所（うちアルコール作業所2カ所），グループホーム・ケアホーム16カ所（95人分）となっている．また，精神障害者のホームヘルプ支給決定者は441名で，病院に属さない精神科に特化した訪問看護ステーションも3カ所設置されている．

2）堺市における地域精神保健福祉の歴史と現状

　堺市における保健所精神保健福祉業務は，1969（昭和44）年度に精神科嘱託医や保健師により相談および訪問活動を開始したことに始まる．同年度より大阪府や大阪市主催の「精神衛生相談員資格取得講習会」を保健師が順次受講したことや，1973（昭和48）年度から，アルコール依存症者の自助集団育成の場として保健所を断酒会の会場に提供したこと等により業務が拡大してきた．1974（昭和49）年度には社会福祉出身のソーシャルワーカーの精神衛生相談員（現在はPSW）が3名配置され，相談件数や訪問件数が激増した．

　各保健所における当時の精神衛生相談員の役割機能としては，狭義の精神病やアルコール・薬物依存症者の受診，受療援助が期待されていた．そのため，入院相談中心のプレメディケーション，すなわち自分の病気や障害が認知できない人に，社会生活を破綻させないための医療の必要性を説いたり，本人へのかかわりを基本に入院以外の道を共に検討するといった，当事者へのアプローチに労力を費やしていた．こうした活動を通して，この時期は福祉事務所や精神医療機関等との連携強化や，社会資源の開拓，信頼関係の構築などに力を注いできたといえる．

　その後，人口増加により保健所が増加（支所分割）し，市民からの要求も増えたことから，各保健所に複数のPSWが配置されるようになった．これに伴い，それまで精神科病院を中心に進められていた在宅精神障害者の社会復帰対策として，保健所においてグループワーク等が開始されるようになり，やがて

地域活動として定着していった．

　1988（昭和63）年7月に精神保健法が施行され，その目的に精神障害者の社会復帰が掲げられた．これを機に堺市では，家族会からの要望もあり，同年11月に精神障害者の「憩いの場」として金岡保健所別館を開放した．また，翌1989（平成元）年4月からは，地域における精神障害者の社会復帰や社会参加を促進する目的で，「ソーシャル・ハウス"さかい"」の名称で週3日の活動を開始し，さらに翌1990（平成2）年4月からは週4日の事業として，堺市保健所デイケアを開始した．

　その後地域では，1991（平成3）年9月に堺市初の精神障害者作業所「おべんとうハウス愛」が開設され，1993（平成5）年には「おおとりハウス」，続いて「ワラビーズ」と，次々に作業所がつくられていった（現在は16カ所となっている）．1993（平成5）年の精神保健法改正によりグループホームが法定化されたことを受け，堺市で初めてのグループホームが1995（平成7）年4月にでき，その後も次々とつくられ，現在は16カ所95名分のグループホームが確保されている．

　また，2001（平成13）年に大阪府が，精神障害者の小規模作業所に関する制度改定を提示，法人格をとることを推進したこともあり，それぞれの作業所が次々と法人化していった．その過程でPSWは，自らの作業所の存立基盤の強化に時間を割かれることが多くなっていった．

　1999（平成11）年の精神保健福祉法改正により，ホームヘルプサービス，ショートステイは法定化され，精神保健福祉サービスを市町村業務として位置づけることとなった．この改正により社会復帰施設として追加された精神障害者地域生活支援センター（以下，地域生活支援センター）については，堺市では2001（平成13）年4月に「アンダンテ」（生活訓練施設も併設），2003（平成15）年4月には「むーぶ」と「ゆい」が開設されている（この年，保健所デイケアは発展的解消となった）．

　実際には2002（平成14）年度から精神保健福祉業務が市町村に移管され，ホームヘルプ業務が開始された．堺市では同年10月に，精神障害者を専門とするホームヘルパー事業所を開所している（現在，主に精神障害者を専門にしている事業所は約5カ所）．しかし，精神保健福祉業務は引き続き各区の保健センターが窓口となり，精神保健福祉相談業務や訪問活動が展開され，自立支援医療（精神通院医療）や障害者手帳の受付申請業務，ホームヘルプ，ショートステイ，グループホームの入所受付申請事務なども実施して現在に至っている．

　堺市は2005年2月に近接する美原町と合併し，2006年4月に政令指定都市となったことに伴い，精神保健福祉課と「こころの健康センター」が新設され

た．同年4月には自立支援法が施行され，さらに10月からは地域生活支援センターが地域活動支援センターⅠ型として，まずは4カ所体制でスタートし，現在は6カ所体制となっている．

3）堺市の各保健センターにおける精神保健福祉業務

堺市では各区の保健センターにPSWが複数配置され，PSWと保健師と嘱託医が協働して精神保健相談業務に携わっている．ここには精神保健福祉業務の歴史があり，精神保健福祉相談の住民への第一線機関として，住民や関係機関から持ち込まれるさまざまな問題や課題に対応している．

たとえば，病気なのかどうかの判断を求めて保健センターを訪れる人たちがいる．引きこもり，人格障害，摂食障害，不安障害，不登校，家庭内暴力，認知症等々，相談内容は多岐にわたり，来所者も本人，家族，近隣住民と，さまざまある．保健センター側は，個々について病気なのかそうでないのかを判断し，病気であればどのようなサービスが提供できるのか，また病気でなければどんなサービスが提供できるのかなどを検討し，そのうえで必要な援助につなぐことが求められ，各保健センターの精神保健福祉の力量が問われるところでもある．

また，病気や障害があるにもかかわらず，本人が医療や福祉サービスを受けたがらない人に対する支援もある．どうすれば精神医療や福祉サービスの利用に本人の了解が得られるのかを考え，家族や地域の人たちと折り合いをつけながら業務を進めていく場面である．このような問題解決には，精神医療機関や福祉サービス機関，当事者活動といった地域全体の精神保健福祉システムの力量が関係してくると思われる．

次に，病院や診療所で医療を受けているが，仲間づくりや就労などの社会参加ができない人たちへのサービスの提供も，大きな柱の1つである．地域のなかに，当事者にとって選択可能な社会資源を潤沢に用意することは，精神科病院で長期にわたり社会的入院をしている人たちを地域で受け入れていくためにも欠かせない，大きな役割である．

さらに保健センターの窓口には，自立支援医療（精神通院医療）や障害者手帳をはじめとして，ホームヘルプや訪問看護，ショートステイ，グループホームなどの社会制度や資源の利用方法を尋ねてくる人たちも年々増加しており，その人たちへの対応も欠かせない業務である．

このように各保健センターのPSWには，当事者や家族・近隣住民等への個別の対応やグループワークだけでなく，地域内の関係機関や自助集団との連携により，障害者が住みやすい街づくりを考えたコミュニティワークを実践する力量が求められている．地域内でのフットワークを生かし，参加型のネッ

```
┌─────────────────────────────────┐         ┌─────────────────────────────┐
│         障害福祉課              │         │     こころの健康センター    │
│  自立支援係                     │         │  手帳および医療 判定審査会  │
│   障害福祉サービス，移動支援，  │         │  精神医療審査会(退院請求等の│
│   ホームヘルパー 養成関係       │ 事業の連携│   電話相談)                 │
│   障害程度区分判定審査会，認定  │◄───────►│  専門相談・専門外来診療     │
│   調査員の配置，精神障害者相談  │ 技術支援 │  こころの電話相談           │
│   員，成年後見市長申立          │         │  啓発・普及事業             │
│  地域生活係                     │         │  教育・研修事業             │
│   相談支援事業，精神科病院長期  │         │  技術支援・技術指導         │
│   入院者地域移行サポート事業，  │         │  調査研究                   │
│   地域活動支援センターⅠ型事業，│         │                             │
│   障害者自立支援協議会，精神障  │         │                             │
│   害者ピアサポーター講座        │         │                             │
│  社会参加係                     │判定依頼 │                             │
│   障害者スポーツ大会，自立生活  │事業の連携│連携・調整                   │
│   訓練事業                      │         │専門相談依頼  技術支援       │
│  施設係                         │         │                             │
│   社会復帰施設補助(生活訓練施   │判定結果・│                             │
│   設・小規模通所授産施設)       │調整技術支援│                           │
│   社会適応訓練事業，就労関係    │         │                             │
└─────────────────────────────────┘         └─────────────────────────────┘
┌─────────────────────────────────┐         ┌─────────────────────────────┐
│       精神保健福祉課            │         │     区役所 保健センター     │
│  保健医療係                     │措置診察の│  保健係                     │
│   精神障害者保健福祉手帳交付事務│依頼     │   障害福祉サービス・移動支   │
│   自立支援医療(精神通院)交付事務│◄───────►│   援の申請および支給決定    │
│   精神科救急，病院指導，措置診察│手帳・医療│   精神障害者保健福祉手帳の  │
│   ，自殺対策                    │・相談員業│   申請・受け渡し            │
│   精神保健福祉相談員業務の統括  │務の調整 │   自立支援医療(精神通院)の  │
│   ほか                          │         │   申請                      │
│         業務調整                │         │  健康推進係                 │
│                                 │         │   精神保健福祉相談，社会復  │
│                                 │         │   帰グループワーク，警察官  │
│                                 │         │   通報，社会適応訓練事業申  │
│                                 │         │   請ほか                    │
└─────────────────────────────────┘         └─────────────────────────────┘
         障害程度区分の判定結果，業務調整
```

図3-3　堺市の精神保健福祉業務

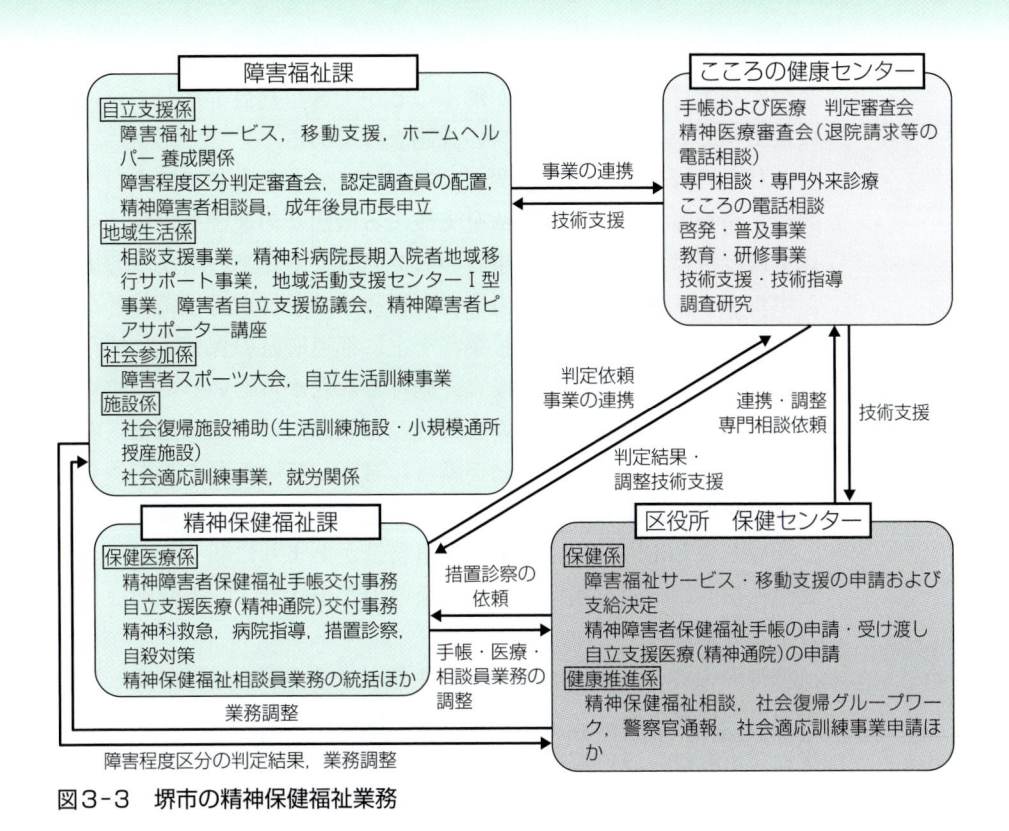

トワークを構築しながら，コミュニティーワークを行っていく必要がある．

いずれにしても１個人の力量は限られており，以上のような役割を遂行していくには，地域にあるさまざまな機関や家族，当事者と，お互いの役割を理解し合いながら業務を分担し，あるいは協働していくことが重要になってくる．

なお，堺市には，保健所政令市として保健所を中心に精神保健福祉業務を展開してきた歴史がある．自立支援法により３障害が統合され，当市でも保健センターと福祉事務所内の地域福祉課，さらには本庁の精神保健福祉課と障害福祉課の統合が検討されてはいるが，現時点では，住民になじみのある統合前からの組織である保健センターや精神保健福祉課が中心となって対応している（図３-３参照）．

３／今後の課題

精神保健福祉業務は，日本の精神医療の特徴とされる「入院中心主義で精神科病院への入院患者が多い」とか，「長期入院者が多い」「地域における精神保健福祉サービスが不足している」といった問題に，真っ向から立ち向かおうと

するものである．具体的には，いかにして精神障害者を地域で支えるシステムをつくり上げるか，障害者が働くことができ，社会参加していける状況をいかに創出していくかがこの仕事の課題なのである．

これらの課題は，行政機関だけでクリアできるものではない．地域にある民間の，精神障害者の地域生活を支援する機関との連携や協働はもちろん，それ以上に今後は，精神障害当事者のピアサポート体制の構築，およびユーザーインボルブメント，すなわち当事者の行政への参加が必須条件となる．

2002年までは精神保健福祉業務を主に都道府県の保健所に依存してきた市町村にとって，自立支援法が成立・施行されたからといって，すぐに万全な対応がとれるわけではない．3障害統合の相談窓口は，主に福祉課の障害福祉担当におかれ，その一部として精神障害に対応しているところが多く，そこでは当該部署がかかえる特殊性をふまえた対応が進められているところである．しかし，もともと市町村の福祉窓口は事務量があまりに多く，とても個別の精神保健福祉相談に時間を割いていられないのが現状で，この傾向はしばらく続くものと思われる．

精神障害者の生き方への支援を生業とするPSWとしては，都道府県の保健所や精神保健福祉センターと緊密な連携をとりながら，住民にとっていちばん身近な市町村において組織としての専門性を高め，マンパワーを充実させることによって老人や知的障害者，身体障害者と同じように，精神障害者の保健福祉についても住民の要求に柔軟，適切に応えていかなければならない．

[小出保廣]

参考文献
1）精神保健福祉白書編集委員会編：精神保健福祉白書2009年版―地域移行・地域生活支援はどう進むのか．中央法規出版，2008.
2）精神保健福祉研究会監修：我が国の精神保健福祉 平成19年度版―精神保健福祉ハンドブック．太陽美術．2008.
3）日本精神保健福祉士協会編：第3版 これからの精神保健福祉―精神保健福祉士ガイドブック．へるす出版．2003.

3 保健所における活動の実際

保健所を設置するのは，都道府県，政令指定都市，中核市，その他の政令市，東京の特別区である．その数は，2007（平成19）年4月現在518で，設置主体別にみると，都道府県394カ所，政令指定都市58カ所，中核市35カ所，その他の政令市8カ所，特別区23カ所である．

最盛期には852カ所あった保健所が急激に減少した背景には，1994（平成6）

年の保健所法から地域保健法への改正がある．地域保健対策の見直しが行われるなかで，保健所設置基準が，医療法の2次医療圏（平均人口約35万人）または介護保険法に規定する高齢者保健福祉圏域を参酌して設定すると定められ，おおむねね人口10万人に1カ所としていた保健所法の設置基準と比較し，所管人口および面積は大幅に拡大した．これは，集約化により機能を高めることと，高齢者保健福祉圏域をベースとした広域的機能に着目するという2つの基本的考えに基づくものである．

1／大阪府下における保健所精神保健福祉業務

　大阪府を例にとれば，かつては22保健所7支所と，府内の大きな市のほとんどに1カ所あったが，現在は14保健所に集約され，1保健所で2～3の市を管轄している．また，政令指定都市の大阪市では，各区に保健所があったものが1保健所に集約され，各区には保健センターが設置された．堺市も同様に，1保健所7保健センターとなり，各区の福祉事務所と連携しながら業務を展開している．また中核市の東大阪市も1保健所3保健センターであり，高槻市に至っては1保健所ですべての精神保健福祉業務が展開されている．

　これにより大阪府下の保健所は，対人保健サービスの先頭に立つことになり，広域的・専門的・技術的拠点としての機能がより強く求められるようになった．また，市町村に対する企画・調整・指導を中心に，地域住民に関する情報の収集・整理・活用や調査研究が保健所の重点事業となった．

　精神保健福祉分野において保健所は，1965（昭和40）年の精神衛生法の改正により地域精神保健の第一線機関として位置づけられた．これを受け大阪府下の保健所は，いち早く各保健所に社会福祉出身のソーシャルワーカーを精神衛生相談員として配置した．相談員たちは住民の精神衛生相談にのるとともに，訪問活動を展開し，地域に精神科病院の外来サービスしかない時代から，保健所でグループワークなども実践し，精神障害者の社会復帰や社会参加の支援を進めてきた．

　その後，1984（昭和59）年に明るみに出た宇都宮病院事件により日本の精神保健福祉政策に国際的な批判が集中したことを契機に，1987（昭和62）年には「精神衛生法」が「精神保健法」に改正された．改正ポイントは，精神障害者の人権擁護と社会復帰の充実にあった．これを受け，精神医療審査会の設置など人権に配慮した適切な精神医療の確保と精神障害者の社会復帰対策が，保健所業務に付加された．なかでも社会復帰対策としては，精神障害者小規模作業所助成事業として国庫補助制度がスタートしたことで，それまで保健所が実施してきたグループワーク活動から，地域における精神障害者小規模作業所づくりへと移行する道が開かれた．

1993（平成5）年の「心身障害者対策基本法」から「障害者基本法」への改正により，精神障害者は身体障害者や知的障害者と同様，医療施策だけでなく福祉施策の対象となった．さらに，1995（平成7）年には精神保健法から「精神保健及び精神障害者福祉に関する法律」（以下，精神保健福祉法）へと改正され，精神障害者は精神障害者保健福祉手帳を受けることになり，保健所は，その手帳所持者に対する施策として打ち出された，自立と社会経済活動への参加の促進を目的とする社会復帰施設やグループホーム，小規模作業所等の数の充実，社会適応訓練事業の法定化，地域におけるよりよい精神医療の確保，緊急医療体制の整備に取り組むこととなった．

　保健所における精神保健福祉業務をはじめて規定したのは，1996（平成8）年に厚生省保健医療局長（当時）通知として出された「保健所及び市町村における精神保健福祉業務運営要領」である．この要領は2000（平成12）年に全面改訂，さらに2005（平成17）年に一部改正されており，現行の要領では，管内の精神保健医療福祉に係る，①現状把握および情報提供，計画の策定・実施・評価の推進，②心の健康づくりに関する知識の普及啓発，精神障害に対する正しい知識の普及，家族や障害者本人に対する教室等，③研修，④組織育成，⑤相談，⑥訪問指導（危機介入を含む），⑦社会復帰および自立と社会参加への支援，各種社会資源の整備促進および運営支援，⑧入院および通院医療関係事務，⑨ケース記録の整理および秘密の保持，⑩市町村への協力および連携，の10項目が明示されている．

　なお，1999（平成11）年の精神保健福祉法改正により市町村が実施主体となったホームヘルプサービスやショートステイ等，精神障害者の障害福祉サービス事業等の利用に関する斡旋や調整等の支援に関して，精神保健福祉法第49条第3項では保健所に，市町村に対する技術協力・援助および市町村相互間の連絡調整を行うことを規定している．

2／障害者自立支援法以後の保健所

　2005（平成17）年に成立し，2006（平成18）年に施行された自立支援法により，一部を除き，第一義的には3障害の福祉サービスが市町村の事業となった．しかし多くの市町村は，マンパワーの面でもかかる費用の面でも十分とはいえず，従来から担当してきた知的障害者や身体障害者の福祉施策と違って，経験が浅く専門職種も乏しい状況のなかで，精神障害者に対する障害福祉サービス事業等を実施していくのは並大抵のことではないのが現状である．こうした厳しい事情の理解に立ち，保健所は市町村や地域活動支援センターなど精神障害者の社会復帰施設に対して，協力，支援を行うことが重要な役割となってきている．

とくに，市町村に作成が課せられている「障害福祉計画」については，当事者や家族ニーズを把握していく段階からの支援が求められよう．なかでも精神障害者の病院からの地域移行（退院促進）事業の推進や，精神障害者が地域で生活するための必要な資源の整備などには，PSWの専門技術の1つであるコミュニティーワークやソーシャルアクションの活用が期待されている．

また，精神保健福祉関連の事業等に経験の浅い市町村の担当者が，精神保健福祉相談で壁にぶつかることの多い，たとえば医療中断事例や地域住民からの苦情処理等，困難な事例に苦慮している場合には，間接的な介入や助言をすることも必要である．今まで構築してきたネットワークや持ち合わせている技術を最大限に生かし，地域力をつけて地域の課題を整理していけるようにイニシアチブをとっていくことが，PSWの役割といえよう．

3／今後の課題

市町村が精神保健福祉活動の第一線機関になったとはいえ，保健所がもっている人材や予算，培ってきた経験知は何物にも代えがたい財産である．精神障害者の福祉サービスを充実させて，地域生活が可能な状況をつくり上げていくためには，市町村や，精神障害者の地域生活を支援する民間の相談支援事業者等の機関，とりわけ地域生活をしている精神障害者当事者との協力連携が必須である．

また，精神医療や精神保健の向上を図る活動は，引き続き保健所の重要な業務である．2004（平成16）年10月に厚生労働省は，心の健康の正しい理解のための普及啓発検討会の報告書として，「こころのバリアフリー宣言」を公表している．「精神疾患を正しく理解し，新しい一歩を踏み出すための指針」とサブタイトルのついたこの宣言では，

　①精神疾患を自分の問題としていますか（関心）
　②無理しないで，心も身体も（予防）
　③気づいていますか，心の不調（気づき）
　④知っていますか，精神疾患への正しい対応（自己・周囲の認識）
　⑤自分で心のバリアをつくらない（肯定）
　⑥認め合おう，自分らしく生きている姿を（受容）
　⑦出会いは理解の第一歩（出会い）
　⑧お互いに支え合う社会づくり（参画）

の8つをあげ，「あなたは絶対に自信がありますか，心の健康に？」と問いかけている．保健所PSWには，この宣言を活用して住民への啓発を行いつつ，精神障害者の人権が保障されているかどうか点検するとともに，精神科病院からの地域移行，精神科救急医療，心神喪失等の状態で他害行為を行った者の医療

及び観察等に関する法律（心神喪失者等医療観察法），自殺予防，災害時のメンタルヘルス対策等に積極的に取り組んでいくことが期待されている．

　精神保健福祉業務が成り立っていくためには，以前は保健所のPSWや保健師などのフットワークが鍵だといわれていた．しかし最近は，保健所の対人保健サービス活動が低下しており，その活動に変わってホームヘルパーや訪問看護師，地域活動支援センターの職員，とりわけ地域で生活している当事者たちのフットワークの力量に負うところが大きい．そのフットワークを基盤に，参加型のネットワークを構築し，それぞれの機関が連携を密にすることによってはじめて，自分たちが住んでいる街を精神障害者も住みやすい街にしていくコミュニティーワークが生きてくるといえよう．

　現実はなかなかむずかしく遅々として進まない状況ではあるが，全体が出来上がってこなければ，今は先行的に進んでいる活動の一つひとつの必要性を認め合いながらそれらをつないでいく，まさにパッチワークのような活動が保健所には要求されているといえよう．

[小出保廣]

参考文献
1) 精神保健福祉白書研究会編：精神保健福祉白書2009年版―地域移行・地域生活支援はどう進むのか．中央法規出版，2008.
2) 精神保健福祉研究会監修：我が国の精神保健福祉―精神保健福祉ハンドブック．平成19年度版，太陽美術，2008.
3) 日本精神保健福祉士協会編：第3版 これからの精神保健福祉―精神保健福祉ガイドブック．へるす出版，2003.
4) 財団法人大阪公衆衛生協会編：地域保健ノート2008．2008.3.

4 精神保健福祉センターにおける活動の実際

　現在の精神保健福祉センターは，1965（昭和40）年の精神衛生法改正により「精神衛生センター」の名称で誕生した．同改正により地域の第一線機関として位置づけられた保健所をはじめ，関係機関に対し側面的支援を行う総合的技術センターとして，地域精神保健福祉活動の中核的機能を担う役割を負った．その後の法改正により，「精神衛生センター」から「精神保健センター」(1987[昭和62]年)，「精神保健福祉センター」(1995[平成7]年)に改称され，2002（平成14）年度からは，必ずしも「精神保健福祉センター」の名称を使用しなくともよいことになり，「こころの健康センター」などの名称も多くなった．また，都道府県・指定都市の必置機関と位置づけられた．

　精神保健福祉センターを規定している精神保健及び精神障害者福祉に関する

法律（精神保健福祉法）第6条では，精神保健福祉センターの業務として，①精神保健福祉に関する知識の普及，調査研究，②精神保健福祉に関する複雑困難な相談指導，③精神医療審査会の事務，④精神障害者保健福祉手帳の判定，自立支援医療費の支給認定，⑤障害者自立支援法（以下，自立支援法）の規定により，市町村に対して意見を述べること，⑥自立支援法の規定により，市町村に対して協力・援助を行うこと，などが規定されている．

併せて，厚生労働省から「精神保健福祉センター運営要領」が示され，精神保健福祉センターの目標として，地域住民の精神的健康の保持増進，精神障害の予防，適切な精神医療の推進，社会復帰の促進，自立と社会経済活動への参加の促進のための援助などがあげられ，この目標を達成するために，保健所および市町村への技術指導・技術援助を行い，医療，福祉，労働，教育，産業等の精神保健福祉関係諸機関との緊密な連携を図ることが必要としている．業務については，①企画立案，②技術指導および技術援助，③人材育成，④普及啓発，⑤調査研究，⑥精神保健福祉相談，⑦組織育成，⑧精神医療審査会の審査に関する事務，⑨自立支援医療（精神通院医療）および精神障害者保健福祉手帳の判定，の9本柱に大別している．

1／精神保健福祉センターの現状

2008（平成20）年4月現在，全国には66カ所の精神保健福祉センターが設置されている．大規模なセンターでは数十人の職員体制で運営されているところもあるが，小規模なセンターでは十人未満のところもあるなど，地域による格差が大きい．全国の精神保健福祉センター職員総数1,119名中，精神保健福祉士（以下，PSW）は238名配置されている（2006［平成18］年度「衛生行政報告例」）．

2002年度からは，精神医療審査会，精神障害者保健福祉手帳・通院医療費公費負担制度（現，自立支援医療［精神通院医療］）の判定などの行政事務が新たに加わり，業務量が増加したにもかかわらず，多くの精神保健福祉センターでは十分なマンパワーが確保されず，さらには，引き続く行政改革のなかで減員や他機関との統合・再編などが進められているところもあり，全体的には，精神保健福祉センターに期待される機能を十分に果たすことが困難な状況になってきている．

また，内閣府が実施した「こころの健康（自殺対策）に関する世論調査」（2007［平成19］年8月）では，精神保健福祉センターについて，「精神保健福祉センター自体も知らなかった」が69.2％，「精神保健福祉センターがあることは知っていたが，相談窓口があることは知らなかった」が10.5％であり，合わせると約80％の人が精神保健福祉センターの存在や機能を知らなかったとい

う結果であり，社会一般における認知度は低い．今後，精神保健福祉センターのPRなどに努め，積極的に広報していく必要がある．

2／精神保健福祉センターにおける業務の実際

精神保健福祉センターにおける業務の実際を「運営要領」に示された9本柱に沿って概括する．ただし，各センターはそれぞれの地域事情や職員体制等に応じて特徴的な活動をしており，標準的な業務運営を示すことはむずかしい．したがって本稿は，筆者の勤務する埼玉県立精神保健福祉センターにおける経験をもとにしたものであることをお断りしておく．

1）企画立案

各自治体の精神保健福祉主管部局等に対して，全県的な視野と中・長期的な展望に立ち，専門的立場から，施策立案や事業実施に協力するものである．とくに最近では，自立支援法，心神喪失等の状態で重大な他害行為を行った者の医療及び観察等に関する法律（以下，心神喪失者等医療観察法），自殺対策基本法など，重要な法律の施行が続き，各自治体担当者はその対応に追われ，じっくりと施策を立案し事業を実施する余裕がない．また，主管部局担当者は精神保健福祉の専門家ではないことも多いため，シンクタンクとしての役割を精神保健福祉センター職員に求められることが多い．その観点から，精神保健福祉センター職員には予算の仕組みなどの基本的な行政知識や施策立案能力なども必要である．

2）技術指導および技術援助

保健所，市町村，関係諸機関等に対し，専門的立場から技術指導および技術援助を行うものである（筆者の勤務するセンターでは，指導ではなく対等な立場での協力と位置づけ「技術協力」と呼んでいる）．

具体的には，①個別ケースに対する面接・訪問・助言，②ケースカンファレンスでの助言，③地域における社会資源創出のための諸活動に対する側面的支援，④グループ活動・家族教室・その他の事業への協力，⑤市町村障害者計画策定等のための情報提供，などが従来から行われてきたものであり，最近では，新たな課題として，⑥社会的入院患者の退院促進，⑦自殺防止対策の推進，⑧心神喪失者等医療観察法による地域処遇対象者に対するケアなどをテーマとしている．

地域のニーズに応じた柔軟な技術協力を行うことを念頭におき，「地域で地域の精神保健福祉課題が解決できるように，地域の人材を育成・支援し，地域づくりを進める」ことを理念として実施している．

3）人材育成

　保健所，市町村をはじめ，障害福祉サービス事業所や医療機関，労働機関，教育機関，司法機関等の職員に対して専門的研修を実施するものである．

　研修の内容としては，精神保健福祉の基礎的な知識を提供する研修，インテーク面接における見立て・方針・援助等に関する技術を習得するための研修，ケアマネジメントの理論や技術を提供する研修など，対象者に応じた幅広い研修を実施している．

　研修の企画に際しては，うつ・自殺防止対策，自傷行為，引きこもりなどの新たな課題を積極的に取り上げ，タイムリーな対応ができるように配慮し，また，研修の実施段階では，単なる知識提供だけにとどまらず，演習・グループ討論・課題提出などの方法により，研修生自身が問題意識をもち，解決策を考える機会となるような工夫をしている．

4）普及啓発

　一般住民等に対して，精神保健福祉の知識，精神障害についての正しい理解，精神障害者の権利擁護等について普及啓発を行うものである．方法としては，広報紙の発行，ガイドブック・パンフレット等の作成，講演会の開催，ホームページによる情報提供，啓発用メディアの作成・貸出しなどがある．

　これからの精神保健福祉センターは，「心の健康づくり」などいわゆる広義のメンタルヘルスの領域に積極的に取り組んでいく必要があり，さまざまな普及啓発事業は今後いっそう重要な業務になると考えられる．

　なお，2008年，全国精神保健福祉センター長会は，9月10日の世界自殺予防デーにちなみ，9月を自殺予防強化月間として定め，「防ごう自殺！全国66精神保健福祉センター共同キャンペーン」を実施した．全国の精神保健福祉センターがさまざまな事業を実施し，それらを「共同キャンペーン」として全国展開する普及啓発事業である．

5）調査研究

　専門機関の立場から精神保健福祉に関する各種調査を行い，地域における精神保健福祉の実態や住民の精神保健福祉ニーズ等を把握したり，精神保健福祉施策の課題を明確にしたりして，県や市町村における施策推進のための基礎資料とするものである．

　全国規模の調査研究への対応としては，国立精神・神経センター精神保健研究所自殺予防総合対策センターが2008年度から実施し始めた，心理学的剖検の手法を用いた「自殺予防と遺族支援のための基礎調査」に協力している精神保健福祉センターも多い．

6）精神保健福祉相談

　精神保健福祉センターでは，心の健康相談から，精神医療に係る相談，社会復帰相談，アルコール・薬物，思春期，認知症など，精神保健福祉全般の相談を幅広く受けつけている．なかでも，病気かどうかわからないが，精神的な問題により家庭生活や社会生活で何らかの問題を起こしており，家族が相談に来所するという事例が多い．法律上では，精神保健福祉センターは複雑困難なケースを取り扱うとされているが，実際には，緊急性を要するケースや多問題ケースほど現場での対応が不可欠であり，このような場合には，地域への技術協力のなかで必要な支援を行っている．

　全国の精神保健福祉センターにおける相談件数は，2002年には35万2,211件であったものが，2006年には20万1,372件と大きく減少し，なかでも社会復帰に関する相談が半減しているところが特徴的である（「衛生行政報告例」）．今後，自立支援法における市町村を実施主体とした相談支援体制と保健所および精神保健福祉センターにおける相談体制の関係について検討する必要がある．

7）組織育成

　これまで，多くの精神保健福祉センターでは，精神障害者家族会，断酒グループ，精神障害当事者グループ，精神保健福祉ボランティアグループ等の組織の育成・運営に協力してきた．

　精神障害当事者による当事者のための主体的な活動は，支援する側・される側双方に効果があり，障害者の回復や社会参加の促進につながることから，当事者活動を精神保健福祉サービス体制のなかに位置づけることが行政的な課題であると考えている．精神障害当事者が活躍する場を創出したり，活躍を知らせる機会を拡大したりするなどして，当事者と「専門家」の協働作業を啓発し，また，県や市町村の計画・施策に当事者の声を反映させることなども念頭におきながら当事者支援にかかわる必要がある．

　近年では，自殺対策の一環として，自死遺族グループの立ち上げや運営に協力し始めた精神保健福祉センターも出てきている．

8）精神医療審査会の審査に関する事務

　合議体での審査業務の補助，退院請求等に関する電話相談への対応，審査委員による意見聴取への同行，などが主な業務である．また，精神科病院職員に対し，法定提出書類の記載方法などの研修なども実施している．これらの業務を行うにあたっては，入院患者の人権擁護の観点から，専門職としての適切な対応が必要である．退院請求等の審査期間については，おおむね1カ月以内が原則とされているが，2006年度における審査期間の全国平均は38.2日であり，

審査期間の短縮が課題となっている.

9) 自立支援医療（精神通院医療）および精神障害者保健福祉手帳の判定

　2002年度の精神保健福祉法第32条申請件数は45万8,788件であったが（2002年度「衛生行政報告例」），2006年度の自立支援医療（精神通院医療）の申請件数は123万1,502件であり（2006年度「福祉行政報告例」），この5年間だけでも申請件数が約2.7倍に増加し，その結果，業務量が増え，十分な審査体制がとれないという問題が生じている．また，自立支援医療判定指針が示されてはいるが，「重度かつ継続」の範囲の解釈や認知症・高次脳機能障害者等に対する認定について地域差が生じている．

　精神障害者保健福祉手帳の判定件数も，2002年度の54,477件から2006年度は65,189件（いずれも年度中の新規交付件数，「衛生行政報告例」）と年々増加している．自立支援法の障害程度区分における精神障害の障害判定について問題が指摘されているが，手帳制度における障害判定はさらに問題が深く，客観的な障害判定の仕組みが求められている．現状では，診断書に記載された内容で判定するしかなく，疑義のある診断書については差し戻すなどして，本人の不利にならないように努めているが，精神医療機関に勤務するPSWには，本人の障害の状態が適切に反映されているかなど診断書のチェックをお願いしたい．

10) その他

　その他の業務を箇条書き的に整理すると次のとおりである．

(1) 法律上の役割には，自立支援法の規定により，市町村が支給要否決定する際に意見を聴くことができるとされているが，市町村から意見を求められることはほとんどないのが実態である．

(2) 全国精神保健福祉センター長会が実施した「2007年度全国精神保健福祉業務・職員体制実態調査」によると，精神科一般外来診療を行っているところが32カ所，精神科デイケア事業を実施しているところが25カ所，社会復帰施設等の運営をしているところが4カ所である．

(3) 心神喪失者等医療観察法における精神保健福祉センターの役割は，①保健所・市町村が行う地域ケアのバックアップ，②センター自身による相談，デイケア等の実施，③心神喪失者等医療観察法による処遇終了後，一般の精神医療，精神保健福祉サービスの継続への円滑な橋渡しなどがあり，各センターとも地域の実情に応じたかかわりを始めている．

(4) 災害時の地域精神保健医療活動における精神保健福祉センターの役割については，情報の集積・分析，情報提供，保健所支援，アウトリーチサービスを

行う「こころのケアチーム」のコーディネーターなどがある．また，災害時における対応マニュアルを精神保健福祉センターが中心になって作成しているところも多い．

(5) 各都道府県における精神科救急医療体制へのかかわりについては，精神科救急情報センターの設置運営を含め，何らかのかたちで各自治体の精神科救急医療にかかわっているセンターが16カ所である（前述したセンター長会実態調査による）．

3／これからの精神保健福祉センター

これまで，精神障害者の地域生活支援のための地域づくりは，県（保健所－精神保健福祉センター体制）が担ってきたが，1994（平成6）年の地域保健法や1995（平成7）年の精神保健福祉法改正から市町村の役割が位置づけられ，2005（平成17）年の自立支援法により，3障害共通の福祉サービスの提供が市町村に一元化され，精神障害者の地域生活支援の基盤整備（福祉サービスの充実等）も一義的には市町村の責任・役割とされた．このような制度的な枠組みの変化に伴い，県（保健所－精神保健福祉センター体制）の役割も変化せざるをえず，今後の役割と機能の検討が必要となっている．

このことについて，現在検討が進められている「精神保健福祉士の養成の在り方等に関する検討会」の「中間報告書」（2008年10月）をふまえて検討してみたい．「中間報告書」では，近年の精神保健の課題の拡大を背景としたPSWの役割を，①職域の拡大，②求められる支援の多様化，③必要となる技術，の3点からまとめている．②の「求められる支援の多様化」では，従来からの統合失調症への対応のみならず，大きく増加しているうつ病等の気分障害・ストレス性障害や，認知症・発達障害などに対する予防・普及啓発活動の重要性を指摘している．地域住民の精神的健康の保持増進を目的とした啓発活動をはじめとする諸活動（広義のメンタルヘルス）は，精神保健福祉センターに求められている本来的役割であり，これまでさまざまな取組みがなされてきた．しかし，全体的には，これまでの歴史的な経緯から，従来の狭義のメンタルヘルス（精神障害者に対する福祉対策）に業務の比重をおいてきたのも事実である．今後は，広義のメンタルヘルスに関する業務への取組みを強め，業務の比重を移していくことが必要ではないかと考えられる．

また，③の「必要となる技術」では，従来からの直接的相談援助技術に加え，ケアマネジメント，コンサルテーション，チームアプローチ，ネットワーキングなどの間接的な援助技術を含む包括的な相談援助技術が求められていることを指摘している．従来から，精神保健福祉センターの業務は直接サービスより間接サービスが多かった．相談や家族教室，デイケアなどの直接サービス

を実施するとともに，各地域における社会資源の創出や地域のネットワークづくりなどのコミュニティワークを積極的に行ってきた．今後も，精神保健福祉センターのPSWには，間接的援助技術を通したコミュニティワークがますます求められる．

市町村に福祉施策の比重が移ったとはいえ，なかなか進まない社会的入院患者の地域移行については，全県的な視点に立ち，精神障害者が住みやすい地域づくりを展開していくことも引き続き重要な役割である．このように，精神保健福祉センターに勤務するPSWは，障害者福祉の充実から地域住民の精神的健康の保持増進まで，トータルなメンタルヘルスを推進する視点をもちながら実践を重ねていく必要がある．

[斉藤正美]

3-4 権利擁護とエンパワメント

精神保健福祉士（以下，PSW）は，その働く場が保健医療機関か社会福祉施設かを問わず，クライエントの，障害をもって生活する人としての福祉を基本とする権利，および医療を受ける患者としての権利の両者に，常に敏感でいる必要がある．

また，権利についての人びとの意識や法的整備の遅れた日本の状況下にあっては，国際基準や諸外国の進んだ制度，活動を知り，それらを指針として学んでいくことが強く求められている．

1 精神障害者としての権利

2006年12月13日，国連総会は「障害のある人の権利に関する条約（以下，障害者権利条約）」[1]を採択し，2008年5月3日に本条約は国際法として効力を発した．日本政府は，2008年秋現在，条約に署名したのみでいまだ批准はしていないが，批准が成ると，本条約は憲法のもとに国内法を拘束することになる．すなわち政府は，国内法制度を条約の水準に則り速やかに整備し，国内の状況を定期的に政府報告書として国連に提出し，チェックを受ける義務をもつようになる．

障害者権利条約は，あらゆる障害をもつ人について，人の尊厳・自律・自立に対する尊重，差別されない・しないことなどをうたい，「合理的配慮」を行わないことも差別であるとしている．「合理的配慮」とは，この条約によって導入された新たな概念であり，障害者が，他の人との平等を基礎として，人

権・基本的自由を享有・行使することを確保するための必要かつ適切な変更および調整をいう．

さらに第12条（法の前における平等）では，障害者が法的能力を行使する場合に必要な支援にアクセスできるための措置を講じることを国に求めている．すなわち「支援を受けての自己決定」を規定しているのである．また，第19条（自立した生活および地域社会へのインクルージョン）では，病院や施設ではなく地域での生活が第一義であることを明らかにし，第14条（身体の自由および安全）や，第15条（拷問または残虐かつ非人道的，もしくは品位を傷つける取り扱い，もしくは刑罰からの自由）などは，隔離・収容主義や強制を含む精神科病院入院のあり方の見直しを迫るものである．

このように，本条約を日本が批准した暁には，今後は，法制度はもちろん日常のPSWの実践も，「同年齢の一般の人の暮らしと比べてどうか」「障害に見合った合理的配慮がなされているか」など，この権利条約に照らして実践していく必要がある．

ひるがえって現実をみると，精神障害者は治療され回復すべき病者として，長らく福祉ではなく医療のみの対象とみなされてきた歴史があり，はじめて身体・知的障害者と並んで障害者として規定されたのは，1993（平成5）年の障害者基本法によってである．その後1995（平成7）年に，精神保健法が精神保健及び精神障害者福祉に関する法律（精神保健福祉法）に改正されて，はじめて精神障害者福祉の名称をもつ法ができ，2005（平成17）年障害者自立支援法（以下，自立支援法）の成立により，福祉サービスの面でも3障害統合が原理となった．

こうした歴史の浅さから，わが国の精神障害者の福祉を含む権利保障は，他の障害者や高齢者に比べ非常に立ち遅れている．他障害や高齢者分野と連携しながら，地域の福祉サービスをつくっていくこと，それにより，現在精神科病院で長期に社会的入院を強いられている人びとの地域生活を保障していくことは，まさにPSWの課題である．

また，地域で暮らす精神障害者にとって，精神障害への差別と偏見の存在は，今なお非常に深刻な問題である．たとえば精神科受診や入院歴が知れると，アパート入居や就労を断られるために隠すのが当然のこととされていたり，精神障害者の福祉・医療的施設建設が住民反対運動に遭ったりするのも珍しいことではない．これらの解決には，各地域での日々の地道な取組みや，精神障害者理解のための広報活動などが大切なことはいうまでもないが，法律や制度の整備もまた重要な課題である．

私たちは，障害者権利条約という生かすべき新たな基準，拠りどころを得たのであるが，今後は，条約と車の両輪といわれ，国連人権規約委員会から日本

政府に制定を勧告されてもいる障害者差別禁止のための国内法，また各地の差別禁止条例をつくっていくことが，ぜひとも取り組まなければならない課題となっている．

2　精神医療における患者の権利

わが国の精神医療に関する法の歴史は，第1章でもふれているように，精神病者が社会に害を及ぼさないよう入院させる社会防衛を基本としてきた．しかし，1984（昭和59）年3月に明るみに出た宇都宮病院事件（職員の暴行による患者の死亡をはじめとする，暴力と恐怖による支配，職員数の圧倒的不足のなかでの強制労働など数々のスキャンダル）を機に，入院中心の日本の精神医療の実態が国連の場で問題視されるようになった．

このことを契機に，「精神障害者の人権擁護」と「社会復帰の促進」を2本柱とする，精神衛生法から精神保健法への法改正が1987（昭和62）年に実現した．この法改正にあたり日本精神医学ソーシャル・ワーカー協会（現，社団法人日本精神保健福祉士協会．以下，日本PSW協会）は，改正の2本柱がいずれもPSW自らの日常実践において切実な課題であり，職能団体として主体的に担っていくべきテーマであると位置づけ，法改正運動に熱心に参加した．

法改正の人権擁護部分は，
①それまで強制入院の規定しかなかった法に，自らの意思で入院する「任意入院」を最優先されるべき入院形態として位置づけたこと．
②通信面会の自由の保障や隔離拘束などの行動制限に基準を設けたこと．
③退院や処遇改善の請求先として精神医療審査会を新設したこと．
④これら患者の権利と入院形態などを入院時に告知すること．
などであった．

国際的には，前述の宇都宮病院事件も議論の過程で材料となったという「精神病者の保護および精神保健ケア改善のための諸原則」[2]が，1991年12月に国連総会で決議された．この原則は，国連事務総長が「精神病院に強制入院させられているごく少数の患者に焦点をおく」と解説しているように，どの国でも多かれ少なかれ起こりがちな精神科病院内の患者の権利侵害や放置を是正するための最低限のガイドラインである．

具体的には，精神病を理由とする差別の禁止，可能な限り地域で生活し，働き，治療を受ける権利，入院が必要となったときも地域の病院に入院し，できるだけ早く退院して地域に戻る権利，最も制限の少ない環境で最も制約が少ない治療と処遇を受ける権利（最少規制の原則），治療計画への参加・自分の意思での入院の原則・強制入院が必要なときの要件等手続的権利（デュープロセ

ス）の保障，精神科病院での権利と告知・退院請求などの審査とその手続保障，インフォームドコンセントの権利などがその内容である．

なかでもインフォームドコンセントは，ソーシャルワークの原則の1つである「自己決定」にもつながる重要な患者の権利である．前記国連の「原則」は，精神科において，さらに強制的な入院患者についても，インフォームドコンセントの権利を明確にしたという点で画期的とされた．

この「原則」におけるインフォームドコンセントは，患者が理解できる言葉や方法で，①診断の見立て，②治療目的・治療法・予測される治療期間・期待される利益，③より侵襲的でない方法を含む他の治療法，④予想される苦痛・不快・危険性および副作用を説明したうえで，自主的に得られる承諾をいう，と規定されている．わが国では，マスコミ報道や患者の承諾なしの輸血を不服とする裁判で患者側が勝訴するなどの判例も出てきており，インフォームドコンセントという言葉自体は知られるようになってきてはいる．しかし法制化は見送られ，精神科の医療現場で確実に行われているとは言い難い．

世界保健機関（WHO）は，1996年にまとめた「精神保健ケアに関する法—基本10原則」[3]に，「自己決定」とともに「自己決定の過程を援助される権利」を原則として盛り込んでいる．そこには，「患者は自分の望む人の同席を求めることができる」「患者が援助を必要とするまさにそのときに，この権利があることを告知する」「精神保健ケアの場で，患者が自己決定できないと一律にみなした処遇がないことを保障する」など，従事者にとっての留意点があげられており，今後の活動のヒントになる．

以上が，PSWが人権擁護を業務として担う，擁護すべき権利の内容である．しかし実際には，ほとんどのPSWが機関・施設に所属して働いており，とりわけ強制入院や行動制限のある精神科病院で働くPSWにとっては，機関からの医療・保護・管理上の要請と患者の権利擁護の役割との間でしばしば矛盾した状況におかれがちである．そのような局面で，PSWが機関の要請を受け入れざるをえず，患者の権利を軽視，無視する結果となることが少なくないのも残念ながら現実である．権利擁護を真に実践することは容易ではないことを，まずは知らなければならない．

しかし知らない権利を行使することはできないわけで，まず第一歩として前記のような権利の内容や意味をPSW自身が知ること，そしてクライエントに知らせることが非常に重要である．さらに精神医療人権センターや患者会，弁護士会の精神障害者相談窓口，都道府県精神保健主管課，社会福祉協議会の権利擁護相談等，機関外で使える権利行使支援団体の情報を知り，活用していくことなど，権利擁護のために個人レベルでできることも決して少なくない．

3　アドボカシーとエンパワメント

　アドボカシー（advocacy）とは，代弁，弁護，ある側を擁護して共に主張するという意味であり，アドボケート（advocate）はそれを行う人をいう．もともとは，社会的に弱い立場におかれた人たちが適切なサービスを受けられずに放置される，あるいは虐待などの権利侵害を受けやすく，かつ救済のための法制度が設けられていても自分だけでは活用しにくいなどの状況に対して，それらの人びとの身近で直接希望を聞き，その人の立場に立って援助する活動として欧米で始まった．1980年代から日本PSW協会が，精神科病院内での患者の権利侵害防止，救済策として重大な関心をもち，精神障害者福祉問題研究委員会で取り上げた欧米の「ペイシェントアドボカシー」（患者権利擁護制度）は，以下のように要約できる．
　すなわち，病院から独立したアドボケートが，病院に常駐するか少なくとも定期的に訪問して，患者の相談にのる．患者はポスターや名刺などでアドボケートの連絡先を知り，いつでもたとえ保護室のなかからでも連絡をとることができる．アドボケートは直接患者に会い，必要なときはカルテ等の記録をみる権限をもつ．アドボケートは中立ではなく，患者の側に立つ．患者の希望の実現のために代弁もするが，より望まれる方法として，患者自身が病院と話し合って問題解決できるよう，情報提供や援助を行うものである．
　このような制度は，近年わが国でも，施設オンブズマンとして身体障害，知的障害，高齢者の施設などで始まり，その後福祉施設での苦情解決や第三者評価の仕組みとしては，制度化されている．従事者が自らのサービスや処遇の内容を外部からみられ，チェックされることを求めるのは勇気のいることではあるが，精神科病院をはじめとする精神保健の現場でも，ぜひ同様の制度を実現させたいものである．
　なお「オンブズマン（ombudsman）」とはスウェーデン語で，その原義は強い行政的権限をもち中立の立場から裁定を下す者を意味する．しかしわが国の施設オンブズマンは，利用者に身を寄せたアドボカシー的なものとして機能していることが多いようである．
　さて，アドボカシーという言葉は，現在欧米でも，代弁を越えてより広い意味で使われるようになっている．その背景の1つに，当事者運動がいっそう力をもつようになり，患者・サービス利用者自らが自分たちの力で権利を主張する「セルフアドボカシー」の意義がますます強調されるようになったことがある．
　また，これまでは法律家やPSWをはじめとする元精神医療従事者がアドボケートになることが多かったが，患者体験をもつ「ピアアドボケート」が公的

にも増え，「ピアアドボカシー」が活発になってきたこととも関連している．こうした趨勢から，アドボカシーを，これら当事者によるアドボカシーと，法律家を中心とする権利侵害への法律相談や訴訟を含む法手続援助としての「リーガルアドボカシー」，および家族を含む市民ボランティアによる障害に対する偏見・差別への取組みや，よりよい精神保健サービス・地域ケアをめざす運動としての「シチズンアドボカシー」とに大別する分類もある．

　アドボカシーとは，「専門家による狭い意味でのパターナリズム（引用者註；家父長的保護主義の意）が引き起こす既存の医療や福祉システムの硬直を，専門家からユーザーへの意思決定の権限の分配比率を増大させることで解きほぐし，ユーザーを孤立させるのではなく，多様な他者が連携して支えることで自己決定を可能にするシステム」[4]という整理もあり，これはPSWの業務上重要な視点といえる．

　また，エンパワメント（empowerment）とは，個人や集団がより力をもち，自分たちに影響を及ぼす事柄を自分自身でコントロールできるようになることを意味する．もともとは，黒人，女性，移民，障害者などのマイノリティが，自分たちを差別，無力化する社会状況と対決する当事者運動のなかから出てきた概念で，知識や技術を得て周囲の状況を変え，主張する力をもつのみでなく，自分たち自身への自信のなさ，希望のなさを変え，自己や仲間の人生，自分たちが現在あることを肯定的に受け入れることを重要な要素として含んでいる．

　先にみたアドボカシーは，力（パワー）を，さまざまな不利な条件をもった人たちに移していくという意味で，エンパワメントを実現していく仕組み，方法であるといえる．一方で，たとえば精神保健福祉の領域で考えると，患者会活動はもちろん当事者向けの勉強会など，知識や情報をもつ機会や地域生活を支える資源が増えることまで，当事者のエンパワメントにつながることはすべてアドボカシーである，というくくり方もされている．

　このようにアドボカシーでもエンパワメントでも，当事者にとっては専門家にやってもらうのではなく，あくまでも自分自身が知識や技術をもち，自分で問題解決する能力をもつということが強調される．その今日的到達点を踏まえたうえで，医療・福祉の専門家の側から考えると，エンパワメントはサービスの目標であり，プロセスである．ソーシャルワークの分野でも，アメリカで1970年代後半からエンパワメントという言葉が使われ始め，その後ソーシャルワーク実践の目標として，世界的に多用されるようになった．

　エンパワメントアプローチでは，専門家はサービス利用者のパートナーとして働くことが強調されている．すなわち，サービス利用者は保護され指導される対象ではなく，自分の人生についての「専門家」であるという理念に立つ．

ソーシャルワーカーは，利用者各人の個性，価値観，所属するコミュニティや文化的背景を尊重し，利用者が自分の人生を決めていく意欲や問題解決能力をもっていることを信頼する．利用者の病状や障害に目を向けるのではなく，その人の健康さ，強さに注目するのである．

エンパワメントアプローチとしてのソーシャルワーク実践においては，以下の5点が要点となる．

①利用者の問題のとらえ方を受容する．
②利用者に意思決定の役割を保障する．
③利用者が環境に順応することより，自身の環境を批判的に分析し変えていく能力を高めることを重視する．
④自己効力感（セルフエフィカシー）の増す情報や技術の提供を重視する．
⑤相互支援やセルフヘルプのネットワークを活用する．

さらにエンパワメントアプローチの特徴として，エンパワメントが状況をコントロールする力を獲得する当事者運動から出てきた概念であること，それゆえ「非力さ」を個人の弱さとして治療・指導の対象とするのではなく，その人のおかれた社会関係と不可分のものとしてみることから，アプローチの対象は個人にとどまらず，コミュニティ，社会・政治的次元までの全体を一連のものととらえて変革の対象とする視点があげられる．

最後に，わが国では近年，「権利擁護」という言葉は，意思能力の弱い認知症高齢者や障害者の財産保護あるいは日常生活上の見守りなどの意味で使われることも多い．次節で詳述される「成年後見制度」「地域福祉権利擁護事業」等が，「保護」という名のもとに奪われてきた当事者の権利の尊重を旨として制度化されたことの意義はあるが，実際にそれらの制度下で「自己決定」がどこまで尊重されるかは疑問である．

一方，前記のアドボカシー（通常「権利擁護」の訳語が当てられている）やエンパワメントは，あくまでも当事者の主体性，自己決定の追求を基盤とする概念である．したがって，成年後見人と対立して本人の側に立つアドボカシーもありうるのである．「権利擁護」という語の多義性に注意を促したい．

［木村朋子］

文　献
1）障害者権利条約原文（Convention on the Rights of Persons with Disabilities）は国連のホームページで，邦訳は川島聡・長瀬修仮訳が日本障害者リハビリテーション協会のホームページで，日本政府仮訳は外務省ホームページでみることができる．両邦訳の対照表が，「福祉新聞社編：障害者権利条約で社会を変えたい―nothing about us, without us!．福祉新聞社，2008」に掲載されている．
2）国際法律家委員会編，広田伊蘇夫，永野貫太郎監訳：精神障害者の人権―国際法律家

委員会レポート，明石書店，1996．
3）精神保健ケアに関する法―基本10原則．精神看護，1(4)，1998，pp. 42-45．
4）髙橋涼子：アドボカシー制度．臨床精神医学講座22―精神医療と法．中山書店，1997，pp. 293-305．

参考文献
1）チェンバレン，J. 著，中田智恵海監訳：精神病者自らの手で―今までの保健・医療・福祉に代わる試み，解放出版社，1996．
2）河野正輝，大熊由紀子，北野誠一編：障害を持つ人の人権・3 福祉サービスと自立支援．有斐閣，2000．
3）小川喜道：障害者のエンパワメント―イギリスの障害者福祉．明石書店，1998．
4）小田兼三，杉本敏夫，久田則夫編著：エンパワメント実践の理論と技法―これからの福祉サービスの具体的指針．中央法規出版，1999．
5）高山直樹，川村隆彦，大石剛一郎編著：福祉キーワードシリーズ 権利擁護．中央法規出版，2002．

3-5　成年後見制度・日常生活自立支援事業（地域福祉権利擁護事業）とPSW

　社会福祉基礎構造改革に伴い相次いで行われた成年後見制度の改正，および地域福祉権利擁護事業（2007［平成19］年4月より「日常生活自立支援事業」と名称変更）の創設から，すでに10年近くが経とうとしている．これらの制度，とくに成年後見制度の活用については，制度自体が難解であり，特殊な領域といった印象を受けるかもしれない．しかし，当事者の生活を支援するという部分では，ソーシャルワーク実践の枠組みを超えるものではない．精神保健福祉士（以下，PSW）に対しては，近年，精神障害者の後見人等としての役割を期待する声が大きくなっている．

　こうした趨勢を背景に，本節では，「成年後見制度」と「日常生活自立支援事業」を概括し，そこにPSWとしてどうかかわるかを，実践的な立場から論じることとする．

1　「成年後見制度」の改正，「日常生活自立支援事業（地域福祉権利擁護事業）」創設の背景

　日本の成年後見法は，1896（明治29）年に公布された民法典総則編の禁治産宣告制度に始まり，戦後も基本的には大きな変化がないままに経過してきた．しかし，ノーマライゼーション，セルフアドボカシーなどが注目され始め，人権意識が高まりをみせるなかで，諸外国で成年後見制度改革の動きがみられる

ようになった．こうした各国の動きに刺激され，また急激な高齢化がもたらす諸問題への対応から，日本においても，これまでの成年後見制度を見直す必要に迫られるようになった．

その結果として，社会福祉基礎構造改革が行われ，福祉サービスの利用に関して，これまでの措置制度から，個人が自ら福祉サービスを選択し，提供者との契約に基づいて利用する制度への転換が図られることになった．これは，契約を交わす際の意思能力の有無が問われるということでもあり，介護保険制度の導入を目前に控え，判断能力が十分でない高齢者との「サービス契約」をどう実現するのかが論議された結果，これまでの「成年後見制度」を現状に即したものに改正せざるをえなかったという側面がある．

この改正は，1995（平成7）年に法務省民事局内に「成年後見制度問題研究会」が設置された後，法務省民事局法制審議会民法部会で審議され，1998（平成10）年に「成年後見制度の改正に関する要綱試案」として公表された．本試案は，フランス，オーストリア，カナダのケベック州などの改正法，ドイツの世話法，イギリスの持続的代理権などを参考に，自己決定の尊重の理念（残存能力の活用，ノーマライゼーション等の理念を含む）と本人保護の理念との調和を旨として作成された．各方面からの意見照合を行った結果，1999（平成11）年，民法の一部を改正する法律が施行され，2000（平成12）年4月より新しい「成年後見制度」がスタートしたのである．

当時の厚生省は，財産管理にとどまらず日常生活上の支援を行うことが重要との認識に立ち，成年後見制度と抱き合わせのかたちで，判断能力が十分でない認知症高齢者や知的障害者，精神障害者を対象とした地域福祉権利擁護事業を創設した．今回の成年後見制度の改正と地域福祉権利擁護事業の創設は，判断能力が十分でないとされる当事者との「サービス契約」をどう成立あるいは補完するのかという問題に対する回答であり，地域福祉権利擁護事業には，成年後見制度を補完する役割をも期待されていたのである．

2 「成年後見制度」の主な内容

新しい成年後見制度の主な改正点としては，①自己決定の尊重と本人保護の理念の調和，②禁治産・準禁治産制度の改正に伴う2類型から3類型への転換，③法定後見人の選任・監督人制度の強化，④成年後見登記制度の創設，⑤任意後見制度の創設等があげられる．

とくにこれまで，保護対象が「禁治産者（判断能力を欠く常況にある者）」「準禁治産者（判断能力が著しく不十分な者）」の2類型しかなかった制度を，「後見（禁治産に相当）」「補佐（準禁治産に相当）」「補助（判断能力が不十分

で，自己の財産を管理・処分するには援助が必要な場合があるという程度の軽度の痴呆・知的障害・精神障害の状態にある者）」の3類型とし点が重要である．「補助」制度の創設により，特定の法律行為に対する部分後見が実現し，自己決定を尊重して，「代理権のみの付与」「同意権・取消権のみの付与」「代理権及び同意権・取消権の付与」の3通りの保護方法のなかから，内容・範囲の選択を当事者に委ねることになった．

　旧法では，夫婦の一方が禁治産の宣告を受けた場合，他方が後見人になるとされていた．しかし新法では，家庭裁判所が個々の事案に応じて「最も適切な人物」を選任することができるようになった．一方，身寄りのない人については，市区町村長に審判の申立権を付与することとなった．さらに，成年後見人等について法人を含む複数の選任が可能となり，成年後見人等を監督する立場として監督人をおくことも盛り込まれた．これまで行われていた禁治産・準禁治産の戸籍への記載も，新たに成年後見登記制度が設けられたことにより，通常の戸籍とは分けられ，プライバシーが保護されるようになったのである．

　また，同時期に「任意後見制度」が創設されたことも，注目に値する．任意後見制度とは，判断能力が低下した場合に備えて後見人を自分で選び，委任契約を締結して，その権限の内容を決めておくという制度である．家庭裁判所が任意後見人を監督する任意後見監督人を選任したときから，効力が生じる仕組みになっている．

3　PSWからみた「成年後見制度」の問題点と課題

　今回の改正については，「保護」という名のもとに奪われてきた当事者の権利の一部が尊重されることが盛り込まれた点で，一定の評価はできる．しかし一方では，選任される後見人等の裁量で自己決定が尊重される範囲が異なる現実があり，家庭裁判所の監督機能や選任される監督人の権限にも限界がある．また，障害に関する専門的な知識の不足や後見人等への報酬の支払いが困難といった理由で，当事者にとって「最も適切な人物」が選ばれるべきなのに，実際は「なり手がいない」という理由で暗礁に乗り上げることもある．現在，社会福祉士会や司法書士会などが成年後見活動を行う人材（第三者後見人）養成を事業として展開している．申立件数は年々増加しており，PSWにも，身寄りのない精神障害者等の後見人等や監督人としての機能が期待されているのである．

　一方，成年後見人等がつけばすべての問題が解決するという期待をもつ家族もいるが，実際にはそうはいかない．旧法の後見人に義務づけられていた「身上監護義務」は，「身上配慮義務」として後見・補佐・補助まで広げられた．

しかしその内容は，「その心身の状態及び生活の状況に配慮しなければならない」というものである．

　具体的には，生活や財産管理に係る事務を行うにあたっての「身上配慮義務」であり，事実行為を含まないとされている．後見人等がつくことで，介護保険等のサービス利用，施設入所契約等はできるが，調整したサービスが十分なものでないかぎり，逆に日常生活上の権利を侵害することになるリスクもあるのである．成年後見人等は単に生存を保障するのではなく，当事者の意思を代弁し，実現していく立場にあることを忘れてはならない．

　また，鑑定にかかる費用が以前より軽減したとはいうものの，経済的な裏づけがないために成年後見制度を利用できないケースも多い．市町村が申立てに必要な費用等を負担してくれる成年後見制度利用支援事業への取組みも，自治体によって格差があるのが現状である．経済的に余裕のない人が制度を活用するためには，鑑定・申立て費用，後見人等に支払われる報酬が確保されることが前提となることから思えば，日本の制度はまだまだ成熟しているとは言い難い．カナダ等では「公後見人制度」が設けられているが，日本ではまだ実現されておらず，成年後見制度は資産のある人を対象とした財産保全のための制度という認識を拭えないのが現状といえる．

　その他，今回の改正においても，被後見人には選挙権が与えられておらず，手術の同意，延命，移植といった身体への侵襲，生命倫理にかかわる問題や死亡後の問題については手つかずのままである．精神障害者の場合，精神保健及び精神障害者福祉に関する法律（精神保健福祉法）上の「保護者」と，後見人の義務と権限に関しては未整理の部分も多い．医学的所見を記した鑑定書が審判を受ける際の重要な根拠となっていることも，これまでと変わっていない．当事者の生活のなかでの「判断能力」の査定が医学的なものだけで十分なのかどうかという議論は，今後もなされてしかるべきであろう．

4 「日常生活自立支援事業（地域福祉権利擁護事業）」の主な内容

　日常生活自立支援事業（地域福祉権利擁護事業）は，1999年10月，厚生労働省の補助事業として，社会福祉協議会（以下，社協）に委託するかたちで開始された．翌2000年5月の「社会福祉法」の一部改正で，第2種社会福祉事業である「福祉サービス利用援助事業」の1つに位置づけられ，都道府県の基幹社協もしくはNPO等が窓口となり，実施されてきた．

　具体的には，在宅の，認知症状のある高齢者や知的障害者，精神障害者などを対象に，自己決定能力が低下している人びとが地域で安心して暮らせるように支援することを目的としている．適切な福祉サービス等の利用を支援し，必

要に応じて日常生活上の金銭管理等の直接的サービスを併せて提供している．具体的には，①福祉サービスの利用援助，②日常的な金銭管理サービス，③書類等の預かりサービス等が行われている．

　これらのサービスは，事業に中心的にかかわる「専門員」が立てた支援計画に基づいて実施され，定期的に見直しが行われるシステムになっている．契約が適正に交わされているかをチェックする「契約締結審査会」と，事業の苦情に対応する「福祉サービス運営適正化委員会」が設置されており，都道府県社協からPSWが参加要請されている例も多い．

　事業の流れとしては，専門員が相談を受け，当事者との契約に則って「生活支援員」が有料でサービスを提供する．「契約」は，本人または代理人との民法上の任意委任契約という形式をとっており，手帳の保持や診断書の提出が必須の条件になっているわけではない．そこで，事業の適用に関して専門員の力量が問われることにもなるのである．「契約締結ガイドライン」が作成されてはいるが，自己決定能力が低下している人を対象としているため，契約能力の判断がむずかしいケースについては「契約締結審査会」で審査が実施される．

　2008（平成20）年3月末の全国社会福祉協議会の統計では，相談件数は全国で約338万8,000件，契約締結件数は約55,000件となっており，その内訳としては認知症高齢者約35,000件，知的障害者約8,000件，精神障害者約8,500件と，認知症高齢者が3分の2以上を占めている．入院や施設入所，あるいは死亡による契約終了や，成年後見制度への移行が必要なケースも今後増加していくことが予想される．

5 「日常生活自立支援事業（地域福祉権利擁護事業）」の問題点と課題

　日常生活自立支援事業は，当初から，相談件数に比して契約件数が伸びていないことが指摘されている．その主な要因としては，①事業におけるサービスの範囲が狭く，実際のニーズはもっと幅広く生活全般に及ぶものであること，②当事者と家族や支援者の合意が得られず，契約に至らない状況があること，③有料であることによる利用の躊躇などが考えられる．

　事業におけるサービス内容と当事者のニーズが合わない場合には，社会資源が不十分ななかで調整を行う必要性に迫られるなど，専門員には幅広い知識や技術が求められる．費用も他の福祉サービスとは異なり，生活保護世帯以外は同じ基準で徴収されている．各都道府県によって利用料は異なっており，さらに，独自で利用料の減額制度などを実施している市区町村もある．事業には財政面の限界もあり，前向きに取り組めば取り組むほど，専門員，生活支援員のマンパワーの不足が深刻になってくるといった課題もある．

日常生活自立支援事業では，相談から契約に至るまで専門員が何度も当事者と面接して意思確認を行っており，専門員との援助関係なしには成立しない．関係性の構築に時間がかかるため，自ずと契約までに期間を要することになるが，そのプロセスにこそ社会福祉実践の意義がある．また，事業をうまく活用するためには，周囲の支援者の理解や協力が必須であり，連携や調整を行っていくのも PSW の側面的な支援機能だといえる．

6　今後の方向性

　現在，自治体や福祉施設では，オンブズマンが導入されたり，第三者によるサービス評価が実施されたりしている．また，都道府県の福祉サービス運営適正化委員会等による苦情解決への対応や各施設での苦情解決の仕組みづくりが進み，人権が保障されるためのシステムが構築されつつある．障害者が権利を擁護されるだけでなく，自分たちで権利を主張していくことが保障されるシステム構築が待たれている．

　精神医療も質が問われる時代になっているが，病院のなかでの権利擁護に関する取組みは，まだまだ十分とはいえない．日常生活自立支援事業は，入院・入所中の人や成年後見人等がついている人も，後見人等との契約という形態をとることにより，対象に含んでいる．今後，長期入院者の退院促進支援の一環としての制度活用に期待がもたれている．成年後見制度に関しては，成年後見人等としての役割を PSW が担うことも，個人や NPO 法人等での活動を通じてすでに行われている．今後専門職団体が，成年後見人等の養成にどう取り組むのかが問われてもいる．

　前述してきたように，PSW には，精神障害者等の権利擁護に積極的にかかわる姿勢が求められている．それぞれの地域で，福祉，医療，保健，教育，司法などの領域を超えたネットワークづくりが広がりつつあるが，地域間で温度差もある．相談そのものの多さから生活上の権利に関するニーズは大きいことがうかがえる．個別的なニーズをどう把握し，具体的にどうかかわるのか，その実現のためのシステムづくりに専門職としてどう取り組んでいくのかは，「当事者の立場に立つ」ことを実践の核としてきた私たち PSW の真価が問われる課題ともいえるのである．

［岩崎　香］

参考文献
1) 新井　誠編：成年後見—法律の解説と活用の方法．有斐閣，2000．
2) ベイトマン, N., 著，西尾祐吾監訳：アドボカシーの理論と実際—社会福祉における代

弁と擁護，八千代出版，1998.
3）東京都福祉局総務部福祉改革推進課編：成年後見制度及び福祉サービス利用援助事業の利用の手引き―判断能力が不十分な人への契約支援．改訂版，東京都福祉局，2002.

3-6 司法精神保健福祉に係る活動の実際

1 司法精神保健福祉にかかわる PSW について

　現在，わが国における「司法精神医療福祉」の中核となっているのは，「心神喪失等の状態で重大な他害行為を行った者の医療及び観察等に関する法律」（心神喪失者等医療観察法，以下，医療観察法）を柱とした「医療観察制度」（図3-4参照）である．わが国では近年まで，他害行為などの犯罪行為を行った精神障害者に対して，司法，精神医療，保健，福祉分野の各関係機関が個々に対応し，それぞれが相互に連携する総合的な枠組みが整備されてこなかった．2003（平成15）年に医療観察法が成立したことにより，重大な他害行為を行った精神障害者に対しては，いくつもの問題点をかかえながら，司法，精神医療，保健，福祉分野の各関係機関が，有機的にかかわっていく仕組みがある程度整備されることとなった．
　医療観察制度においては，専門的なかかわりを行う精神保健福祉士（以下，PSW）として，(1)入り口にあたる裁判所の審判部分に関与する精神保健参与員，(2)入院処遇・通院処遇における対象者の治療・リハビリテーション・社会復帰援助にかかわる指定入院医療機関・指定通院医療機関のPSW，(3)対象者の調査・関係機関やケア計画の調整・精神保健観察などを行う保護観察所の社会復帰調整官などがあげられる．またその他にも，地域において，社会復帰施設や関係行政機関・相談機関などのPSWが一般の精神障害者と同様に対象者も援助していることが多く，現状においてPSWは，医療観察制度の各ステージに幅広くかかわっている．とくに，「精神保健参与員」と「社会復帰調整官」は，医療観察法により新設された職種であり，その役割が注目されている．「精神保健参与員」は，地方裁判所において，医療観察法の審判そのものに関与することになる職種であり，「社会復帰調整官」は，保護観察所（法務省）に所属して，対象者の社会復帰全般をサポートしていく職種である．いずれも「精神保健福祉士」の資格を有している者を，その職種の中核として想定している．
　医療観察法による指定入院医療機関には，厚生労働省のガイドライン等により，PSWの配置が定められている．そして，指定入院医療機関・指定通院医療

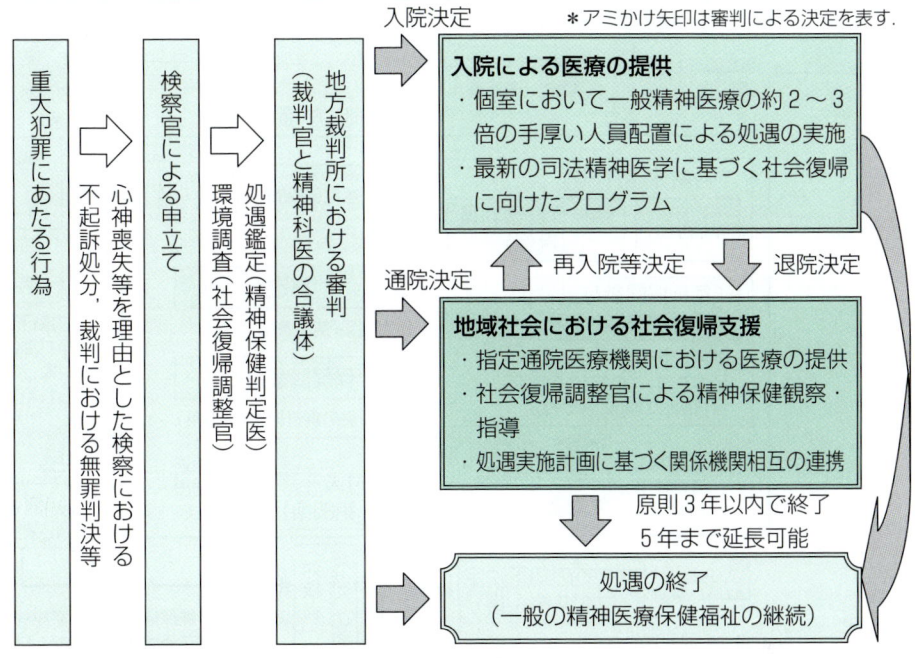

図3-4 医療観察制度における対象者の処遇の流れ

機関のPSWには，多職種チームの一員として，対象者の治療・リハビリテーション，社会復帰援助にかかわるとともに，対象者の権利を擁護し，その処遇や手続きを援助することが求められている．また，都道府県，市町村等の行政機関や精神障害者社会復帰施設のPSWには，社会復帰調整官とともに地域で対象者の社会復帰を支援していくことが求められている．このようにPSWは，医療観察制度において，地方裁判所の審判から地域での社会復帰援助まで，多くの局面で重要な役割を担うことになっている．

2 専門的に司法精神保健福祉にかかわるPSW

PSWは，次に列記するような職種，各種機関・施設で司法精神保健福祉にかかわることになる．
   (1)精神保健参与員
   (2)指定入院医療機関のPSW
   (3)指定通院医療機関のPSW
   (4)社会復帰調整官
以下に，それぞれの職種，各関係機関での役割について述べる．

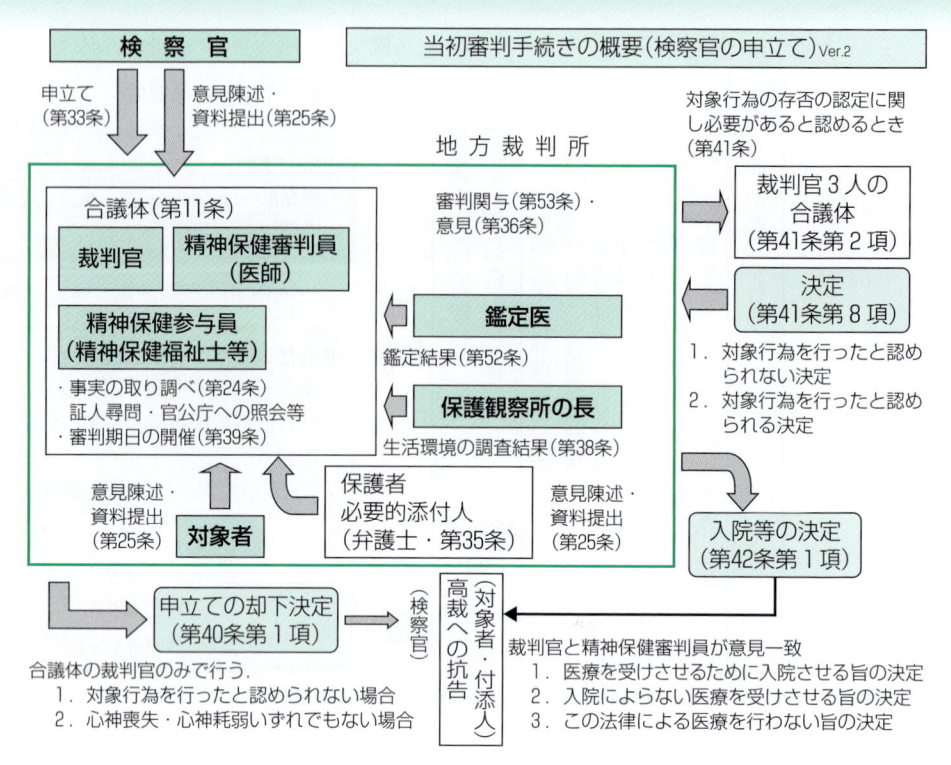

図3-5 審判制度の概要

3 精神保健参与員の業務

　医療観察法は，新たな裁判制度として，医療観察法の対象者の処遇の要否および内容を決定する審判制度を新設した（図3-5参照）．新設された審判制度は，地方裁判所において，裁判官とともに，精神医療の関係者をその審判にかかわらせることとし，「精神保健審判員」と「精神保健参与員」という新たな職種を創設した．「精神保健審判員」「精神保健参与員」は，共に地方裁判所の非常勤職員であり，特別職の公務員という位置づけにおいて，その業務を行うことになっている．医療観察法の審判では，裁判官と精神科医師である精神保健審判員による合議体がつくられ，対象者の処遇の要否および内容を審議していく．精神保健参与員は，PSWを中心に精神保健福祉に専門的な知識を有するもののなかから選任され，その知識・経験等に基づき，裁判官と精神保健審判員による合議体に適切な判断を行うための専門的知識や有益な意見を提供することとなっている．
　精神保健参与員に求められている専門的な知識や有益な意見は，精神保健福

祉関係の援助方法や関連する制度，社会復帰施設等の利用，ケアマネジメント手法など，対象者の社会復帰に関することが中心となる．そのような精神保健参与員の知識や意見は，医療観察法の審判においては，検察官より申し立てられる「当初審判」とともに，指定入院医療機関などから申し立てられる「退院許可申立て時の審判」や入院・通院対象者等に対して医療観察法による医療を終了し，精神保健及び精神障害者福祉に関する法律（以下，精神保健福祉法）への移行などを審議する「医療終了の審判」等において，とくに重要となっている．

　また，精神保健参与員は，その業務の特殊性から医療観察法の守秘義務規定「精神保健審判員若しくは精神保健参与員又は，これらの職にあった者が，正当な理由がなく評議の過程又は裁判官，精神保健審判員若しくは精神保健参与員の意見を漏らしたときは，30万円以下の罰金に処する」（第118条）が課せられており，審議過程等について，精神保健参与員以外の者が参加する「スーパービジョン」や「事例検討」を行うことがむずかしくなってしまっている．そのため，精神保健参与員は，最高裁判所や地方裁判所の主催する精神保健参与員のための「意見交換会」や「事例検討会」，精神保健参与員自身による都道府県単位の「自主学習会」などに積極的に参加し，このような機会を通じて，その知識や技量を高めていくことが求められている．

4　指定入院医療機関における PSW の業務

　指定入院医療機関の医療観察法病棟は，法律的にも物理的にも非常に拘束力の強い施設であるため，医療観察法では，入院対象者に対しては，その人権を保護するための権利擁護関連の諸制度が定められている．医療観察法病棟の職員には，このような医療観察法における指定入院医療機関の権利擁護関連の諸制度（抗告や退院請求，処遇改善請求，倫理会議の役割，行動制限等）に基づいて治療を行うことになっている．とくに，指定入院医療機関の PSW は，指定入院医療機関における対象者の権利擁護関連の諸制度を熟知し説明できること，そして，対象者の立場に立って，その手続きなどを援助していくことが求められている．また，厚生労働省のガイドラインにおいても，PSW の治療プログラムとして「権利擁護講座」を行うことが定められている．

　また，対象者への医療観察制度の概要や地域処遇の流れ，社会資源の利用方法等の説明については，PSW の治療プログラムである「社会復帰講座」などで行われている．このプログラムで PSW は，社会復帰関連施設，福祉関連制度等とともに，医療観察法の審判制度や指定入院医療機関，指定通院医療機関についての説明，社会復帰調整官の役割，医療観察法における退院後の地域ケア

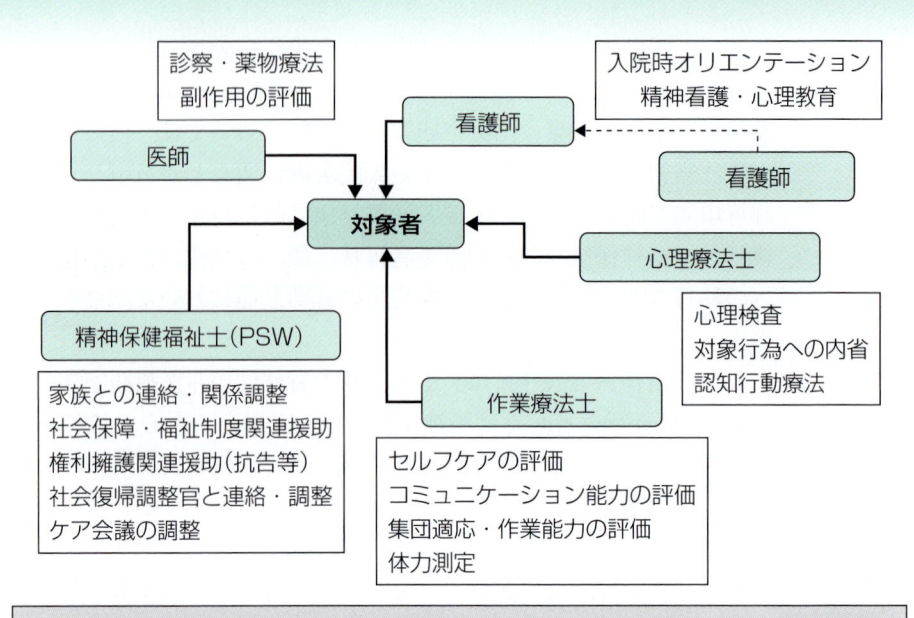

```
                  診察・薬物療法                 入院時オリエンテーション
                  副作用の評価                   精神看護・心理教育
                          ┌──────┐     ┌──────┐
                          │ 医師 │     │看護師│
                          └──────┘     └──────┘        ┌──────┐
                                  ↘    ↓                │看護師│
                                  ┌────────┐            └──────┘
                                  │ 対象者 │  ←─────
                                  └────────┘         ┌────────┐
                                    ↑   ↑            │心理療法士│
                          ┌──────────────┐           └────────┘
                          │精神保健福祉士(PSW)│           ┌──────────┐
                          └──────────────┘              │ 心理検査 │
                              ↑  ┌──────────┐           │ 対象行為への内省│
                                 │ 作業療法士│           │ 認知行動療法│
                                 └──────────┘           └──────────┘
```

（図中テキスト）
- 家族との連絡・関係調整
- 社会保障・福祉制度関連援助
- 権利擁護関連援助（抗告等）
- 社会復帰調整官と連絡・調整
- ケア会議の調整

- セルフケアの評価
- コミュニケーション能力の評価
- 集団適応・作業能力の評価
- 体力測定

> 指定入院医療機関へ医療観察法の対象者が入院すると，その対象者ごとに担当の医師（1名），看護師（1～2名），作業療法士（1名），臨床心理技術者（1名），精神保健福祉士（PSW，1名）がそれぞれ選任され，その対象者の担当多職種チーム（5～6名）が編成される．

図3-6　指定入院医療機関における多職種チームによる医療

計画となる「処遇実施計画」などを紹介し，対象者が社会復帰において必要となる知識とイメージをもってもらうよう援助している．また，指定入院医療機関のPSWは，他の多職種チームとともに，対象者の治療内容や病状，生活状況等のアセスメントを行い，社会復帰調整官の正確な対象者理解をサポートするとともに，保護観察所の社会復帰調整官が行う退院予定地域の関係機関調整や退院後のケア計画の作成に協力し，対象者の退院支援や社会復帰を全面的に援助している（図3-6参照）．

5　指定通院医療機関におけるPSWの業務

　指定通院医療機関では，ノーマライゼーションの観点をふまえた通院対象者の社会復帰の早期実現をめざし，プライバシー等の人権に配慮しつつ，透明性の高い医療を多職種のチームにより提供することが求められている．また，指定通院医療機関においては，当該通院対象者の状況に応じて専門的な通院医療を提供するとともに，一時的な病状悪化の場合などには，精神保健福祉法等により，入院医療を提供していくことになっている．

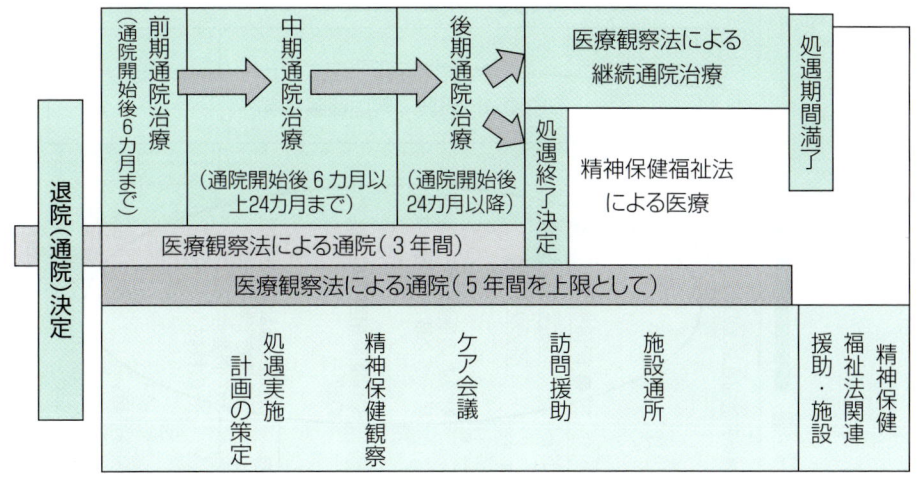

図3-7 通院処遇概要

　通院期間は,「通院前期(通院開始後6カ月まで)」,「通院中期(通院開始後6カ月以降24カ月まで)」,「通院後期(通院開始後24カ月以降)」の3期に分けられており,3年以内に一般精神医療への移行をめざしている(図3-7参照).そのため,対象者ごとに治療計画を作成し,定期的な評価を行うとともに,治療への動機づけ等を高めるために十分な説明を行い,通院対象者の同意が得られるように努める(必要に応じ当該対象者が参加する多職種チーム会議も実施する).保護観察所その他の保健・医療・福祉の社会資源と連携をとりながら対象者を支援することになっている.

　指定通院医療機関のPSWは,これらのことをふまえて通院対象者の援助を行っていくことになる.まず,指定通院医療機関のPSWは,鑑定入院から地方裁判所の審判の決定により医療観察法の通院となる「直接通院」や審判の入院決定による指定入院医療機関の入院を経て通院となる「移行通院」について,それぞれ地方裁判所,保護観察所,指定通院医療機関,強制機関等と指定通院医療機関との窓口となり,保護観察所の社会復帰調整官と連携しながら,対象者の受け入れのための各種関係機関との調整などを行っていく.そして,保護観察所が定期的に主催する「ケア会議」に協力し,地域社会における処遇に携わる関係機関等が通院対象者に関する必要な情報を共有し,処遇方針の統一を図る.また,処遇の実施計画の見直しや各種申立ての必要性等について検討していくことになっている.

　指定通院医療機関内においても多職種チームの一員として,通院対象者に個

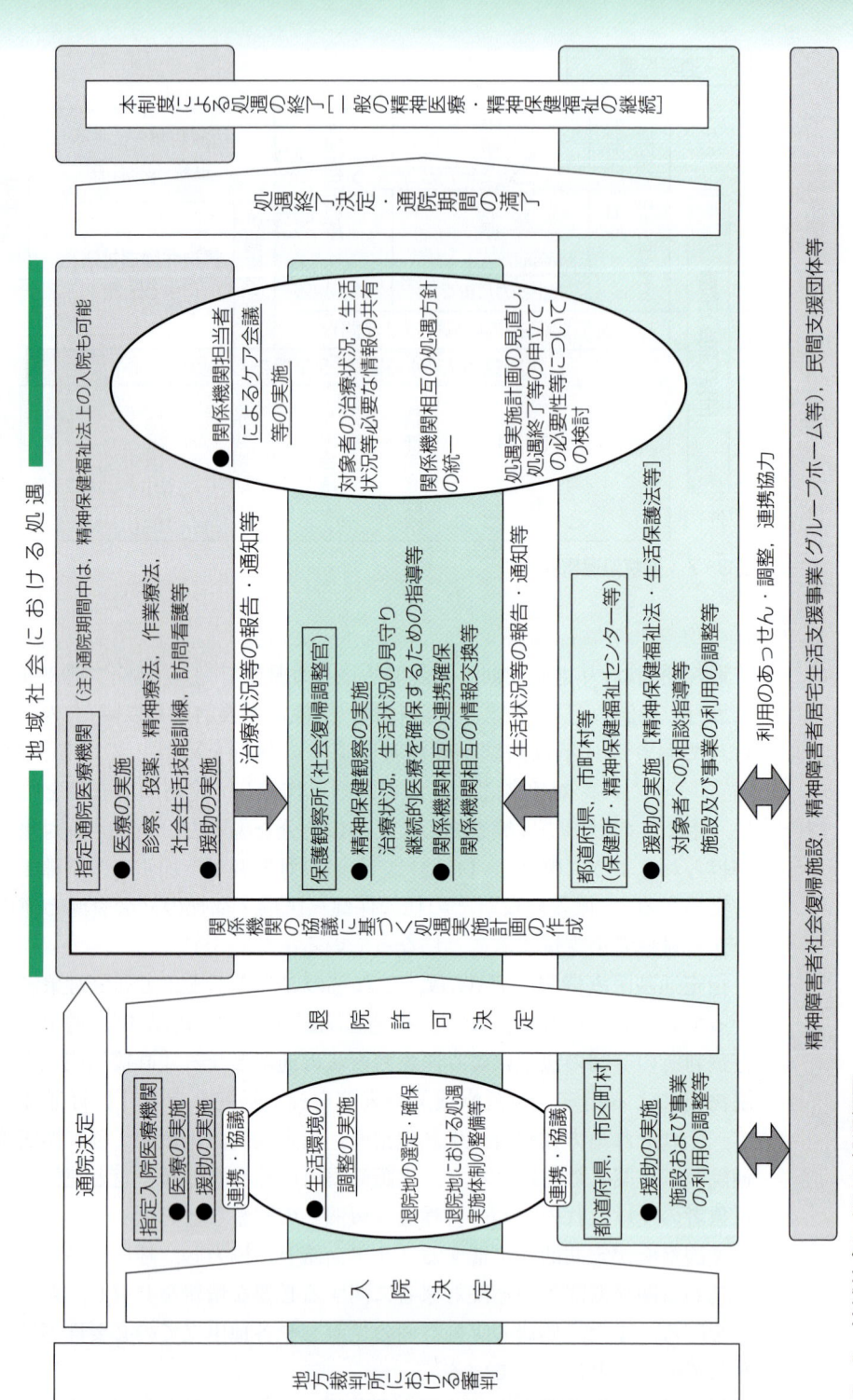

図3-8 地域社会における処遇概要

別の治療計画を作成し定期的に当該通院対象者の評価を行うなど，各職種が連携を図りながら社会復帰援助を中心に，治療やリハビリテーションに積極的にかかわることになる．とくに，指定通院医療機関による訪問看護等を中心とする訪問援助やデイケア，作業療法等の精神科リハビリテーションにおける対象者への直接援助や調整などについては，指定通院医療機関のPSWが中心となって業務を行っている．

6　社会復帰調整官

社会復帰調整官は，医療観察法の対象者の社会復帰等を援助するために新設された職種であり，法務省の保護観察所に所属する国家公務員である．医療観察法においては，この職種に採用される者として「精神保健福祉士その他の精神障害者の保健及び福祉に関する専門的知識を有する者として，政令で定めるものでなければならない」（第20条3項）とされている．

社会復帰調整官は，医療観察法において対象者の社会復帰を援助する中心的な職種であり，その業務は多岐にわたっている（図3-8参照）．地方裁判所の当初審判では，社会復帰調整官が，対象者の生活環境の調査（第38条）を行うことになっている．そして，対象者が指定入院医療機関に入院になると，対象者・家族の相談に応じながら，指定入院医療機関の多職種チームと連携し，対象者の退院・社会復帰を援助していくなどの生活環境の調整を行っていく（第101条）．また，指定入院医療機関や地域の関係機関と協力し，対象者の退院予定地域でのケア計画である「処遇実施計画」（第104条）案を作成する．そして，この「処遇実施計画」に基づいて，医療，精神保健観察および援助などが行われることになる（第105条）．

退院後の対象者の地域生活では，社会復帰調整官は，指定通院医療機関や地域の関係機関と連携・協働し，対象者の生活状況を見守るとともに，継続的な医療を受けさせるために必要な指導など「精神保健観察」（第106条）を行うことになる．

［三澤孝夫］

第4章
新たな動向と課題への取組み

第4章 新たな動向と課題への取組み

4-1 地域移行（退院促進）支援におけるPSW

1 退院促進支援の歴史

　わが国における精神障害者の入院に関しては，先進国に比べ精神科病床が多く，しかもそれが減少することなく維持されていること，また入院期間が長く，社会的入院者が存在することなどが，かねてから指摘されている．この社会的入院者を含む入院患者の退院については，これまでも精神科病院において精神保健福祉士（以下，PSW）を中心にさまざまな取組みが行われてきた．

　この流れのなかで，いち早く行政が事業として退院促進支援を展開したものとして大阪府の例をみることができる[1]．1993（平成5）年，いわゆる大和川病院事件が起こり，精神障害者に対する権利侵害が大きくマスコミで報道された．すでに関連事案の検討に取り掛っていた大阪府精神保健福祉審議会は，この事件を契機に「生活・人権部会」を新たに設置し，1999（平成11）年3月には「大阪府障害福祉圏域における精神障害者の生活支援施策の方向とシステムづくりについて」と題する答申書をまとめた．答申書では社会的入院が人権侵害であり，退院促進が行政課題であることが明確に示され，その具体策として大阪府は，2000（平成12）年度から「退院促進事業」をスタートさせている．

　一方，国は2003（平成15）年度から「精神障害者退院促進支援事業」をモデル事業として創設した．

　2003年5月に精神保健福祉対策本部により中間報告書がまとめられているが，そこには，受け入れ条件が整えば退院可能な社会的入院者が72,000人存在すると明記されている．翌2004（平成16）年9月には「精神保健医療福祉の改

革ビジョン」がまとめられ，このビジョンをもとにさまざまな改革が推進されていった．

2006（平成18）年10月には「障害者自立支援法」（以下，自立支援法）が全面施行されている．これにより退院促進支援事業は，これまでのモデル事業から都道府県地域生活支援事業として位置づけられ，実施されることとなった．モデル事業の段階での実施状況は，2003年度が16都道府県等であったが，2005（平成17）年度は30都道府県等に増え，2007（平成19）年度には41都道府県，227圏域で事業が実施された．このようなかたちで取組みが進むなかで，本事業の課題として以下の3点が明確化した．

⑴退院促進に向けた医療機関と地域の連携が不十分である．
⑵個別支援にとどまっており，体制整備が明確化されていない．
⑶全都道府県で実施されていない．

以上の課題をふまえ，2008（平成20）年度には，地域生活支援を発展させていくための体制整備を目的として「精神障害者地域移行支援特別対策事業」が創設された．本事業では，各圏域の総合調整役として「地域体制整備コーディネーター」の配置が決められている．また，これまでの「退院促進支援」という表現から「地域移行支援」に変わった点，「自立支援員」についても「地域移行推進員」と名称変更された点も注目されるところである．

2　地域移行支援の展開

地域移行支援事業（退院促進支援事業）の特徴の1つに，「地域移行推進員（自立支援員）」の存在があげられる．地域移行推進員はPSW等が依嘱されるもので，相談支援事業所等に配置され，地域移行支援を具体的に進める役割が課されている．

精神科病院のスタッフにより実施されてきた従来の退院援助とは異なり，本事業では，外部スタッフである地域移行推進員が精神科病院に入っていき，関係機関と連携しながら退院に向けた支援を展開していくことになる．地域移行推進員による支援には，入院中の対象者に面接を行って退院への動機づけや不安な気持ちの解消に努めることや，外出に同行して買い物やグループホームへの見学を支援することなどがある．退院に向けた支援を入院中から一定期間実施し，退院後も地域への定着に向けてフォローしていく．

地域移行支援の対象者は，精神科病院内に貼られたポスターをみて希望する者や懇談会等における説明を聞いて希望する者のなかから主治医が許可した者，あるいは主治医やスタッフによって選出された者が，まず候補者となる．これらの候補者のなかから自立支援協議会において事業対象者が決定され，対象者個々への地域移行支援がスタートする．

自立支援協議会は，都道府県から委託された相談支援事業所等が主催し，保健所，市町村，精神医療機関，地域関係機関等が構成員となり，年に数回開催されるものである．なお事業対象者の決定は，自立支援法に基づいて市町村や圏域等に設置される地域自立支援協議会において実施することも可能である．

事業対象者が決まると，先に述べた地域移行推進員が担当者として決められ，支援実務者の会議であるケア会議において，支援計画の検討や評価などが行われる．ケア会議の参加者は，地域移行推進員や事業対象者，および家族や関係機関の職員等，支援関係者である．なお，相談支援事業所，保健所等のPSWや保健師がケアマネジメント担当者となることもあるが，その場合はケア会議にケアマネジメント担当者の立場で出席し，会議の進行を司ることになる．

地域体制整備コーディネーターの役割は，地域移行推進事業が円滑に実施されるよう精神科病院や地域の関係機関に対して働きかけることや，必要な事業，社会資源の創出に関して助言・指導を行うことである．また，複数圏域にまたがる課題の解決等に助言することも重要な役割である．

なお本事業では，精神障害当事者が地域移行推進員を担うこともあれば，ピアサポーターとして対象者にかかわるなど，都道府県によりその度合いに違いはあるものの，当事者のかかわり（ピアサポート）を積極的に活用している点も特徴の1つである．

3 地域移行支援の成果

地域移行支援の成果について，大阪府の報告と社団法人日本精神保健福祉士協会が実施した調査をもとにみておきたい．

まず，「平成19年度大阪府精神障がい者退院促進支援事業報告書」[2]によると，2007年度に大阪府において実施された退院促進支援事業の対象者は71名で，そのうち2007年度新規対象者は28名であった．28名の性別では男性が多く（19名），経済状況では，障害年金あるいは生活保護のいずれかを収入源としている者が7割以上を占め，入院前に「家族と同居」していた者が7割であった．

2007年度に支援した71名のうち退院した者は23名（32.4％）であった．この23名の退院後の住まいは，「一人暮らし」が9名（39.1％），「家族と同居」が6名（26.1％），残りは「グループホーム」と「ケアホーム」を合わせて5名（21.7％）であった．退院後利用している社会資源としては，「訪問看護」が最も多く（15名，65.2％），「支援センター」「ホームヘルプサービス」と続いた．

さらに同報告書によると，事業を開始した2000年度から2007年度までの支援対象者の実数は245名で，うち151名（61.6％）については退院まで至って支援

を終了したが，56名（22.9％）は退院に至らず支援中止となった．

2003年度から2007年度の支援対象者をみると，退院阻害要因として，「環境変化への強い不安」「現実認識の乏しさ」「家事能力の乏しさ」などが，本人に起因するものとしてあげられた．その一方で，「家族にサポートする機能がない」「家族がいない」「退院後サポートする人的資源が乏しい」「住まいを確保できない」など，本人以外に依拠する退院阻害要因もあげられている．

一方の社団法人日本精神保健福祉士協会が2007年度に実施した調査[3]では，退院促進（地域移行）支援事業の担当者と利用（対象）者の双方にヒアリング調査を実施し，以下のことを地域移行支援の成果として確認した．

当事業を活用して退院した対象者本人に対するヒアリングでは，入院時に家族に暴力をふるってしまったことなどが影響して，「家族は退院に非協力的であったが，関係機関の協力が得られることを知って協力的になった」との声が聞かれた．また，病院のスタッフも外出などに同行支援しているが，地域移行推進員が「外部から来て支援してくれることは新鮮で，退院に対するモチベーションが上がった」，さらには，地域移行支援事業で「退院していく人をみて，自分も退院できるのではないかと思えるようになった」とか，「病院に来たピアサポーターの経験談を聞き，退院後の生活がイメージできて不安が解消された」などの発言もあった．

精神科病院の担当スタッフに対するヒアリングでも，「地域移行支援事業で退院していく人をみて，他の患者も可能性があるのではないかと候補者を探すようになり，地域移行支援事業に意欲的に取り組むようになった」と，成果が語られている．

また，地域移行推進員を委嘱された地域生活支援センター等のPSWは，その成果として，「これまで踏み込むことができなかった精神科病院のなかに入って支援することができるようになったことにより，精神科病院のスタッフに地域内の関係機関の存在やその機能を伝えることができた」ことなどをあげている．

行政サイドの担当職員も，「地域移行支援事業により，関係機関が組織的に連携しながら社会的入院者の解消に向けた取組みができるようになった」としている．

4 地域移行支援とPSW

先述のように，退院に向けた支援は精神科病院に所属するPSWの重要な業務として，これまでも熱心な取組みが行われてきたことは紛れもない事実である．PSWの専門性がそこにあるといっても過言ではないだろう．しかしながら，そうした努力によってもなお，入院の長期化や相当数の社会的入院者の存

在，入院者の高齢化など，実にさまざまな問題が未解決のまま推移してきたことも認めざるをえない事実である．地域移行支援事業がこの流れのなかで登場してきたことを考えると，本事業におけるPSWの役割は多方面に及び，かつ重要であるといえよう．

第一にあげられるのは，地域移行推進員としての役割である．この職種は，「精神保健福祉士等」と規定されており，PSW相当職であることが理想ではあるが，実際は，各地で幅広い職種が担っている．なかには，専門職ではない精神障害当事者や精神保健福祉ボランティア，さらには一般市民に委嘱している地域もある．

先述のように，地域移行推進員は本事業の要となる存在である．なぜならその活動では，地域移行支援事業の対象者のモチベーションを保ちつつ，退院に向けて，対象者のスキルアップや細々とした準備を的確かつ，対象者のペースで進めていくことが求められるからである．また，病院スタッフとの連携や退院後のサービス提供者との連携においても，きめ細やかな配慮が欠かせない業務であるからである．

もう1つの機能である地域体制整備コーディネーターには，対象者の個別支援というより，地域全体の底上げに向けたコミュニティワーカーとしてのセンスと業務が求められているといえよう．まさにこれは，PSWの高い専門性が求められる．すなわち，限られた社会資源のなかで，地域における社会資源の創出や制度の改革などを視野に入れつつ，時にはソーシャルアクションなどの実践が期待されるところである．

行政に所属するPSWに主に課せられるのは，本事業の展開を進める役割である．本事業は何層もの会議で構成されているため，各層ごとの戦略的な取組みが望まれる．会議の調整役は専門職でなくても実施可能であるが，PSWという専門職が携わることにより，福祉の視点をもった事業のより確実な進展を期待することができる．

同様なことは，事業を委託される相談支援事業所に所属するPSWにもいえることである．現場に近い相談支援事業所では，あらゆる場面で工夫をこらした取組みが実践できるはずであり，その随所でPSWとしての発想や専門技術が問われる．当事者グループとの連携や当事者にピアサポーターとして事業に参加してもらう企画などは，その典型例であろう．ケアマネジャー的な立場を担うこともあるが，その際は対象者の潜在的能力や強さに焦点を当てた，いわゆるストレングス視点に立ったケアマネジメントが期待される．

精神科病院に所属するPSWには，外部から入る地域移行推進員や事業を委託された相談支援事業所スタッフとの連携が重要な業務として位置づけられる．地域移行推進員等と病院スタッフとの仲介役としての機能，さらには病院

内で地域移行へのムーブメントを起こす役割もあるだろう．院内で退院支援の機運が盛り上がることにより本事業は大きな成果を収めることができるといえる．

精神科病院サイドには，本事業に対して少なからず抵抗感があるはずである．それは，これまで病院として退院支援を立派に実践してきたという自負からくるものもあれば，外部から人が入ることへの単純な拒否反応のこともある．PSWの調整能力いかんによっては，事業の円滑な進行はむずかしいことを念頭におく必要がある．

5 今後の課題

精神障害者の地域移行支援事業は，全国で着々と進行中である．しかし，残念ながら「社会的入院者72,000人」問題は，国が10年間で解消すると宣言してから時間が経過しているにもかかわらず，目にみえる成果は上がっていないのが現状である．この先同事業がさらに拡大し，より活発に実施されることによって社会的入院者の問題が解消され，それに伴い精神科病床が減少していくことが重要と考える．

さらに地域に移行した後の精神障害者が，再入院することなく安定的に地域で生活していけるような支援が，継続的に実践されていく取組みが必要である．そのためには，アウトリーチの充実により入院まで至らないような支援を行うことや，精神科救急システムの充実により入院が必要なときにはタイミングよく入院できるような体制を構築することなどが重要である．

一方，地域移行支援に熱心に取り組んでいる関係者からは，地域移行できる状態にある対象者はすでに地域に移行しており，現在病院に残っているのは地域移行を妨げる重大な問題をもつ人である，との話を聞くことがある．それらの人びととはいわゆる困難事例，あるいは高齢者であるが，彼らが地域移行できるような取組みが求められている．

地域移行に際して大きな障壁となるのは，「グループホーム等の空きがない」「アパートの保証人がいない」等の，住まいの問題である．住居を確保することの重要性に異を唱える者はまずいないだろう．この問題の解消には，グループホームの設立や保証人制度の充実などが必要である．しかし，グループホームなどをつくって済む問題ではないこともまた事実である．都道府県社会福祉協議会が実施している苦情解決委員会には，グループホームにかかわる苦情が散見される．世話人による金銭管理という名目により利用者から金銭を搾取するといった問題から，利用者に対する世話人の暴力問題などである．

グループホームという場で，かつて精神科病院で行われていたのと同じような，精神障害者に対する人権侵害が再現されるようなことが絶対にあってはな

らない．

[伊東秀幸]

文　献
1）鹿野　勉，原るみ子，吉原明美，吉田輝義，小原理恵，奥村由美，米田正代：大阪府における社会的入院者への退院促進の取り組み．第17回アジア太平洋社会福祉教育専門職会議，2003.10.
2）大阪府健康福祉部障がい保健福祉室地域生活支援課：平成19年度大阪府精神障がい者退院促進支援事業報告書，2008.8.
3）社団法人日本精神保健福祉士協会：精神障害者退院促進支援事業の効果及び有効なシステム，ツール等に関する調査研究報告書．2007.3.

4-2 認知症高齢者への支援

　介護保険制度がスタートして8年が経過した．スタート時点で218万人であった要介護（要支援）認定者が，現在では440万人（2007［平成19］年3月現在）と大幅な伸びを示している．そのうち認知症の人は，現在200万人を超えるとされているが，団塊の世代全員が65歳以上になる2015（平成27）年には250万人，75歳以上になる2025（平成37）年には320万人近くになるとも推測されている．

　2002（平成14）年9月現在，要介護者の半分に認知症の影響が認められており，高齢者介護は認知症モデルを中心に施策の検討が行われている．介護の社会化がいわれ，いわゆる「措置」から「契約」にサービス体系が変わるなかにあって，認知症問題はますます重要性が増してきた．介護保険制度がスタートした当初は，ADL（日常生活動作）を中心とした「医学モデル」により介護のサービス量が決まるシステムが導入された．しかし2003年の介護報酬の改定では，ADL中心モデルから，認知症ケアを中心とする，高齢者の望む生活を主にした「ニーズ中心モデル」への転換が図られた．

　また，2006（平成18）年の制度改定では，制度の持続可能性の確保，および効率的かつ適正なサービスの提供をめざし，
　(1)中・重度者への支援強化
　(2)介護予防，リハビリテーションの推進
　(3)地域包括ケア，認知症ケアの確立
　(4)サービスの質の向上
　(5)医療と介護の機能分担，連携の明確化
の5点からなる基本的考え方が示された．

その大枠の特徴としては，①予防重視型システムへの転換，②新たなサービス体系の確立，③地域支援事業の創設，の3点があげられよう．さらに介護保険がスタートして軽度者の増加が顕著なことから，新予防給付の創設，地域支援事業の創設が行われることとなった．

　こうしたなか，「認知症の医療と生活の質を高める緊急プロジェクト」が厚生労働大臣の指示のもとに設置され，今後の認知症対策を効果的に推進し，「たとえ認知症になっても安心して生活できる社会を早期に構築する」ことが求められた．同プロジェクトがまとめた報告書[1]は，認知症対策の基本方針を，「早期の確定診断を出発点とした適切な対応の促進」と定めたうえで，

　(1)実態の把握
　(2)研究開発の加速
　(3)早期診断の推進と適切な医療の提供
　(4)適切なケアの普及及び本人・家族支援
　(5)若年性認知症対策

の5点を積極的に推進するため，財源の確保も含め，必要な措置を講じていく必要があるとしている．

　そのうえで，(1)(2)(3)の具体策として，認知症疾患医療センターを全国に150ヵ所整備し，連携担当者を新たに配置する，としている．

　また，(4)の「適切なケアの普及及び本人・家族支援」の具体策としては，①認知症ケアの標準化・高度化に向けた取組みの推進，②認知症連携担当者を配置する地域包括支援センターを認知症疾患医療センターに対応して新たに全国に整備し，医療から介護への切れ目のないサービスを提供，③身近な地域の認知症介護の専門家等が対応するコールセンターを設置，④市町村等による定期的な訪問相談活動等きめ細やかな支援の取組みの推進をあげ，さらに，近年重要課題となっている(5)の若年性認知症対策としては，就労支援のあり方などが報告されている．

　以上の，現在わが国が直面している認知症問題の理解を前提に，本節ではPSWとしての課題に迫りたい．

1　PSWと認知症

　PSWは認知症高齢者をどのように理解しているのであろうか．

　筆者は，認知症を病む人が脳の病気を有する人であることをしっかりわきまえたうえで，認知症を病む本人自身にとっては意味のある生活を生きる固有の人生の主体者である，との認識をもっている．認知症の人たちの一見理解しがたい行動も，われわれがきちんとした「かかわり」をもつことにより，それはその人が送ってきた生活スタイルから発せられるシグナルであったり，周りと

の関係によってつくられていたり，混乱や不安の表現として出現することがわかってきている．これは，認知症の人とのかかわりをもったPSWを含む多くのソーシャルワーカーの実践成果である．

　そのなかには，認知症高齢者が権利侵害を受けやすく，また自己決定の保障の得られにくい人たちであるとして，とくにPSWの特性をふまえた，実践の質を問う報告もみられる．それはまた，「かかわり」を中心とする，生活に視点を当てた相互的関係性の存在こそが，認知症理解の鍵であることを示唆するものであった．認知症の治療や予防が可能になることは望ましいことではあるが，いかに科学が進歩しようが，高齢者にとって人とのかかわりが不要になることはありえないのである．

　現今，精神障害者に対するリハビリテーションの研究者等は，いわゆる「科学的根拠に基づく実践（EBP；evidence based practice）」が必要であることを喧伝している．しかしながら，目の前にいる認知症という病気にかかった高齢者の生活問題を考えるとき，支援・援助者側の枠組みのみに基づく援助行動が有効であるとは考えられない．むしろそれは，キュアからケアへ，ケアからサポートへと，認知症をもつ人の自己実現に向けた協働の関係としてとらえていかなければならないものである．地域社会に住む一人ひとりの「生活」の継続性を中心に，それぞれの個別性を重視した共感的関係において支援を進めるのが，PSWのあるべき実践である．科学的根拠に基づく援助行為は，本人からすればむしろ迷惑なことではないだろうか．

2　PSWと介護保険制度

　さて，介護保険制度がスタートして以来，PSWが制度上，あるいは実践面で期待されている話はあまり聞かない．それはPSWが資格上，医療領域における一部の機能しか期待されていない表れでもある．さらにADLを中心とした介護の身体的負担度とそれに要する時間に評価基準をおいた報酬体系においては，PSWがその仕事の専門性としてきた権利擁護や，主体性の保障を重視する「かかわり」そのものは，介護評価の基準としてはなじみにくいものであるのかもしれない．

　しかしいちばんの問題は，介護保険制度という新たな仕組みに対して，PSW自身が主体的な主張をもちえなかった点にある．このことは後の介護保険制度の改正にも大きく影響することとなる．とくに地域包括支援センターのスタッフとして明確に位置づけられなかったことは，介護分野におけるPSWの役割や有効性が認知されていない結果といえる．

　とくに認知症問題への対応は，精神医療が果たさなければならない重要な役割であり，PSWが担うべき課題性がある．にもかかわらずPSWは，これを無

視し続けたのである．さらにより深刻な事態は，介護保険制度におけるケアマネジメントシステムが，ソーシャルワークという最も重要な援助技術の根底を危うくしているにもかかわらず，PSWはソーシャルワーカーにとって危機であることの認識をもたないできたことである．

3 PSWと介護保険制度におけるケアマネジメント

　介護保険制度が始まって導入されたケアマネジメントシステムは，一応の定着をみている．しかし，ケアマネジメントが本来もつ意義や機能が，正しく定着しているとは言い難いのが現状である．その原因はいくつかあると思うが，注視すべきは，ケアマネジメントに「介護支援専門員」という任用資格制度を導入したことである．

　ケアマネジメントは，本来，ソーシャルワークの技術の1つである．ところが，この前提を十分に周知させることなく，制度と資格だけを先行させたため，さまざまな問題を発生させることとなった．

　まず，ケアマネジメントの理解が仲介型マネジメントに偏り，サービスの連結だけが一般化したのである．多くの介護支援専門員は，門屋充郎が指摘するように，「介護保険というフォーマルケアサービスのなかだけの限定的なサービスに連結し調整」[2]するという，サービスに結びつける作業のみに終始していることが問題であった．

　さらに，介護保険制度におけるケアマネジメントについては，ケアプランがフォーマルサービスに偏るうえに，肥大化する危険性が当初から指摘されていた．そのうえ，援助技術の理念の理解や方法論の修得，さらには面接技術のトレーニングなしに資格取得が可能なこともあり，「紹介型ケアマネジメント」にしか実践的拠りどころがないことが根本的な問題であった．

　介護保険制度では，サービスに対する対価と利用者の状態を段階に分けて報酬が決められている．すなわち，よいケアをして状態に改善がみられたり，サービスの継続によって状態が維持されたりすることに対しては，評価されない仕組みとなっているのである．皮肉なことにこの制度下では，認知症に限っていえば，重度化すればするほど逆に介護は楽になるうえに，経営的にも安定するのである．

　前回（2006年3月）の報酬改定では，サービスの効果が上がっていないとされた．しかし一部の介護支援専門員が，介護認定の仕組みを悪用して，状態は改善されているのに，「いかに介護度を重くするか」，また「いかに継続するか」を作為的に行っていた実態を見過ごすことはできない．さらに，介護支援専門員が，第三者機関だけでなくサービス事業所の法人にも認められたこと自体が，「自施設サービス利用への誘導」という残念な事態を招いたのも事実で

ある．制度を悪用したこれらの事態がサービスの肥大化を招く結果ともなっているのである．こうしたケアマネジメント上の問題に，PSWはこれまで，何の対応も，また批判もしてこなかった．

　この事態が，障害者分野にも介護保険制度のケアマネジメントモデルを，そのまま持ち込ませるという結果を招いたのである．本来ケアマネジメントは，生活ニーズに基づくサービス提供でなくてはならない．それなのに，状態の程度によってサービスの量を一律に決めるという，人の個別性を無視したシステムの導入を傍観してきたPSWに，一端の責任は免れない．

　ケアマネジメントは地域生活支援のための一手法である．PSWは本来の，ソーシャルワークとしてのケアマネジメント機能を取り返さなくてはならない．そのためには，現在の介護支援専門員による介護支援サービス展開過程を検証することも必要になろう．ケアマネジメントにはいくつかの実践的類型があり，介護支援専門員には利用者の全体状況をとらえるジェネリックな視点での実践が必須である．そのため平面的なケアマネジメントプロセスから脱却し，援助技術を念頭においた実践的プロセスの確立を望みたい．自己実現に向けた自己決定とアセスメントにおける「かかわり」や，援助実践における時間概念も含め，プロセスにおける意味の検討により，立体的な実践感覚に基づいた展開過程が求められるのである．

　地域における生活支援は，ソーシャルワーク技術としてのケアマネジメントをいかに正しく機能させるかにかかっている．利用者とその関係者がもっている地域力や，なじみの人との関係力を支援するなかで，居宅を中心としたその人らしい生活を確立していくことこそ，介護保険制度が本来意図する目標である．

　この際PSWは，従来の「社会的復権と福祉のための専門的・社会的活動」から，さらさらなる一歩を踏み出すべきであろう．とくに高齢者や認知症の人においては，地域や家族の力，サービス機関の力を一体化させ，何よりも本人のもつ力を尊重したうえで，本人の望む生活や自己実現に向けてどう支援するかが，今こそPSWに問われているのである．そのための新たな実践課題とPSWとしての方向性を探るべきである．

4　認知症高齢者への支援

　認知症高齢者の支援とはどのようなことをいうのであろうか．私たちの実践はクライエントを対象化し，システムに依拠し，マニュアルに基づいて一方的に援助するというものではない．ちなみに，「医学モデル」に対比して「生活モデル」を適用すべきであるという考え方は，必ずしも適切ではない．人の生活は，むしろモデル化できない個々の価値観によって成り立っている．もちろ

ん社会的な規範や，生命を尊重するという最低の倫理やルールは存在する．しかし福祉の求める生活の確立は，認知症の人たちの個別性の尊重と，自己決定を基本とした自己実現にある．それはPSWにとって，認知症の人たちとのかかわりなくしては，実践課題が明確にならないことを意味している．

　たとえば，行方不明になる人を「徘徊」という二文字でくくって，わかった気になってはいけないということである．認知症の人たちが外に出かけるには，それなりの理由をもっていて，その目的のために出かけるのであって，決して徘徊をするために出かけるのではない．認知症の人たちとのかかわりをもてば，「家に帰ろうと思って」「買い物をするため」「兄弟に会おうと思って」「お金がないのにここにはいられない」といった思いがあることは容易に察せられるのである．かかわりの時間ももとうとせず，現象だけに目を奪われて，対象化して向かうならば，認知症の人たちの訴えはわからない．時間を共有し，行動の意味を想像し，これまで送ってきた生活や社会との関係など，その人にまつわる全体状況を考えることによって，認知症の人たちの「生きがい」や「役割」がようやくみえてくるのである．PSWも認知症の人たちと，こうした良質の「かかわり」をもつことから，本来の援助関係を構築しなければならない．

　このような前提に立つとき，PSWにとって認知症高齢者にはどのような課題が存在しているのであろうか．PSWは，当事者の自己決定に基づいてその主体的生活をいかに獲得するかを，当事者とともに探索する協働のかかわりを実践の拠りどころにしてきた．それゆえ認知症があっても，その人らしさ，安心，力の発揮，継続性の尊重という，まさに，2003年の高齢者介護研究会報告書「2015年の高齢者介護」[3]でいわれている「高齢者の自立支援と尊厳の保持を守る」という視点は，PSWにも求めうるものである．それは，なじんだ生活の継続や人との関係，独自の生活スタイルの維持など，認知症高齢者がすでに獲得している生活スタイルを保障することにより，当事者が「生きがい」を十分に覚え，また「役割」を可能な限り果たし，さらに自己実現に向かえるように支援することである．

　ここでいう当事者の役割とは，たとえば，認知症の人たちが地域とかかわることでもある．認知症の人たちにも，地域に出かけ，そこで出会う人たちとかかわるなかで，地域が認知症に対する理解を深める役割が求められているのである．人は「かかわり」のないところで理解し合うのはむずかしい．地域も認知症の人との「かかわり」を通して理解を進め，地域としても支援のあり方を考えていくのである．この方法論を技術として駆使するのがソーシャルワーカーであり，PSWである．

　さらに認知症の人たちも，認知症の人への支援が可能な人たちであること

を，われわれは理解しなければならない．セルフヘルプグループの支援や，ピアサポートへの取組みの経験をもっているPSWは少なくないであろう．認知症であってもできることはたくさんあり，「なじみの関係」づくりを意図したかかわりは，高齢者自身の力を活用するという視点そのものである．

加えて，働ける認知症高齢者も数多くいる．就労支援を進めることを通して自らの「役割」を享受し，「生きがい」を覚えることは可能である．これはわれわれソーシャルワーカーの関係力の問い直しであるといってもよい．この力はさらに，コミュニティワークへと発展する．それは，認知症ケアの開放化であり，認知症ケアにさまざまな人の目を入れることでもある．したがって，それは権利擁護システムの構築にもつながっていくものである．

若年性認知症対策もまた，重要な課題である．認知症介護の基本，とくに認知症ケアの標準化・高度化の推進のなかでも実感するところであるが，われわれには理解のできない認知症行動はない（了解可能な人たちである）ことを，経験的に学んできた．それは見守り・共生・協働・寄り添いの実践であり，かかわりの問題であった．「かかわり」の質を高め，援助者・本人の能力を活用し，十分な時間をかけてつき合うという取組みでもあった．若年性認知症の人たちについても，同じ取組みが求められる．その支援の実績を，PSWにこそ求めたい．

認知症対策は国の重要な政策課題となっている．しかし，後を絶たない認知症の人たちへの権利侵害や介護サービス事業者の不正は嘆かわしいばかりである．一方，PSWは権利擁護や福祉のための専門的・社会的活動を実践するとしながら，認知症高齢者の支援については，どれだけ実践できているのか疑がわしい．たとえば，制度や権利論に詳しいPSWは多くいるが，具体的に何を虐待というかなど，実践論で語るPSWは少ない．

観念的な権利擁護では，認知症の人たちの真の権利は守れない．成年後見制度につなげば，権利が即，守られるわけではない．成年後見は選挙権の剥奪である．参政権は基本的人権である．安易に制度を活用すればよいというわけではない．こうした自覚なしにPSWが後見人となり，金銭管理を引き受けること自体，ソーシャルワークそのものの否定である．

今後，認知症問題は，ソーシャルワークのあり方も含め，どのように支援していくかが大きな課題となる．PSWは，たとえ当事者に認知症があろうとも，生活に視点をおき，その暮らしを支援する援助技術を磨いていかなくてはならない．それは精神保健福祉に特化したスペシフィックなソーシャルワークをめざすものではない．認知症の人たちに対する，特別な援助技術を確立すべきことでもない．それはPSWとしての専門性を自覚し，援助技術の研鑽を積むこ

とにほかならない．

[岩尾　貢]

文献
1）厚生労働省：認知症の医療と生活の質を高める緊急プロジェクト報告書．2008.7.10．
2）門屋充郎：ケアマネジメントとは．日本精神保健福祉士協会編，精神障害者のケアマネジメント，へるす出版，2001，p.30．
3）厚生労働省：高齢者介護研究会報告書 2015年の高齢者介護―高齢者の尊厳を支えるケアの確立に向けて．2003．

参考文献
1）厚生労働省：第2回認知症の医療と生活の質を高める緊急プロジェクト委員会資料．特定非営利活動法人全国認知症グループホーム協会へのヒヤリング，2008.5.19．
2）厚生労働省：第1回介護施設等の在り方に関する委員会資料．資料4　今後の高齢化の進展―2025年の超高齢社会，2006.9.27．

4-3　スクールソーシャルワークにおけるPSW

　精神保健福祉士（以下，PSW）は精神科ソーシャルワーカーの国家資格であり，精神障害者の社会的復権と福祉を実現するために保健福祉サービスを提供し，その生活を支援する専門職である．このPSWに求められている役割と職域は，近年広がりをみせている．本節では，とくに教育現場において子どもたちを対象に展開されているソーシャルワーク活動についてみておきたい．

1　スクールソーシャルワークとは

　PSWとしてその専門性を担保することは，ソーシャルワークの知識・技術を会得するとともに，その根底にあって実践を導く福祉的な倫理と価値をもつことである．それは，いかなる役割や職域を得ようとも不変であるべきであろう．すなわち「人間尊重の理念」をソーシャルワークの価値として，学校という現場において，社会福祉の専門知識と技術を活用し，子どものかかえる問題や課題の解決に当たる実践がスクールソーシャルワーク（以下，SSW）である．
　従来の学校現場では，生徒指導や教育相談，スクールカウンセリング（以下，SC）における対象者は，指導あるいは治療・矯正されるべき存在としてとらえられがちであった．SSWがこれまでのアプローチと相違する点としてあげられるのは，子どもたちとの関係性と，問題とされる現象に対する解釈の仕方である[1]．SSWでは，対象者である子どもたちの人格を尊重し，困難な状況を改善するために共に模索するパートナーとして位置づけられる．そして子どもたちの可能性に注目し，問題解決の肩代わりをすることなく，援助の過程にお

いて自己決定を保障していく．

　また，問題とされる現象への理解として，SCでは問題や課題は人の心のなかにあると考え，精神内界に働きかけることによって問題解決を図り，本人の変容を求めようとする．一方SSWでは，問題や課題を個人の病理や責任としてとらえるのではなく，子どもたちを取り巻くさまざまな人的あるいは環境的要因との関係のなかで生じると考える．そのため子どもの周囲の家族や学校，地域社会も変容の対象となる．子どもに直接かかわると同時に，人と人，あるいは人とシステムの間に立って，調整や仲介，連携といった機能を重視するエコロジカルな視点に立つものである．

　以上から，SSWとは，学校のなかでさまざまな困難に直面している子どもたちを，子どもたちの側に立って支え，教育や医療などといった角度のみからとらえるのではなく，学校全体をとらえ，その質をどう高めていくのかということを福祉の側からアプローチしていくものである．

2　スクールソーシャルワークの沿革

　SSWの歴史は，1900年代初頭のアメリカに遡る．それはソーシャルワークの生成・発展の時期と軌を一にして展開してきた．当時，多数の児童が過酷な条件のもとに労働を強いられ，教育の機会を奪われるという社会状況にあった．そうした劣悪な状況に対して，19世紀後半から児童労働禁止法や義務教育法が整備され始めた．草創期のソーシャルワーカーの活動は，子どもたちと学校を結びつけ，子どもたちが教育を受けることができるように支援することから始まっており，訪問教師（visiting teacher）と呼ばれることが多かった．

　この活動が第二次世界大戦以降全米に広がり，1978年に専門職として組織的に統合され，全米ソーシャルワーカー協会（NASW）の一部門を構成することとなった．

　アメリカでは州により教育システムの独自性が強い．そのため，SSW制度導入の実態にも州単位で大きな差があるものの，現在10,000人以上のスクールソーシャルワーカー（以下，SSWer）が活躍している．

　アメリカ以外では，カナダやヨーロッパ諸国などでSSW制度が導入されている．アジアでは1970年代に香港で，1999年からはモンゴルで導入されている．また，韓国でも積極的な展開がなされている．

　日本におけるSSW実践の始まりについてはさまざまな論議があるが，1986（昭和61）年にスタートした埼玉県所沢市における山下英三郎の活動が最初だといわれている．当時，学校現場では校内暴力の嵐が吹き荒れた後で，不登校が増え始めた時期でもあった．

　この活動の特徴は，児童生徒への直接的なかかわりを中心としつつ，継続的

な家庭訪問による家族への支援と，学校と子ども，および家族間の関係調整や仲介機能を担った点にある．さらに，児童相談所や家庭裁判所等の外部機関との連携活動を行うとともに，地域社会内に自助グループやフリースペースといった社会資源を創出するなど，幅広い活動が展開された．

　この後，日本においてSSWがさらに広がるきっかけとなったのは，2000（平成12）年に兵庫県赤穂市教育委員会と地元にある関西福祉大学の協力で開始されたSSW推進事業であった．また，都道府県レベルでSSWerをはじめて雇用したのは，香川県であった（2001［平成13］年）．その後，茨城県結城市や大阪府，兵庫県の赤穂市以外の自治体などにも広がりをみせていった．

3　スクールソーシャルワークを必要とする背景

　文部科学省が2007（平成19）年度にまとめた報告[2]は，生徒指導上の諸問題である暴力行為およびいじめの発生件数，不登校児童生徒数，高等学校中途退学者数，児童生徒の自殺者数，また児童相談所への児童虐待相談対応件数等のいずれもが，きわめて憂慮すべき状況にあり，教育上の大きな課題と指摘している．

　こうした問題の背景には，子どもたち個人の心の問題とともに，学校・家庭・地域社会等，子どもたちがおかれている環境の問題が複雑に絡み合った状況があると考えられる．都市化や少子化の進展，個人の自由や権利のみが強調される社会傾向とともに，子どもをめぐる環境は大きく変化してきている．また，家庭や地域社会における養育能力は著しく低下しているともいわれ，子どもは人や社会との関係のなかで生きづらさを感じていることが推測される．

　子どもたちがかかえる「生きづらさ」に対処するには，目の前に現れている現象や個人のみに焦点を当てるかかわりだけでは限界がある．むしろ，子どもたちとその生活環境との相互作用に着目し，子ども同士，子どもと教師あるいは親，学校，家庭，地域などとの関係を仲介したり，調整したりする機能が必要となる．このような社会的ニーズに合致した専門職としてSSWerが求められたのは，当然のこととも言える．

4　「スクールソーシャルワーカー活用事業」にみるスクールソーシャルワーク業務

　2008（平成20）年度に文部科学省は，約15億円の予算で，全国141地域を指定してSSWerの活用方法に関する調査研究を実施し，さらにその成果を全国に普及させる目的で，「スクールソーシャルワーカー活用事業」（以下，活用事業）を開始した．この活用事業において文部科学省は，SSWerを，「教育と福祉の両面に関して，専門的な知識・技術を有するとともに，過去に教育や福祉

の分野において，活動経験の実績等がある者」としたうえで，その職務内容として以下の5点をあげている[3]．
　(1)問題をかかえる児童生徒がおかれた環境への働きかけ
　(2)関係機関等とのネットワークの構築，連携・調整
　(3)学校内におけるチーム体制の構築，支援
　(4)保護者，教職員等に対する支援・相談・情報提供
　(5)教職員等への研修活動，等
　また，SSWerの配置については，「学校その他教育機関におくことができる」としており，地域の実情に応じて，学校，教育委員会，あるいは適応指導教室に配置してもかまわないものとなっている．
　本活用事業は調査事業であり，さまざまなかたちでSSWerを配置することにより，その役割や職務，配置の成果や課題などを検証していくことを目的としている．そのため自治体によりSSWerに求めるもの，また勤務条件等も違っているのが実情である．
　筆者が活動の場としている香川県では，この活用事業の委託を受けた香川県教育委員会により，SSWer配置事業とSSWer派遣事業という2形態の事業を実施している*．
　このうちSSWer配置事業では，モデル地区として3地域を指定し，中学校区を1地区とする各モデル地区に1名のSSWerを配置．地区ごとの現状や課題を把握しながら，中学校を拠点に校区内の小学校も訪問し，さまざまな問題をかかえる児童生徒に対して小・中学校の連携を図ったり，学校内の支援体制づくりのサポートを行ったりしている．児童生徒や保護者にも直接かかわり，地域の関係機関と連携しながら，児童生徒がよりよく生活できるよう福祉の視点をもってサポートしている．
　一方のSSWer派遣事業は，学校からの要請に応じてSSWerを派遣するものである．学校の対策チームづくりや事例対策検討会等のあり方について調査研究を行うことを目的に，業務としては教員の研修，関係機関等の調整，児童生徒および保護者への講演等を行うものとされている．しかし，実際の現場では広くソーシャルワーク活動を実施している[4]（図4-1参照）．

5　教育現場へのソーシャルワーク導入の意義

　日本の公教育の特徴として，学校が実に多様な役割を引き受けていることが指摘される．子どもに関することにかけては，オールマイティであろうとして

＊　香川県では，この活用事業以前よりさまざまな事業を活用しながら，SSWerの配置，派遣を行っており，2008年現在17名のSSWerが県内で活動している．

スクールソーシャルワーカーの活用例

学校の委員会(会議)で
○不登校対策委員会
○生徒指導委員会　等
＜支援、アドバイス内容＞
・委員会(ケース会)の進め方
・課題がみえる資料の作り方
・共通理解のための基礎づくり
・支援体制づくりへのアドバイス
・スクールカウンセラーと連携した総合的な見立て
・子どもへの具体的な働きかけ
・関係機関との連携への手立て

学校の教員に向けて
○現職教育
○校内研修
○学年団会　等
＜相談、講話内容＞
・児童生徒への接し方
・保護者への対応
・課題のとらえ方とその解決へ向けて
・子どものなかにある資質や資源の見つけ方
・子どもがもっている資源のつなぎ方
・コミュニケーションの取り方(演習)

スクールソーシャルワーカー活用事業

保護者に向けて
○PTA研修会
○保護者懇談会
○教育講演会　等
＜研修内容＞
・子どもの元気を引き出す言葉かけ
・子どものなかにある資質や資源の見つけ方
・生き方を豊かにする視点
・環境が子どもに与える影響
・問題よりも子どもの可能性を見つける方法

児童生徒に向けて
○学年団集会
○特別活動、道徳、生徒会活動
○個人相談　等
＜授業、講演内容＞
・元気の素を見つけよう
・自分を再発見しよう
・ありのままの自分に自信をもとう
・自分や友だちを大切にすることとは
・よりよい友だち関係をつくるために
・いじめをしないさせないクラスづくり
・楽しい仲間づくり

資料：香川県スクールソーシャルワーカー活用事業（2008年）

図4-1　「香川県スクールソーシャルワーカー活用事業」におけるスクールソーシャルワーカーの活用例

いる．そして，その中心的役割のほとんどを教師が受け持っている[5]．

　学校で起きているさまざまな問題は，社会から切り離された学校という特別な場で完結しているわけではない．現代の人びとを取り巻く生活状況が大きく変化するなかで，とりわけ社会的弱者となりやすいのは子どもであり，その子どもが主人公である学校という舞台で問題が表面化しているにすぎない．やがてそれは社会不安となって，地域社会や家庭に影響を及ぼしていくのである．今や学校は，多様な社会的勢力にさらされて，教師のみでは対応しきれない状況にきているのである．その意味で，学校はまさにパラダイム転換の時期にきているといえよう[6]．

　1995（平成7）年度からモデル的にSC制度が導入され，2001（平成3）年度からは国が「スクールカウンセラー活用事業」の取組みを始めた．これにより，学校現場に教育関係者ではない専門家が入り，問題解決に向けた取組みが行われるようになった．今ではスクールカウンセラー（以下，SCer）は，学校現場にすっかり定着したといっていいだろう．そこに新たにSSWerが導入されることになったのだが，SCerとの違いや役割分担等をめぐり，しばらくは現場に混乱が生じるのも致し方ないかもしれない．

　違いについては先にも述べたが，SSWerとSCerを対立し合うものとしてではなく，それぞれの持ち味を生かしつつ協働し合うものとしてとらえる必要がある．さらにSSWerには，学校教職員やその他の関係機関等との協働体制の構築を図り，コーディネーターとしての役割や機能を発揮することも求められるところである．この，協働できる環境をつくっていくことにこそ，SSWerが教育現場に入っていく意味があるといえよう．

6　スクールソーシャルワーカーの役割

　学校という現場でSSWerが実践を展開していくには，ミクロ，メゾ，マクロの，3レベルでの視点が必要である[7]．

　まずミクロレベルでは，子どもや家族への面接・訪問，および教師へのコンサルテーションといった，個人への直接支援を行う．あるいは，授業に入ってグループワークのファシリテーターを務める，親の会の活動を支援する等，集団への直接支援，さらには子どもの権利擁護や，制度・サービスの紹介といった資源活用を行う活動も，この範疇に含まれる．

　次のメゾレベルの視点による実践としては，校内ケース会議の開催等におけるケアマネジメントや教員を対象にした研修会の開催，また外部支援者等を含めた社会資源システムのネットワーキング等，校内の支援体制づくりのための実践がある．

　そして，マクロレベルでの実践としてまずあげられるのは，学校や教育行

政，市民，地域を対象とした広報・啓発活動である．また，制度や政策に直接働きかけていくソーシャルアクションや社会資源の開発等を行うほか，SSWerへのスーパービジョン，さらには自治体での相談体制づくりに関与することもある．

このようにSSWerには，ミクロレベルでとらえた個別の直接援助に始まり，多くの子どもたちの最善の利益につながるような，マクロな視点から発想する政策に至るまで，そのすべてが子どもたち一人ひとりの最善の利益につながるように機能していくことが求められるのである．

7 メンタルヘルスへの対応

不登校，いじめ，非行，暴力行為，社会的逸脱行動，学校への不適応，引きこもり，発達障害等々……．これらはいずれも，ライフサイクルのなかの学童期から思春期の時期に起こるメンタルヘルス課題としてとらえることができる．このような課題への対応は，PSWの役割として本来期待されているものである．

困難や課題を複数併せ持つ子どもも少なくない．たとえば，不登校を主訴とした子どもが非行の問題を併せ持っていたり，その背景に発達障害あるいは児童虐待の問題をかかえていたりする場合である．いずれの問題や困難にも，その対応には個々に専門的領域があるのだが，目の前の子どもが一個の人間である以上，そこに欠かせないのは，生活という視点からのジェネリックなかかわりである．

また，子どものこころの健康問題に対しては，その病理も押さえつつ，それを単に子どもだけの問題としてではなく，環境との関係のなかで起こってくる生活の問題としてとらえ，さまざまな福祉制度やサービス，そして何よりもSSWer自身が社会資源となりながらかかわっていく過程が重要である．

8 今後の展開

2008（平成20）年度にSSWer活用事業が開始されたことにより，SSWが全国に広がり一気に展開していくかたちとなった．そのため，いくつかの課題を残したままの実施となっている．現在，SSWerの職務や人材，配置形態や勤務条件等に自治体レベルでばらつきが出ている状況である．今後，教育現場にSSWを定着させるためにも，SSWerの専門性を明確にしていくことが喫緊の課題である．

社会福祉の専門性だけでなく，教育に関する知識や経験も求められるところであり，SSWer固有の専門性を担保された業務指針の作成と資格制度の確立が急がれる．また，それにより社会的認知を拡大していくことも必要であろう．

現任SSWerの実践の積み上げと研修等による質の向上はもちろんのことながら，後進の育成・養成のあり方についても検討していく必要がある．

　さらにいえば，SSWの支援対象は，従来は小・中学校あるいは高等学校とされてきたが，大学においても「つなぐ」役割が求められているのが現状である．すでにソーシャルワーカーを配置する大学も，徐々にではあるが出てきている．広義での教育現場において，メンタルヘルスに配慮しながら，ソーシャルワーク実践を行うPSWの役割は今後ますます期待されるところであろう．

[詫間佳子]

文　献
1) 日本スクールソーシャルワーク協会編，山下英三郎著：スクールソーシャルワーク―学校における新たな子ども支援システム．学苑社，2003，p. 62.
2) 文部科学省：暴力行為，いじめ，不登校等の解決を目指して．平成19年度文部科学白書，国立印刷局，2007，pp. 83-89.
3) 文部科学省：スクールソーシャルワーカー活用事業委託要綱．2008.4.1.
4) 香川県教育委員会：香川県スクールソーシャルワーカー活用事業実施要綱．2008.4.1.
5) 山野則子，峯本耕治編著：スクールソーシャルワークの可能性―学校と福祉の協働・大阪からの発信．ミネルヴァ書房，2007，p. 28.
6) 門田光司：学校ソーシャルワーク入門．中央法規出版，2002，p. 3.
7) 山野則子，峯本耕治編著：前掲書．p. 5.

参考文献
1) 山下英三郎，内田宏明，半羽利美佳編著：スクールソーシャルワーク論―歴史・理論・実践．学苑社，2008.
2) 山野則子，峯本耕治編著：前掲書．

4-4 産業保健におけるPSW

　2000（平成12）年に施行された「精神保健及び精神障害者福祉に関する法律（精神保健福祉法）」の第1条では，この法律の目的を「精神障害者の医療及び保護を行い，（中略）並びにその発生の予防その他国民の精神的健康の保持及び増進に努めることによって，精神障害者の福祉の増進及び国民の精神保健の向上を図ること」と規定している．この精神に則り，精神保健福祉士（以下，PSW）は，医療・福祉分野における精神障害者のサポートのみならず，国民全体の精神保健の向上のためにさまざまな活動を担っている．施行から10年近くが経過した現在，土台となる社会情勢や制度は大きく変動しており，国民の精神保健に関する興味や関心も高くなっている．そして，精神障害者を取り巻く環境も同時に転換期にきているといえよう．

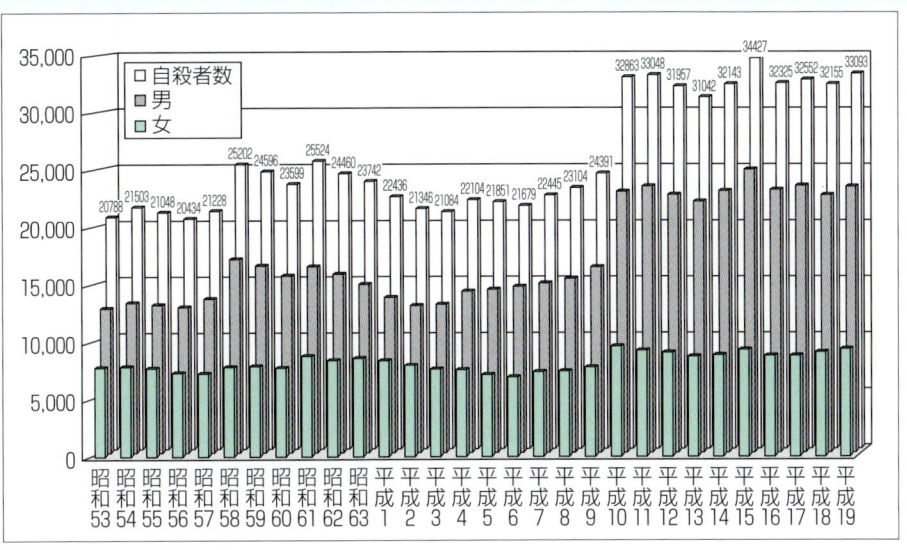

資料：警察庁統計資料（2008年6月）
図4-2　自殺者数推移

　このような流れのなか，PSWは徐々に活動領域を広げてきた．本節ではそのなかの産業保健分野における現状とニーズ，そして実際の諸活動について紹介するとともに，活動に必要な視点および今後に期待することなどにも言及したい．

1　産業保健分野における現状とニーズ

　「バブル景気」の崩壊後，日本経済は一気に不況期に突入し，以後現在に至るまで大きな好転はみられていない．加えて急速に進むIT化や成果主義の導入，業務のスピード化など，労働者を取り巻く環境はいっそう厳しいものとなっている．実際，「仕事や職業生活に強い不安，悩み，ストレスを感じる労働者は58.0％」という報告[1]もある．また1998（平成10）年からは，自殺者数が30,000人を超える状況が続いている（図4-2参照）．現時点でその数が減少する気配はなく，大きな社会問題ともなっている．

　こうした社会情勢を受け，労働省（当時）は2000（平成12）年，「事業場における労働者の心の健康づくりのための指針」を発表した．

　そこでは，事業場がメンタルヘルスケアの具体的方法を策定し，4つのケア，すなわち「セルフケア」「ラインによるケア」「事業場内産業保健スタッフ等によるケア」「事業場外資源によるケア」を推進することを求めている（表4-1参照）．職場における心の健康維持・増進をはじめて策定した点で，この指針は画期的なものであり，現在も職場におけるさまざまなメンタルヘルスケ

表4-1 事業場における労働者の心の健康づくりのための指針(2000年)

① 「セルフケア」：労働者が自ら行うストレスへの気づきと対処
② 「ラインによるケア」：管理監督者が行う職場環境等の改善と相談への対応
③ 「事業場内産業保健スタッフ等によるケア」：産業医等による専門的ケア
④ 「事業場外資源によるケア」：事業場外の専門機関によるケア

資料：労働省（当時）．

ア活動の骨子となっている．

　このような流れのなか，産業保健分野では現在，組織規模にかかわらずさまざまなメンタルヘルスケアへの取組みが進められている．従業員へのメンタルヘルスに関する知識の普及・啓発，対応方法等の研修，そして実際にメンタルヘルス面での不調を訴える，いわゆるメンタルヘルス不調者が発生した場合には，その者への対応が必要となってくる．しかし現実には，メンタルヘルス不調者への対応は非常に微妙でむずかしい側面もあり，産業医をはじめとする「事業場内産業保健スタッフ等」のマンパワーも不足していることが浮き彫りになってきた．結果として，個人のニーズに即しつつ必要な対応を行うためにも，より多様な人材や機関などを組み合わせることの必要性が指摘されるようになったのである．

2　EAP（従業員支援プログラム）の歴史と定義

　前項でも述べたように，1980年代後半からの「ストレス社会」という言葉に象徴される社会情勢のなかにあって，わが国においても，メンタルヘルス不調者への対応，その予防が急務とされ，EAPを中心とする「事業場外資源（外部EAP）」*へのニーズが，とくにこの10年ほどの間に急速に高まってきた．

　「EAP」とは，「Employee Assistance Program」の略であり，一般的には「従業員支援プログラム」と訳されることが多い．1970年代のアメリカにおいて，アルコール依存症などにより業務パフォーマンスや勤怠状況が悪化した従業員のサポートプログラムとしてスタートし，その有効性が評価され，徐々に一般社員の心の健康維持増進にまで活用されるようになったものである．その背景には，ストレス等の諸問題をかかえた従業員を休職あるいは退職させて新たな人材を一から育てるよりも，治療を促すなどして就業を継続させるメリットのほうが大きいとする考えがあった．

　国際EAP学会（EAPA）の定義（1998年）では，EAPは「①職場組織の生産性に関連する問題を提議し，②社員であるクライアントの健康，結婚，家

---

* 対比して "内部EAP" は「事業場内産業保健スタッフ等」に組み込まれることとなる．

族，家計，アルコール，ドラッグ，法律，情緒，ストレス等の仕事上のパフォーマンスに影響を与えうる個人的問題を見つけ，解決する」役割を担っているとしている．すなわちEAPには，「個人」への対応と「全体（組織）」への対応の両側面を担うことが期待されているのである．

3 外部EAPの多様なサービスと業務の実際

　労働省（当時）が2000年に出した指針にある「4つのケア」をもとに，各企業ではメンタルヘルスに関するさまざまな取組みが進められていることはすでに述べたとおりである．その流れのなかにあって外部EAPは，組織のニーズに応えつつ，多岐にわたるサービスを展開してきている．

　提供されるサービスの理念は，「個人へのサービス」「組織へのサービス」という2つの視点に大別することができよう．まず「個人へのサービス」は，外部EAPの中核をなすものであり，個人的な問題の解決が目標となる．個別相談においては，「外部の第三者機関」としての特性を生かし，プライバシーの保護を徹底しつつ，各個人のニーズに応じた相談対応ができる．対応の方法には，従来からの対面による個別相談に加え，近年では電話相談，メール相談への需要が非常に高まっている．このうちメール相談は，PC環境などに慣れているとくに若い世代に，相談の敷居を低くさせる効果があるともいわれている．さらに，内部的な業務調整や配慮が必要な場合などは，本人の同意を得る必要はあるが，産業保健スタッフや人事担当者との連携を図ることもある．

　次に「組織へのサービス」は，個人を取り巻く組織そのものへの，何らかの働きかけのすべてを意味している．たとえば，研修などを通してメンタルヘルスに関する適切な知識や情報の伝達を行うこと，メンタルヘルス不調者に関して人事担当者等にアドバイスやコンサルテーションを行うことなどがある．また，従業員のストレスチェックテストの結果や相談傾向などから，組織の問題点について提言をすることもある．いずれも，健康的で働きやすい環境を整えることを意図したサポートである．

　加えてここ1～2年ほどは，「休職者をいかに復職させるか」「復職後いかに再発させずに業務を継続させるか」といった観点からのサポートが，外部EAPに求められるようになってきた．個人のよりスムーズな復職，あるいは就業継続のためのサポートを実施することがひいては人事担当者のサポートとなり，企業の活性化にもつながっていくという考え方に拠るニーズといえよう．

　今後も外部EAPへのニーズが大きくなるとともに，ニーズの多様化，個別化などが進むことも予測される．外部EAPを提供する事業者，およびそのサービスの担い手は，常に社会情勢を見極めながら，いっそう目的意識を明確

にしたサポートを心がけていく必要があると思われる．

4 PSWとして何ができるのか

　産業保健分野における外部EAP業務は，非常に多岐にわたる．その業務の担い手は，現在のところ医師，臨床心理士，PSW，社会福祉士，産業カウンセラーなど実にさまざまである．そのなかにあって，PSWには何ができるのだろうか．PSWが外部EAPスタッフとしてサービスを提供することには，どのようなメリットがあるのだろうか．

　PSWの援助技術として，「ケースワーク」「グループワーク」「コミュニティワーク」という3つの柱が存在することは改めていうまでもないだろう．この3本柱に照らし合わせつつ，外部EAP業務をみてみよう．

　まず「個人へのサポート」，とりわけ個別の相談業務は，まさに「ケースワーク」に当てはまる．的確なアセスメントを行うことで，メンタルヘルス不調者を早期に発見し，より早期の対処につなぐことが可能となる．また，相談者がおかれている状況やニーズに応じて，必要な情報提供，すなわち生活に即したアドバイスやサポートなども行うことができる．

　次に，「グループワーク」に当てはまるものとしては，「組織へのサポート」に含まれる研修業務などが考えられる．対象は組織の従業員ではあるが，多人数の力動を利用するという点では，精神医療におけるグループワークなどと類似する側面もある．とくにワークディスカッションを含めた研修では，その力をより発揮できるのではないかと思われる．

　最後に，コンサルテーション業務を取り上げてみる．コンサルテーションの目的は，従業員（メンタルヘルス不調者等）にとってよりよい方向に向かうことができるようなサポートを行うことである．具体的には，従業員を取り巻く環境や資源を的確に把握し，周囲の者が適切なサポートを実施できるように人事担当者や産業保健スタッフ等にアドバイスをすることなどが中心となる．

　たとえば個別相談により明らかになった従業員のニーズを，本人の同意のうえに人事担当者や産業保健スタッフ等に伝えることで，業務環境の改善などに生かしてもらうことができる．また上司や人事担当者に，メンタルヘルス不調者への対応について，事例性をふまえながらアドバイスすることもできる．これらはいずれも，人的資源を含む環境のもつ「力」を生かし，時には教育などを行いながら，環境そのものの力を高めていくことにもつながっていく．環境のもつ力のレベルを総合的に上げること，これはまさしく「コミュニティワーク」といえるのではないだろうか．

　個人の集団が組織であり，組織の集合体が1つの大きな社会となる．「個人」をサポートすることを前提としつつ，「組織」そのものにも働きかけると

いう側面をもつ産業保健分野であるからこそ,「ソーシャルワーク」の視点が不可欠なのである. ストレス社会ともいわれる現代のわが国にあって, 人と人, 人と社会のかかわりがよりスムーズに進むよう, 必要に応じたサポートを行うことこそ, まさしく PSW が産業保健分野で提供できる「ソーシャルワーク」ではないかと考える.

5 今後の課題と方向性

わが国における PSW の歴史を紐解いてみると, これまでは精神医療および福祉の分野における活動が中心であった. 近年ではしきりに,「地域」「自立」といった言葉が飛び交っているが, 依然として他の先進諸国と比較しても環境整備が遅れていることは否めない事実である. こうした問題に対処していくためにも, PSW がよりいっそう精神医療および福祉の分野で活動を強化していくことが急務である.

しかし同時に, 昨今の社会情勢からも, メンタルヘルスの問題は,「いつ誰が罹ってもおかしくない」という身近な問題へと変化しつつあることは明白である. したがってこれからの PSW は, 精神障害者という枠にとらわれることなく, あらゆる分野における「国民全体の精神保健」を考える存在であることが求められているといっても過言ではないだろう.

厚生労働省は 2007(平成19)年に,「精神保健福祉士の養成の在り方等に関する検討会」を設置したが, その中間報告書において, 近年の精神保健の課題の拡大を背景に PSW に求められる役割が広がっていることを指摘し,「従来からの統合失調症への対応のみならず,(中略)さまざまなストレスに関連する障害や(中略)うつ病等の気分障害, …認知症, …発達障害などへの対応が求められている」[2]と明記している. さらに, その対応のためには「従来からの相談援助技術に加え, 包括的な相談援助を行うための関連援助技術として,(中略)総合的かつ継続的なサービスの供給を確保するためのケアマネジメント,(中略)他の分野の専門家との助言に基づくコンサルテーション,(中略)チームアプローチおよびネットワーキングなどの技術が必要となってきている」[2]としている. これらの提言からは, 今後 PSW 自身が, これまで以上に自らの専門性, および技術の向上に努めていく必要性が強調されていると理解できる.

産業保健分野においては, この先 PSW へのニーズがさらに増加することが予想されている. 実際,「メンタルヘルス不調者が最近3年間で増加しているとする企業は55.2%と半数を超えている」とする報告[3]や, 精神障害等の労災補償状況について「①請求件数は952件であり, 前年度に比べ133件増加, ②支給決定件数は268件であり, 前年度に比べ63件増加」といった報告[4]もある. こうした現状からも, メンタルヘルス不調者への個別対応としては復職も含め

たトータルサポートなどへのニーズが，また組織対応では，研修をはじめとする正しい知識の普及・啓発サポートなどへのニーズが高まっていることは明白である．

わが国特有の社会風土や企業風土に配慮しながら，多様なニーズに，質を保持しつつ対応していくことには困難も予想される．が，逆に「ソーシャルワーク」実践の場として，産業保健分野は価値ある場面であるともいえるのではないだろうか．現時点においては，産業保健分野で業務を担うPSWはまだごく少数である．しかし今後，この分野におけるPSWとしての地位を確立すべく，実働するPSWが増加すること，そしてより包括的なソーシャルワーク実践が行われていくことを期待したい．

[菊地麻奈美]

文 献

1）厚生労働省：労働者健康状況調査報告．2008.10.10.
2）厚生労働省：精神保健福祉士の養成の在り方等に関する検討会中間報告書．2008.10.21.
3）財団法人労務行政研究所：企業におけるメンタルヘルスの実態と対策．2008.4.25.
4）厚生労働省：精神障害等の労災補償状況．2008.5.23.

参考文献

1）財団法人労務行政研究所：人事担当者のための実践メンタルヘルス・マネジメント．2005.5.17.
2）朝日新聞社：AERA 職場のうつ．2007.6.10.
3）前田陽司，河下太志，渡部　卓：メンタルヘルス対策の実務と法律知識．日本実業出版社，2008.
4）保坂　隆：産業メンタルヘルスの実際．診断と治療社，2006.
5）田村　毅：インターネット・セラピーへの招待．新曜社，2003.

4-5　児童虐待防止等におけるPSW

格差社会が取りざたされる昨今，アメリカのサブプライムローンに端を発した金融危機が世界経済を揺るがし，日本においても実体経済が低迷し始めている．このような不安定な状況は，弱い立場の人たちの生活をさらに追い込む．少子高齢化の進展とともに家族機能は弱体化し，近隣との関係が希薄化するなかにあって，児童虐待，不登校，引きこもり，自殺企図，摂食障害，薬物乱用，ドメスティックバイオレンス（以下，DV），高齢者・障害者虐待などのメンタルヘルス問題が頻繁に出現するようになってきた．

なかでも児童虐待は，1990（平成2）年から児童相談所の相談処理件数が把

握されるようになったが，その数値は年々増加している．児童虐待は，貧困やDV問題などとも関連が深い社会問題である．筆者は，1995（平成7）年からこの児童虐待問題にかかわり，主に児童虐待の加害者となって苦しんでいる母親支援を，NPOおよび精神科クリニックにおいて実践している．この経験をふまえ本節では，メンタルヘルス問題を含む児童虐待問題においてPSWに求められる援助の視点と今後の課題を整理しておきたい．

1 児童虐待問題の現状

厚生労働省の集計では，児童相談所の虐待対応相談件数は2004（平成16）年から30,000件を，2007（平成19）年には40,000件を超えた．警察庁も児童虐待の加害で検挙された件数を公表しているが，2007年1月から6月の検挙件数は前年同期比24.2％増の149件と，過去最多を記録している．

児童虐待の増加は，加害者の増加としても現れる．児童虐待の加害者は，実母が6割強と圧倒的に多い．厚生労働省は2003（平成15）年に専門委員会を設置し，その後3年間の児童虐待による死亡例等の検証作業を実施している．その報告書をみると，実母が加害者となる件数が全体の半数を超えている．筆者のかかわるNPOの電話相談においても，母親からの相談が約9割を占めるが，その59％が虐待に関する相談で，11％が育児不安の相談であった[1]．1999（平成11）年に「男女共同参画社会基本法」が制定され，法により男女間の平等が明示された．しかしながら子育てに関しては，費やす時間数も含め，母親への負荷が圧倒的に大きく，育児責任を母親が担う構図は何ら変化していない．

平成15年版の厚生労働白書は，第2節の2項で「児童虐待の現状」をまとめている．そのなかで児童虐待の要因として，「親が幼少時に虐待か拒否をされて育ってきた」「何か生活上のストレスがあり，危機に陥っている」「困ったときに助けを求められる援助者がいない」「親にとって育てにくい児である」など，「家族のかかえる社会・経済的，心理・精神医学的な要因が複合的に重なったときに起こりやすい」としている．

筆者は自らの経験から，これらの要因に，「期待される母親の育児」を加えたい．その背景には，日本人に根強く内在化されている母性観，良妻賢母思想からのプレッシャーがある．筆者がかかわるNPO（1995年より）や精神科クリニック（2000年より），A保健所（2007年より）の母親グループに参加する母親たちは，「よい母親にならないといけない」という言葉をよく口にする．彼女たちは「よい母親になれない」事態に直面すると，自らを責め，そのストレスやイラつきを子どもに向けるのである．

山村賢明は，教育社会学の観点から，「わが国では母親は人々の生き方と深く結びついて観念されている．母親はすべてを許す存在である，母親は母なる

大地であるという大きな存在としての母親イメージがある．一方で，現実の母親は家事・育児の中心的な役割を担わされ，そのことに大きなストレスを感じる生身の人間である」[2]と，母親イメージと現実の母親との乖離を指摘している．一方，心理学者のギリガン（Gilligan, C.）は，女性の発達の特性について事例をあげて紹介し，女性は男性と異なり「関係性と心配りを優先させる心性」[3]をもつように育てられている，と説明している．

　母親は，育児を自分自身の責任として背負い，常に夫や子どもに気を遣い，世話をしても「当たり前」と受けとめられ，ストレスを募らせる．女性の生き方が多様化している今日においても，母親が頑張って子育てをするのは当然だという社会通念は衰えていない．一方で，父親サイドでは，職場で厳しい競争にさらされ，家庭を顧みるゆとりがなくなるという事態が深刻化している．冒頭で述べた社会情勢が背景としてあることも否めず，児童虐待問題の背後には家族を取り巻く環境の変化が最大要因としてあるのだが，母親のかかえる課題も大きく影響しているといえる．

2　児童虐待防止と専門家の支援

　児童虐待，その背景にある家族問題が深刻化するなかにあって児童虐待防止支援システムはどうなっているのだろうか．ここでは，2000（平成12）年に制定され，2007年に改正された「児童虐待の防止等に関する法律」（以下，児童虐待防止法）について，定義，変更点，専門家の支援を中心に，関連する「児童福祉法」と併せてみておくことにする．

　まず，この法律の目的を記した法第1条で，児童虐待は，児童の「人権を著しく侵害」するものであることを明確にうたっている．

　児童虐待で親が逮捕されたとき，「しつけだった」とする親の弁明が，新聞等によく掲載される．民法では親権が定められている．その法第822条には「懲戒」の項があり，そこには「親権を行なう者は，必要な範囲内で自らその子を懲戒」することができると記されている．わが国には古くから，「子どもを煮て食おうが焼いて食おうが親の勝手」という言葉もある．親は子どもの責任を負うが，その負い方は親の自由だという考え方である．しかし，虐待は子どもの人権を侵す行為として，児童虐待防止法で新たに明文化された．これにより，親の従属物ではない1人の人間としての子どもの意見が尊重されることになった．

　児童虐待の定義は，法第2条にある．ここでは児童の保護者（児童を現に監護するもの）が行う4つの行為（身体的，性的，ネグレクト，心理的）を児童虐待としている．このうち心理的な虐待に，児童の目の前でDVが行われること等，児童への被害が間接的なものも改正により加えられた．また，保護者以外

の同居人が行った虐待行為も対象となっている．
　以上に加え，児童虐待防止法の主な改正点として，
　(1)子どもの安全確認のための立ち入り調査等の強化
　(2)保護者に対する面会・通信等の制限の強化
　(3)指導に従わない保護者に対する措置の強化
等がある．
　とりわけ保護者に対する介入については，児童虐待の恐れのある保護者には都道府県知事による出頭要求を制度化（法第8条の2），立ち入り調査を実施し，保護者がこれに応じない場合には裁判所の許可を得たうえで，解錠を伴う立ち入り調査を可能にした（法第9条の3以下）．また，これを拒否した者への罰金額が50万円に引き上げられた．さらに，一次保護および保護者の同意による施設入所の間も，児童相談所長などは保護者への面会・通信を制限できることを明文化した（法第12条）．
　裁判所の承認を得て強制的な施設入所措置を行った場合は，とくに必要があると判断すれば，都道府県知事は保護者に対し，6カ月を超えない期間を定めて児童へのつきまといや児童の居場所付近での徘徊を禁止できるとし，それが守られない場合の罰金も設けられた（法第12条の4）．
　児童虐待を行った保護者に対する指導にかかる都道府県知事の勧告に従わなかった場合については，一時保護，施設入所措置，その他の必要な措置を講ずるものとされ（法第11条），施設入所を解除する際には，保護者に対する指導の効果などを勘案するものとされた（法第13条）．
　次に，専門職についてみてみよう．
　児童虐待防止法に記されている専門職は，「学校の教職員，児童福祉施設の職員，医師，保健師，弁護士その他児童の福祉に職務上関係のある者」（法第5条）である．
　それらの専門職が行わなければならない義務は，児童虐待の早期発見（法第5条）であるが，同様の義務は，所属団体（学校，児童福祉施設，病院その他児童の福祉に業務上関係のある団体）にも課せられている．かつて学校等で，校長が親への配慮から子ども側からのSOSを問題視せず，通報しない事例があったが，職員が児童虐待を発見した場合，上司の権限で不問に伏すことは法律的に認められなくなった．
　加えて専門職には，「児童虐待の予防，児童虐待の防止，児童虐待を受けた児童の保護及び自立の支援」に協力すべきことが規定された（法第5条の2）．また，学校と児童福祉施設は，「児童虐待防止のための啓発と教育に努めなければならない」（法第5条の3）とされ，児童虐待を行った保護者に対する指導に関しては，親子の再統合への配慮と虐待を受けた児童が良好な家庭環

境で生活するために必要な配慮のもとに行うことが規定された（法第11条）.

　これらは児童虐待防止法の目的（法第1条）に明記されている，「児童虐待の予防及び早期発見」と「児童虐待を受けた児童の保護及び自立の支援」であり，このうち予防には，第1次予防（啓蒙，啓発），第2次予防（育児不安の支援），第3次予防（虐待支援）がある.

　児童虐待は子ども，親の利害が相反し，多様な問題を含むため，1つの機関で援助を担うことは困難である.したがってそこで重要になってくるのが，関係する専門職間，関係機関間での緊密な連携である.虐待を受けた児童および保護者の指導や支援のために国・地方公共団体は，民間団体も視野に入れた連携を含む体制の整備に努めることとされている（法第4条）.この連携に関しては「児童福祉法」に「児童要保護対策地域児童協議会（子どもを守る地域ネットワーク）」の設置が努力義務として記され，2007年3月末現在，約85％の市町村が設置を終えている.

　筆者は現在，N市の「児童要保護対策地域児童協議会（以下，協議会）」にNPOの立場で参加している.協議会は年1回の開催であり，参加者の自己紹介，行政側の報告議題に時間が費やされ，肝心の話し合いの時間が少ないことにジレンマを感じている.厚生労働省は2007年，協議会が形骸化しないようにマニュアルを作成し，各市町村に交付しているが，残念ながらその応用はいまだ不十分といえよう.

3　児童虐待と PSW

　このような子ども・家族をめぐる状況が整備されるなかにあって，PSWには何ができるのか，また何が期待されているのだろうか.

　PSWはメンタルヘルスへの造詣が深い専門職であり，なかでも連携支援を得意としてきた.法的には，「精神障害者」の福祉に係る相談援助が主な専門職として規定されているが，「精神保健及び精神障害者福祉に関する法律（精神保健福祉法）」には，国民の精神保健の保持および増進，国民の精神保健の向上を図ることが目的とされており，精神保健福祉に係る専門職としてはこの趣旨を見過ごすことはできない.昨今の経済・社会不安のなか，人びとがかかえるメンタルヘルス関連の問題は増加傾向にあり，なおかつ深刻化してきている.PSWがチームの一員としてこれらの問題にかかわっていくのは必然であると筆者は考える.

　本項では，PSWがかかわっている児童虐待問題について，筆者の体験と社団法人日本精神保健福祉士協会の機関誌『精神保健福祉』の報告例等を通して，チームの一員としてPSWがどのような役割を担っているのかを考察する.順序としては，まず前項で述べた専門職に求められる支援「児童虐待の予防，児

童虐待の防止，児童虐待を受けた児童の保護および自立」のなかで，とくにどのステージにおいて実践をしているのか，また，今後どのような実践が求められているのかを検討し，そのうえでメンタルヘルス分野におけるPSWの課題を提示したい．

1／筆者の実践から

筆者は，1995年から児童虐待防止のNPOに参画している．当初は電話相談によるかかわりであったが，現在は地域に出かけ，子どもを虐待する母親とのグループワーク実践をしている．この間，2004年からはN市の「児童要保護対策地域児童協議会」に参加し，児童相談所で行われた虐待死事例の検証にも参加，NPOが設立したシェルターの運営と入所面接，危機介入事例検討会などへの参加も行ってきた．一方で2004年からは，精神科クリニックにおいて「子どもとの関係に問題をかかえている母親グループ」を組織し，その経験を生かし，2008（平成20）年からはN市保健所において，保健師とともに母親グループづくりを進めている．また，2004年にB保健センターの子育て教室に専門職として参加しており，2008年にN市の子ども・子育て支援協議会委員ともなった．

NPO活動にかかわる契機は，当時筆者が勤務していた精神科病院におけるアルコール依存症の母親との出会いだった．彼女は自身のアルコール依存と子どもへの虐待問題で苦しんでいた．

このように，クライエントがかかえる課題は1つとは限らない．NPO活動でも，多くのボランティア市民や弁護士たちとの連携を経験してきた．その連携を重ねるなかで，改めてPSWのもつ援助観の重要性を再確認した．クライエントと対等にかかわるという，PSWにとってはごく当たり前の援助観である．

NPOには，困っている人を「助けてあげたい」という熱意をもつボランティアが多く，かかわる側主導の支援が展開されがちである．筆者は機会あるごとに，メンタルヘルス上の問題をかかえるクライエントを主体とする援助の重要性を仲間に伝え，子どもを虐待する母親とのグループワークや，女性シェルターを利用する母親との面接など，さまざまな実践の場でそれを示してきた．

2／機関誌『精神保健福祉』の報告例から

PSWの児童虐待への取組みは，社団法人日本精神保健福祉士協会の機関誌『精神保健福祉』に，総合病院における実践事例や精神科クリニックでの実践事例，子ども家庭相談室での事例など，数は多くないがいくつか有用な報告がなされている．筆者もNPOのグループワーク実践事例を報告しているが，なかにはアルコールや薬物依存症者の治療に関連する問題として取り上げている

ものもある.ここでは,それらのなかから2つの報告例を紹介する.
　その1つは,精神科クリニックにおける取組みである.石上里美らは,虐待問題のあるシンナー依存症の母親と子どもに,地域の保健所保健師(子育て支援),福祉事務所(子ども課),児童相談所と連携してかかわった事例を通して,PSWが主体的に,カンファレンス召集,機関の連絡・調整役を担うようになったプロセスを紹介.新たなチーム編成にPSWが加わることにより,「病気をもった生活者としての視点を他職種に提案」し,「各機関の専門性と限界を熟知したPSWは他職種と連携するうえで調整役を発揮できる」と,その役割を考察している[4].
　もう1つは,総合病院の小児科病棟スタッフを中心にしたチームの一員として,児童虐待問題に取り組んだ報告である.病院内で実際に虐待問題が発生したときPSWとしてとるべき対応を,久留崇は「虐待を含め,なぜその家庭に問題が起こっているのか,親(養育者)に精神的な苦しみはないか,緊急度,重症度等の情報を収集したうえで必要な援助を判断し,それをもとに院内外のチームのコーディネイトを行う」と紹介している[5].
　これらから,児童虐待分野におけるPSWの役割は,メンタルヘルスの専門家としての直接的援助(個別,集団,地域)に加え,当該機関における運営管理や機関内の連携業務,ネットワークの拡充といった外部との連携業務,さらにはコンサルテーションと,幅広いことが理解できよう.すなわちその業務は,予防から支援,アフターケアにまで及び,とくに予防には1次から3次まですべてが包含される.

4　児童虐待等におけるPSWの実践課題

　児童虐待の分野では,日々の実践を重ねるなかで体制整備が徐々に進められてきた.たとえば厚生労働省は,2007年2月,乳児(生後4カ月まで)がいる家庭の孤立化を防ぎ,乳児の健全な育成環境の確保を図ることを目的に,「乳児家庭全戸訪問事業(こんにちは赤ちゃん事業)」を創設した.また児童相談所には,虐待通告がなされた際の,直接的な目視による子どもの安全確認を「48時間以内」に行うこととした.
　しかし地方には,行政と民間の連携が十分に機能しえていない現状が,依然としてある.親への支援についても,自ら支援を求めない親への支援体制を組み込んだ法規制は課題のままである.このような状況のなかで,児童虐待ケアの最終目標として行われようとしている家族再統合は困難といわざるをえない.さらに,家族の再統合ありきというかかわりの是非も問われなければならない.虐待に象徴される家族問題への支援には,長いスパンが必要なのである.

子どもの問題は大人の問題だと，筆者は考えている．経済格差が拡大するなかにあって，子育てにSOSを発する母親は多く，精神的な不調をきたす人もみられる．社会的な孤立も問題である．

　先に筆者は，NPO活動を通してこの分野にPSWによるかかわりの必要性を再確認したと述べた．あらゆる角度からみて，この問題にPSWは「必要な人材だ」という確信が日増しに強くなっている．2007年に国は，増加を続ける虐待被害や不登校の子どもの心をケアする「子どもの心診療拠点病院」を全都道府県に整備し，各病院に「支援センター」（仮称）を開設するとの方針を打ち出した．また学校分野では，スクールカウンセリングが先行した．しかし多くの学校関係者は，子どもを取り巻く環境整備の必要性を痛感しており，家族支援における学校内外の連携強化を切望している．スクールソーシャルワークの取組みも始まったが，ここでも子どもを含む家族のメンタルヘルス問題が大きな課題となっている．

　家族のかかえる問題への対応を，心のケアだけで終わらせてはいけない．DV対策や自殺対策も含めた家族へのメンタルヘルス支援が求められるのは，経済格差をはじめとする家庭の環境整備なのである．この分野はまさにその現場である．メンタルヘルスに配慮しつつクライエントと対等なかかわりが提供でき，援助の限界も示せる専門家として，PSWのより積極的な実践が期待されている．

[小久保裕美]

文　献
1) CAPNA電話スタッフの会編：あなたにとどけ　CAPNAホットラインレポート．キャプナ出版，2002．
2) 山村賢明：日本の親・日本の家庭．金子書房，1983，pp. 55-56．
3) ギリガン，C. 著，岩男寿美子監訳：もうひとつの声—男女の道徳観のちがいと女性のアイデンティティ．川島書店，1986，p. 71．
4) 石上里美，内藤千昭，北本明日香他：シンナー依存症母子の援助（保健・医療・福祉の連携）を通してみえてきたもの．精神保健福祉，37(3)，2006，p. 324．
5) 久留　崇：総合病院の精神保健福祉士がかかわる児童関連問題．精神保健福祉，33(3)，2002，p. 228．

4-6　自殺防止対策におけるPSW

　わが国の自殺による死亡者は，1998（平成10）年の急増以降，毎年30,000人を超える数字を記録している．警察庁の統計によれば，2006（平成18）年の自殺者数は32,155人であり，同年の交通事故による死亡者数6,352人の5.1倍とな

っている．さらに，1人の自殺者あるいは自殺未遂者の周りには，家族や友人，職場・学校関係者など深刻な影響を受けている人が，少なく見積もっても数人から数十人いると推定できる．つまり自殺にまつわる事柄で百数十万人の人が苦しんでいることになる．

自殺を「防ぐことのできる死」ととらえるなら，自殺対策の推進は社会的にも急務であるといえる．すでに国は，総合的な自殺防止対策に乗り出しており，2006年には「自殺対策基本法」を制定した．そこでは，自殺を個人的な問題としてのみとらえるのではなく，その背景にさまざまな社会的要因があることをふまえ，社会的な取組みとして対策を検討しなければならないとする基本理念を打ち出している（法第2条）．具体的には，国，地方自治体の責務として，自殺防止に関する調査研究，教育広報に始まり，早期に自殺の危険を発見し，回避するための体制の整備，自殺未遂者に対する支援，自殺者の親族等に対する支援を行うことなどを基本施策としてあげている．

自殺対策基本法に基づき，翌2007（平成19）年6月には政府が推進すべき自殺対策の指針として「自殺総合対策大綱」を閣議決定している．そのなかで自殺対策の数値目標として，2016（平成28）年までに2005（平成17）年の自殺死亡率を20％以上減少させることを明記している．

こうした社会の動きをふまえ本節では，自殺の背景をPSWの視点から分析し，PSWが果たすべき役割，その専門性を検討することとしたい．

1　PSWの視点から「統計資料」をみる

警察庁生活安全局地域課の統計によれば，2007（平成19）年中における自殺者の総数は33,093人で，前年に比べ983人（2.9％）増加している．年齢別では60歳以上が全体の36.6％を占め，次いで50歳代が21.3％，40歳代が15.4％の順となっている．このうち最も多い60歳以上は，年齢的にも医療機関，相談窓口と接点をもつ人が多く，PSWがアプローチをすることができる年齢層と解釈できよう．

性別では男性が23,478人で全体の70.9％を占めている．自殺者の多い年代層の男性は，「メンタルヘルス」の視点からのアプローチにはつながりにくい．日中は仕事をしている者が多いことがその原因の1つとして考えられるが，そもそもこの年代の男性は，精神的な悩みを言語化し，表出することに抵抗があるのかもしれない．対象者にとって意味のある支援を行うためには，その特性を十分理解することが必要である．自殺の多い年齢層のとくに男性に支援を届けるには，休日や夜間の相談体制や，相談方法の多様化を今後検討していくことが不可欠になる．

自殺の原因・動機からは何が読み取れるだろうか．図4-3にみるように，

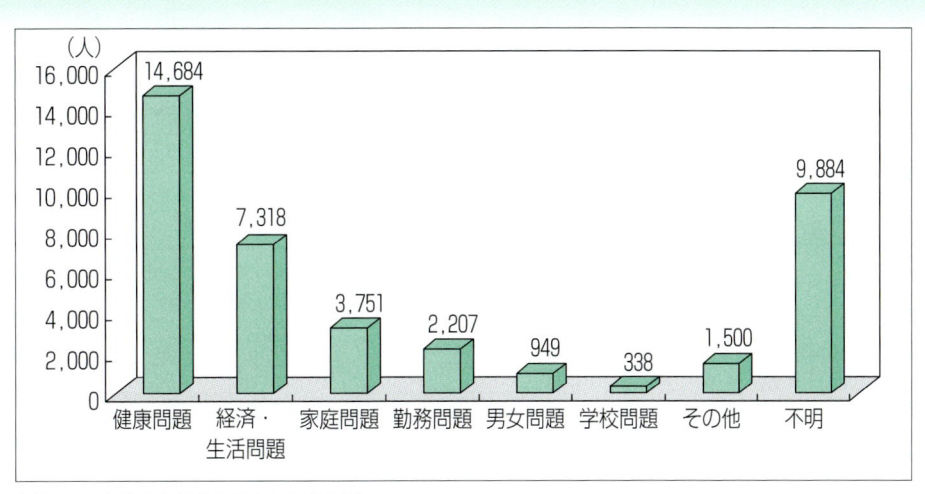

資料：2007年警察庁統計資料より著者作図
図4-3　自殺の原因分類

　原因・動機が明らかなもののうち，最も多いのは「健康問題」であった．次いで「経済・生活問題」「家庭問題」「勤務問題」と続いている．これはあくまでも統計上ではあるが，PSWが日常業務のなかで行う援助内容とほぼ重なることがわかる．つまり自殺の原因・動機としてあげられた項目からも，医療機関，相談窓口との接点を読み取ることができるのである．

　当初は身体症状として，「生きづらさ」を表現する人が多い．医療費や生活費，多重債務の問題で相談窓口を訪れる人も多いことを，PSWなら経験的によく知っているだろう．その際，「対象者の訴えの裏にどのような思いがあるのか」「真の主訴は何であるのか」をぶれなくとらえられる感覚を養っていく必要がある．

　もう1点，健康問題の内容分類（図4-4）にも重要な示唆がある．少なくとも精神疾患が影響を与えていると推測できる件数が全体の6割を超えている．この6割の人びとの自殺の兆候にいち早く気づき，適切に医療につなげることもPSWの役割であると考える．また普段から接点のある患者が，この6割の自殺者のなかに入る可能性も否定できないことを肝に銘じたい．

　統計資料から読み取れることは，多くの自殺者に「初期段階で介入する機会をわれわれPSWはもっている」ということである．

2　実践のなかからみえてきたこと

　統計資料で明らかにされた自殺者の概況を実践に結びつけるために，筆者が勤務する大学病院の救命救急センターにおける実践からみえてきたことを1例として紹介したい．

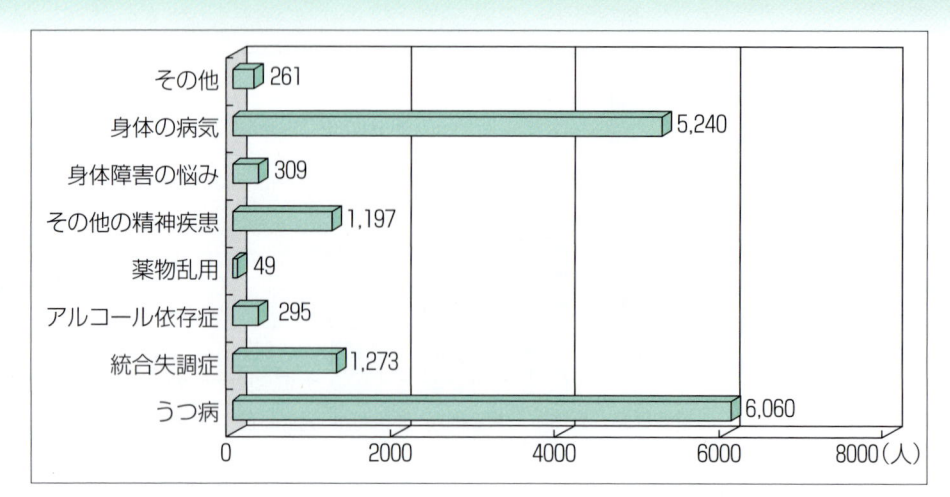

```
その他              261
身体の病気          5,240
身体障害の悩み      309
その他の精神疾患  1,197
薬物乱用             49
アルコール依存症   295
統合失調症        1,273
うつ病            6,060
```

資料：2007年警察庁統計資料より著者作図
図4-4　健康問題の内容分類

　当救命救急センターにおいて PSW は，主に，急性期患者特有の課題に対する援助（入院環境調整のための家族問題支援や経済問題支援，グリーフケア等），退院・転院患者の援助，児童虐待・高齢者虐待・ドメスティックバイオレンス（以下，DV）症例への効果的な早期介入などを行っている．

　救命救急センターでのソーシャルワーク業務を実践するなかでみえてきたことは，患者総数の1割を超える自殺企図患者の存在である（図4-5参照）．また，その患者群の再発率の高さであり，重症救急患者への救命治療が最優先される現場にあって，この一群に十分な時間を割き，集中して援助することの医療機関としての限界であった．さらに，この1割を超える患者群については，精神疾患を有するものの未受診であったり，治療中断となっていたりする患者が半数を超えている現実がみえてきた．

　「やれることをすべてやって命を救うことができても，また戻ってこられるとやりきれないんだよなぁ」

　これは，10年ほど前に，自殺企図による熱傷で救急搬送された患者を前に医師が漏らした一言である．この言葉に，再発防止と疾病の重篤化防止を視野に入れた支援の重要性を痛感した筆者らは，30床の救命救急センター内に4床ある熱傷センターにおいて，2000（平成12）年からある試みを開始した．

　それまで自殺企図等で救命救急センターに運ばれた患者については，身体症状が改善された場合であっても，スタッフサイドから自殺企図に至った過程や背景にふれることはほとんどなかった．ごくまれにふれることがあったとしても，平均在院日数が7日（薬物による自殺企図患者は平均2.8日）の救命救急

注）2007年のみ1月から4月までの総数．

図4-5 杏林大学医学部付属病院救命救急センターにおける自殺企図患者割合

センターで，問題解決に至るまで対応することは不可能であった．一方，身体症状が改善されずに障害が残る患者では，本人の生きづらさが入院前よりずっと増すことが想定される．その結果，再発，再入院の図式がかたちづくられるのである．

このような患者を少しでも減らすことができればとの考えから，熱傷センターに入院する患者全員に PSW がインテーク面接を行い，早期に課題を抽出してカンファレンス等において報告し，治療計画や看護計画のなかにソーシャルワークの視点を持ち込むことを試みた．なお，熱傷センター入院患者の受傷原因は，7割近くが自殺企図である．

一方で，アセスメントの結果から精神科医の診察を受ける必要があると判断すれば，可能な限り診察が受けられるように調整し，患者本人が受診の必要性や自分自身の状態を把握できるように働きかけることを目的に，面接を行っている．しかし当センターにおける面接の最終目標は，精神科受診ではない．精神科受診の必要性を患者・家族に理解してもらい，継続して受診，服薬できるような環境調整を行うことが主眼である．

また，入院中に立てた援助計画を地域関係機関と共有する作業も行っている．その結果，地域関係機関の援助目標も，自殺防止に焦点が合わされ，より具体的かつ明確な受診援助や生活支援，家族関係の調整等を行うための長期的

な支援体制が組まれるようになった．

　当院の救命救急センターだけでなく，一般に救命救急部門でソーシャルワークを行う際には，いくつかの阻害要因があるように思われる．たとえば救命救急センター本来の役割遂行に対する責務および期待，限られた在院日数，精神科診療の特殊性，診療報酬に反映されないサービスとしてのソーシャルワークなどがその主因である．

　しかしながら，救急医療の場にソーシャルワークの視点を早期に持ち込むことにより，個々の患者がもっている問題が明確になり，治療・看護計画がより有効なものとなることから，PSW が具体的な援助計画を作成することは自殺の再発防止や重症化防止効果に大きく貢献していると考える．

3　自殺防止対策における PSW の有効性

　自殺にまつわる統計値が示すように，自殺の主な原因として健康問題や経済問題，生活上の問題がある．また多くの自殺者の背景に精神疾患があることも明らかになっている．一方，自殺企図者については，心理的な視野狭窄に陥っているとの指摘もある．絶望して死にたいという気持ちと，何とか助けてほしい，生きたいという気持ちの狭間で揺れている人が発する SOS のサインを，いかにキャッチしてアプローチするか．また，遺された人，企図者を取り巻く人にどうアプローチしていくのか――．

　本項では，自殺防止対策における PSW の有効性およびそこで求められる視点を，以下の 3 段階に分けて考えてみたい．

1）プリベンション（prevention，事前対応）――自殺を未然に防ぐ目的で，自殺を考える要因や背景を探り，支援していく段階
2）インターベンション（intervention，危機介入）――自殺のサインを見逃さずキャッチし，適切な対応で自殺を回避できるように支援する段階
3）ポストベンション（postvention，事後対応）――遺された人を支援する段階

1）プリベンション

　日々の援助業務において，常に自殺防止を念頭にソーシャルワークを展開する必要がある．PSW は，療養のための環境調整や生活自体に不安や負担感を伴うことがないようにソーシャルワークを行っているが，このこと自体がプリベンションにほかならないのである．

　この段階では，社会資源の活用やスキルの獲得を，PSW との援助関係を通して体験し，身につけていけるように働きかけることが重要になる．ここで大事

な点は，問題を感じたときに相談窓口や援助者につながることにより，視野狭窄に陥らなくてすむということを，自分自身で体験してもらうことである．この体験により，問題解決能力を高めることや言葉を活用して課題を伝えることの重要性に気づくことができる．さらにこの作業を繰り返し，気づきの体験を重ねていくなかで，援助者との信頼関係を構築することができる．この関係の構築は，援助する側にとっては，インターベンションの時期に備える覚悟をもつことにつながる．

2）インターベンション

対象者からのSOSに気づいたら，「何かしなくては」「何ができるだろうか」という気持ちをいったんおいて，援助者が受け取ったサインについて率直に話してみる．これが，インターベンションの第一歩である．

このときは，自殺のサインをそのまま受け止め，発信してくれた対象者の思いに添いながら，恐れずに「死にたい思い」にふれていくことができればと考える．SOSのサインを発信しているのに援助者がみないふり，気づかないふりをするようでは，対象者の絶望感を強めることになってしまう．「死にたい思い」を遂げてしまうのは，援助者との関係につながらない人にほかならない．「人とつながっている」という安堵感を与えられるように支援することが何より大切である．

対象者とかかわることを専門性とするPSWであれば，その専門性を生かして，「死にたい思い」からスタートする関係をぜひつくり上げていきたいものである．その際に大切なのは，「死にたい思い」，つまりその感情に焦点を当てて話を聴くことである．対象者を説得したり，コントロールしたりしようとするのは，援助者側の不安感の表れである．援助者自身が，まず落ち着くことである．そのうえで，対象者の今いる位置を確認し，必要な支援を探っていくといういつものソーシャルワークの土俵で，目の前にいる人に見合うかたちでソーシャルワークを展開することが重要である．

3）ポストベンション

対象者の自殺企図が未遂に終わっても，再企図の可能性があることを忘れてはならない．自殺企図歴を有する人の6～27.5%が最終的に自殺で死亡するというデータもある．未遂に終わった対象者について，希死念慮の重症度を判定し，企図に至った背景を十分探り，精神科医との連携のもとにフォローアップしていくこともポストベンションになる．

一般的にポストベンションというと，自殺既遂者の遺族や関係者へのケアをさす場合が多い．遺族や関係者は，「死にたい思い」を遂げられてしまったこ

とにさまざまな思いを抱き，深く悲嘆する．この悲嘆状態にある遺族や関係者の感情を整理し，悲嘆の回復に専念できる環境や情報を提供することが重要である．遺族や関係者がかかえる問題の背景は，複雑で多岐にわたることが想定される．それを乗り越えることがあまりに困難で，悲嘆状態が長期化して，身体症状を呈したり精神症状が現れたりする場合もある．このような場面も頭に入れ，多方面からの支援が可能となるよう，関係職種と常に連携をとることが必要である．自殺の連鎖を断ち，心理的・身体的苦痛を和らげ，回復過程を共にたどれるような体制を構築していくことが，PSW としてのかかわりの基本である．

4 今後の課題

自殺問題に援助者としてかかわるうえで必要なのは，自殺をめぐる現状を知り，自分たちに何ができるのかを常に考えること，そして自殺防止にかかわる勇気をもつことである．

自殺の原因・背景には，いかなる場合もさまざまな要因が複雑に絡み合っているものである．統計資料からその要因を読み取るだけでは，できる対応にも限界がある．だからこそ，PSW として実践を重ねるなかで知りえたことや，体験から学んだことを生かし，有効な対策を提言していかなければならない．

専門職がそれぞれの分野でできることを明確にしつつ，お互いが手を携え合えるような支援体制をつくり上げていくことが不可欠である．その体制下にあって，PSW が独自の視点で中核的な役割を担っていけるように働きかけていきたい．

[加藤雅江]

参考文献
1) 警察庁生活安全局地域課編：平成19年中における自殺の概要資料．2008．
2) 高橋祥友：自殺の危険―臨床的評価と危機介入．新訂増補，金剛出版，2006．
3) 河西千秋，平安良雄監訳：自殺予防―プライマリ・ヘルスケア従事者のための手引き．日本語版第2版，横浜市立大学医学部精神医学教室，2007．(Mental and Behavioural Disorders. Department of Mental Health World Health Organization Geneva, 2000).

資 料

社団法人 日本精神保健福祉士協会 倫理綱領
ソーシャルワーカーの倫理綱領（改訂最終案）

本協会では，1988年6月16日に日本精神医学ソーシャル・ワーカー協会が制定した「倫理綱領」について，第1回通常総会（2004年11月28日開催）において「社団法人 日本精神保健福祉士協会 倫理綱領」として採択しました．

前　文
目　的
　倫理原則
　　1．クライエントに対する責務
　　2．専門職としての責務
　　3．機関に対する責務
　　4．社会に対する責務
　倫理基準
　　1．クライエントに対する責務
　　2．専門職としての責務
　　3．機関に対する責務
　　4．社会に対する責務

資料1

社団法人 日本精神保健福祉士協会 倫理綱領

日本精神医学ソーシャル・ワーカー協会
1988年6月16日制定／1991年7月5日改訂／1995年7月8日改訂
日本精神保健福祉士協会
2003年5月30日改訂
社団法人 日本精神保健福祉士協会
2004年11月28日採択

前　文

　われわれ精神保健福祉士は，個人としての尊厳を尊び，人と環境の関係を捉える視点を持ち，共生社会の実現をめざし，社会福祉学を基盤とする精神保健福祉士の価値・理論・実践をもって精神保健福祉の向上に努めるとともに，クライエントの社会的復権・権利擁護と福祉のための専門的・社会的活動を行う専門職としての資質の向上に努め，誠実に倫理綱領に基づく責務を担う．

目　的

　この倫理綱領は，精神保健福祉士の倫理の原則および基準を示すことにより，以下の点を実現することを目的とする．
1．精神保健福祉士の専門職としての価値を示す．
2．専門職としての価値に基づき実践する．
3．クライエントおよび社会から信頼を得る．
4．精神保健福祉士としての価値，倫理原則，倫理基準を遵守する．
5．他の専門職やすべてのソーシャルワーカーと連携する．
6．すべての人が個人として尊重され，共に生きる社会の実現をめざす．

倫理原則
1．クライエントに対する責務
(1)クライエントへの関わり
　精神保健福祉士は，クライエントの基本的人権を尊重し，個人としての尊厳，法の下の平等，健康で文化的な生活を営む権利を擁護する．
(2)自己決定の尊重
　精神保健福祉士は，クライエントの自己決定を尊重し，その自己実現に向けて援助する．
(3)プライバシーと秘密保持
　精神保健福祉士は，クライエントのプライバシーを尊重し，その秘密を保持する．
(4)クライエントの批判に対する責務
　精神保健福祉士は，クライエントの批判・評価を謙虚に受けとめ，改善する．
(5)一般的責務
　精神保健福祉士は，不当な金品の授受に関与してはならない．また，クライエントの人格を傷つける行為をしてはならない．
2．専門職としての責務
(1)専門性の向上
　精神保健福祉士は，専門職としての価値に基づき，理論と実践の向上に努める．
(2)専門職自律の責務
　精神保健福祉士は同僚の業務を尊重するとともに，相互批判を通じて専門職としての自律性を高める．
(3)地位利用の禁止
　精神保健福祉士は，職務の遂行にあたり，クライエントの利益を最優先し，自己の利益のためにその地位を利用してはならない．
(4)批判に関する責務
　精神保健福祉士は，自己の業務に対する批判・評価を謙虚に受けとめ，専門性の向上に努める．
(5)連携の責務
　精神保健福祉士は，他職種・他機関の専門性と価値を尊重し，連携・協働する．
3．機関に対する責務
　精神保健福祉士は，所属機関がクライエントの社会的復権をめざした理念・目的に添って業務が遂行できるように努める．
4．社会に対する責務
　精神保健福祉士は，人々の多様な価値を尊重し，福祉と平和のために，社会的・政治的・文化的活動を通し社会に貢献する．

倫理基準
1．クライエントに対する責務
(1)クライエントへの関わり
　精神保健福祉士は，クライエントをかけがえのない一人の人として尊重し，専門的援助関係を結び，クライエントとともに問題の解決を図る．

(2) 自己決定の尊重
    a　クライエントの知る権利を尊重し，クライエントが必要とする支援，信頼のおける情報を適切な方法で説明し，クライエントが決定できるよう援助する．
    b　業務遂行に関して，サービスを利用する権利および利益，不利益について説明し，疑問に十分応えた後，援助を行う．援助の開始にあたっては，所属する機関や精神保健福祉士の業務について契約関係を明確にする．
    c　クライエントが決定することが困難な場合，クライエントの利益を守るため最大限の努力をする．

(3) プライバシーと秘密保持
　精神保健福祉士は，クライエントのプライバシーの権利を擁護し，業務上知り得た個人情報について秘密を保持する．なお，業務を辞めたあとも，秘密を保持する義務は継続する．
    a　第三者から情報の開示の要求がある場合，クライエントの同意を得た上で開示する．クライエントに不利益を及ぼす可能性があるときには，クライエントの秘密保持を優先する．
    b　秘密を保持することにより，クライエントまたは第三者の生命，財産に緊急の被害が予測される場合は，クライエントとの協議を含め慎重に対処する．
    c　複数の機関による支援やケースカンファレンス等を行う場合には，本人の了承を得て行い，個人情報の提供は必要最小限にとどめる．また，その秘密保持に関しては，細心の注意を払う．クライエントに関係する人々の個人情報に関しても同様の配慮を行う．
    d　クライエントを他機関に紹介するときには，個人情報や記録の提供についてクライエントとの協議を経て決める．
    e　研究等の目的で事例検討を行うときには，本人の了承を得るとともに，個人を特定できないように留意する．
    f　クライエントから要求があるときは，クライエントの個人情報を開示する．ただし，記録の中にある第三者の秘密を保護しなければならない．
    g　電子機器等によりクライエントの情報を伝達する場合，その情報の秘密性を保証できるよう最善の方策を用い，慎重に行う．

(4) クライエントの批判に対する責務
　精神保健福祉士は，自己の業務におけるクライエントからの批判・評価を受けとめ，改善に努める．

(5) 一般的責務
    a　精神保健福祉士は，職業的立場を認識し，いかなる事情の下でも精神的・身体的・性的いやがらせ等人格を傷つける行為をしてはならない．
    b　精神保健福祉士は，機関が定めた契約による報酬や公的基準で定められた以外の金品の要求・授受をしてはならない．

２．専門職としての責務
(1) 専門性の向上
    a　精神保健福祉士は専門職としての価値・理論に基づく実践の向上に努め，継続的に研修や教育に参加しなければならない．
    b　スーパービジョンと教育指導に関する責務
      1）精神保健福祉士はスーパービジョンを行う場合，自己の限界を認識し，専門職として利

用できる最新の情報と知識に基づいた指導を行う．
　　2）精神保健福祉士は，専門職として利用できる最新の情報と知識に基づき学生等の教育や実習指導を積極的に行う．
　　3）精神保健福祉士は，スーパービジョンや学生等の教育・実習指導を行う場合，公正で適切な指導を行い，スーパーバイジーや学生等に対して差別・酷使，精神的・身体的・性的いやがらせ等人格を傷つける行為をしてはならない．
(2) 専門職自律の責務
　　a　精神保健福祉士は，適切な調査研究，論議，責任ある相互批判，専門職組織活動への参加を通じて，専門職としての自律性を高める．
　　b　精神保健福祉士は，個人的問題のためにクライエントの援助や業務の遂行に支障をきたす場合には，同僚等に速やかに相談する．また，業務の遂行に支障をきたさないよう，自らの心身の健康に留意する．
(3) 地位利用の禁止
　　精神保健福祉士は業務の遂行にあたりクライエントの利益を最優先し，自己の個人的・宗教的・政治的利益のために自己の地位を利用してはならない．また，専門職の立場を利用し，不正，搾取，ごまかしに参画してはならない．
(4) 批判に関する責務
　　a　精神保健福祉士は，同僚の業務を尊重する．
　　b　精神保健福祉士は，自己の業務に関する批判・評価を謙虚に受けとめ，改善に努める．
　　c　精神保健福祉士は，他の精神保健福祉士の非倫理的行動を防止し，改善するよう適切な方法をとる．
(5) 連携の責務
　　a　精神保健福祉士は，クライエントや地域社会の持つ力を尊重し，協働する．
　　b　精神保健福祉士は，クライエントや地域社会の福祉向上のため，他の専門職や他機関等と協働する．
　　c　精神保健福祉士は，所属する機関のソーシャルワーカーの業務について，点検・評価し，同僚と協働し改善に努める．
　　d　精神保健福祉士は，職業的関係や立場を認識し，いかなる事情の下でも同僚または関係者への精神的・身体的・性的いやがらせ等人格を傷つける行為をしてはならない．
3．機関に対する責務
　精神保健福祉士は，所属機関等が，クライエントの人権を尊重し，業務の改善や向上が必要な際には，機関に対して適切・妥当な方法・手段によって，提言できるように努め，改善を図る．
4．社会に対する責務
　精神保健福祉士は，専門職としての価値・理論・実践をもって，地域および社会の活動に参画し，社会の変革と精神保健福祉の向上に貢献する．

資料2

ソーシャルワーカーの倫理綱領（改訂最終案）

2005年1月27日最終提案
社会福祉専門職団体協議会・倫理綱領委員会
委員長　仲村　優一
2005年5月21日　日本ソーシャルワーカー協会承認

前　文

　われわれソーシャルワーカーは，すべての人が人間としての尊厳を有し，価値ある存在であり，平等であることを深く認識する．われわれは平和を擁護し，人権と社会正義の原理に則り，サービス利用者本位の質の高い福祉サービスの開発と提供に努めることによって，社会福祉の推進とサービス利用者の自己実現をめざす専門職であることを言明する．

　われわれは，社会の進展に伴う社会変動が，ともすれば環境破壊および人間疎外をもたらすことに着目するとき，この専門職がこれからの福祉社会にとって不可欠の制度であることを自覚するとともに，専門職ソーシャルワーカーの職責についての一般社会および市民の理解を深め，その啓発に努める．

　われわれは，われわれの加盟する国際ソーシャルワーカー連盟が採択した，次の「ソーシャルワークの定義」（2000年7月）を，われわれのソーシャルワーク実践に適用され得るものとして認識し，われわれの実践の拠り所とする．

ソーシャルワーカーの定義

　ソーシャルワーク専門職は，人間の福利（ウェルビーイング）の増進をめざして，社会の変革を進め，人間関係における問題解決を図り，人々のエンパワーメントと解放を促していく．

　ソーシャルワークは，人間の行動と社会システムに関する理論を利用して，人々がその環境と相互に影響し合う接点に介入する．

　人権と社会正義の原理は，ソーシャルワークの拠り所とする基盤である（IFSW；2000.7）．

　われわれは，ソーシャルワークの知識，技術の専門性と倫理性の維持，向上が専門職の職責であるだけでなく，サービ利用者はもちろん，社会全体の利益に密接に関連していることを認識し，本綱領を制定してこれを遵守することを誓約する者により，専門職団体を組織する．

価値と原則

　Ⅰ（人間の尊厳）　ソーシャルワーカーは，すべての人間を，出自，人種，性，年齢，身体的精神的状況，宗教的文化的背景，社会的地位，経済状況等の違いにかかわらず，かけがえのない存在として尊重する．

　Ⅱ（社会正義）　ソーシャルワーカーは，差別，貧困，抑圧，排除，暴力，環境破壊などのない，自由，平等，共生に基づく社会正義の実現をめざす．

　Ⅲ（貢　献）　ソーシャルワーカーは，人間の尊厳の尊重と社会正義の実現に貢献する．

　Ⅳ（誠　実）　ソーシャルワーカーは，本倫理綱領に対して常に誠実である．

V（専門的力量）　ソーシャルワーカーは，専門的力量を発揮し，その専門性を高める．

倫理基準
Ⅰ．利用者に対する倫理責任
1．（利用者との関係）　ソーシャルワーカーは，利用者との専門的援助関係を最も大切にし，それを自己の利益のために利用しない．
2．（利用者の利益の最優先）　ソーシャルワーカーは，業務の遂行に際して，利用者の利益を最優先に考える．
3．（受　容）　ソーシャルワーカーは，自らの先入観や偏見を排し，利用者をあるがままに受容する．
4．（説明責任）　ソーシャルワーカーは，利用者に必要な情報を適切な方法・わかりやすい表現を用いて提供し，利用者の意思を確認する．
5．（利用者の自己決定の尊重）　ソーシャルワーカーは，利用者の自己決定を尊重し，利用者がその権利を十分に理解し，活用していけるように援助する．
6．（利用者の意思決定能力への対応）　ソーシャルワーカーは，意思決定能力の不十分な利用者に対して，常に最善の方法を用いて利益と権利を擁護する．
7．（プライバシーの尊重）　ソーシャルワーカーは，利用者のプライバシーを最大限に尊重し，関係者から情報を得る場合，その利用者から同意を得る．
8．（秘密の保持）　ソーシャルワーカーは，利用者や関係者から情報を得る場合，業務上必要な範囲にとどめ，その秘密を保持する．秘密の保持は，業務を退いた後も同様とする．
9．（記録の開示）　ソーシャルワーカーは，利用者から記録の開示の要求があった場合，本人に記録を開示する．
10．（情報の共有）　ソーシャルワーカーは，利用者の援助のために利用者に関する情報を関係機関・関係職員と共有する場合，その秘密を保持するよう最善の方策を用いる．
11．（性的差別，虐待の禁止）　ソーシャルワーカーは，利用者に対して，性別，性的嗜好等の違いから派生する差別やセクシュアル・ハラスメント，虐待をしない．
12．（権利侵害の防止）　ソーシャルワーカーは，利用者を擁護し，あらゆる権利侵害の発生を防止する．

Ⅱ．実践現場における倫理責任
1．（最良の実践を行う責務）　ソーシャルワーカーは，実践現場において，最良の業務を遂行するために，自らの専門的知識・技術を惜しみなく発揮する．
2．（他の専門職等との連携・協働）　ソーシャルワーカーは，相互の専門性を尊重し，他の専門職等と連携・協働する．
3．（実践現場と綱領の遵守）　ソーシャルワーカーは，実践現場との間で倫理上のジレンマが生じるような場合，実践現場が本綱領の原則を尊重し，その基本精神を遵守するよう働きかける．
4．（業務改善の推進）　ソーシャルワーカーは，常に業務を点検し評価を行い，業務改善を推進する．

Ⅲ．社会に対する倫理責任
1．（ソーシャル・インクルージョン）　ソーシャルワーカーは，人々をあらゆる差別，貧困，抑

圧，排除，暴力，環境破壊などから守り，包含的な社会をめざすよう努める．
2．（社会への働きかけ）　ソーシャルワーカーは，社会に見られる不正義の改善と利用者の問題解決のため，利用者や他の専門職等と連帯し，効果的な方法により社会に働きかける．
3．（国際社会への働きかけ）　ソーシャルワーカーは，人権と社会正義に関する国際的問題を解決するため，全世界のソーシャルワーカーと連帯し，国際社会に働きかける．

Ⅳ．専門職としての倫理責任
1．（専門職の啓発）　ソーシャルワーカーは，利用者・他の専門職・市民に専門職としての実践を伝え，社会的信用を高める．
2．（信用失墜行為の禁止）　ソーシャルワーカーは，その立場を利用した信用失墜行為を行わない．
3．（社会的信用の保持）　ソーシャルワーカーは，他のソーシャルワーカーが専門職業の社会的信用を損なうような場合，本人にその事実を知らせ，必要な対応を促す．
4．（専門職の擁護）　ソーシャルワーカーは，不当な批判を受けることがあれば，専門職として連帯し，その立場を擁護する．
5．（専門性の向上）　ソーシャルワーカーは，最良の実践を行うために，スーパービジョン，教育・研修に参加し，援助方法の改善と専門性の向上を図る．
6．（教育・訓練・管理における責務）　ソーシャルワーカーは教育・訓練・管理に携わる場合，相手の人権を尊重し，専門職としてのよりよい成長を促す．
7．（調査・研究）　ソーシャルワーカーは，すべての調査・研究過程で利用者の人権を尊重し，倫理性を確保する．

経　過

　国際ソーシャルワーカー連盟に加盟している日本のソーシャルワーカー職能4団体（日本ソーシャルワーカー協会，日本医療社会事業協会，日本社会福祉士会，日本精神保健福祉士協会）は，2003年2月から合同で委員会を設け，各団体が採択している「医療ソーシャルワーカー倫理綱領」（1961年），「ソーシャルワーカーの倫理綱領」（1986年），「精神保健福祉士協会倫理綱領」（1988年）を吟味し，4団体合同で，新たにわが国における「ソーシャルワーカーの倫理綱領」制定をめざして取り組んできた．
　「ソーシャルワーカーの倫理綱領」改訂に向けた取り組みの契機は，日本ソーシャルワーカー協会の呼びかけによる．具体的には，2000年12月19日に同会と日本社会福祉士会との合同作業委員会が組織され，その後，2001年3月より日本医療社会事業協会の参加を得た．3団体による作業は，2002年10月5日までに7回の審議を経て，同年10月17日付けで「『ソーシャルワーカーの倫理綱領』改訂案」を公表し，関係者や関連学会等からのパブリックコメントを求めた．さらに，同年12月28日には，これまで改訂作業を行ってきた3団体に加えて，日本精神保健福祉士協会が今後の取り組みに参画することとなり，4団体の会長合意のもと，社会福祉専門職団体協議会・倫理綱領委員会を立ち上げることとなった．
　この「ソーシャルワーカーの倫理綱領（改訂最終案）」は，同委員会の検討結果を取りまとめたものである．

社団法人 日本精神保健福祉士協会 年表

年(元号)	精神保健福祉士(PSW)および協会の動き	主な精神保健福祉の動き
1948(昭和23)年	・国立国府台病院にはじめてのPSW(橋本繁子，関川美代)が「社会事業婦」という名称で配置される	
1949(昭和24)年		・身体障害者福祉法公布
1950(昭和25)年		・精神衛生法公布
1951(昭和26)年	・名古屋大学精神医学教室にPSW(金子寿子)が採用される	
1952(昭和27)年	・国立精神衛生研究所開設に伴い，臨床チームの一員として7名のPSWが採用される	
1953(昭和28)年	・大阪府精神衛生相談所に2名のPSWが配置される ・名古屋大学精神科のPSW等が研究会を開催	
1954(昭和29)年		・精神衛生実態調査 ・精神病院設置促進国庫負担事業規定制定
1956(昭和31)年		・在院精神障害者実態調査
1958(昭和33)年	・医療社会事業家協会が職能団体から医療社会事業協会に改組されたことから，PSWの専門職としての同一化を深化させるため，独自の全国組織結成への機運が高まる	・精神科特例(厚生省事務次官通知)
1959(昭和34)年	・国立精神衛生研究所が現任のPSWを対象とした社会福祉課程の研修を開始する	
1960(昭和35)年	・宮城県PSW研究会発足	・精神薄弱者福祉法
1962(昭和37)年	・東海PSW研究会再発足 ・関西PSW連絡協議会発足	
1963(昭和38)年	・日本社会事業大学において，PSW全国集会開催。76名が参加し，身分資格，教育養成，業務指針などの問題を討議。PSWの組織化を確認。「精神病院ソーシャルワーク連絡協議会」発足	・精神衛生法改正の動きが起こる ・精神衛生実態調査 ・精神障害者措置入院制度の強化について(公衆衛生局長通知)
1964(昭和39)年	・国立精神衛生研究所内に精神科ソーシャルワーク推進委員会事務局設置．東北，関東甲信越，関西，中国四国，九州に地区推進委員配置． ・宮城県仙台市にて「日本精神医学ソーシャル・ワーカー協会設立総会」開催(理事長・柏木昭，事務局長・坪上宏)	・ライシャワー駐日アメリカ大使刺傷事件 ・警察庁から厚生省に精神衛生法改正の意見具申 ・精神衛生法改正に関する精神衛生審議会の中間答申
1965(昭和40)年	・「PSW通信」創刊 ・機関誌「精神医学ソーシャル・ワーク」創刊 ・第1回全国大会(東京)	・精神衛生法改正 ・精神衛生センター設置，保健所の業務に精神衛生が加わる ・全国精神障害者家族連合会(全家連)発足
1966(昭和41)年	・日本精神神経学会総会で，分科会「精神科医療体系におけるPSWの役割」設定	
1968(昭和43)年		・中央精神衛生審議会「精神医療の現状に対する意見」をまとめる ・精神障害関係医療費がはじめて結核を上回る ・WHOの派遣医，D. H. クラークが「日本における地域精神衛生」報告
1969(昭和44)年	・患者を退院させすぎたとして協会員のIさん解雇(東京) ・「Y問題」事件発生 ・秋の全国理事会(御殿場)「PSWとスーパー・ビジョン」相互研修	・中央精神衛生審議会，保安処分に関する意見をただす ・日本精神神経学会理事会「精神病院に多発する不祥事件に関連し全会員に訴える」声明発表

年 表 267

年(元号)	精神保健福祉士(PSW)および協会の動き	主な精神保健福祉の動き
1970 (昭和45)年		・「ルポ・精神病棟」朝日新聞連載 ・精神病院の運営管理の徹底について(公衆衛生局長,医務局長通知) ・心身障害者対策基本法公布 ・精神障害回復者社会復帰施設整備費予算化
1971 (昭和46)年		・日本精神神経学会総会にて保安処分に反対する決議
1973 (昭和48)年	・第9回全国大会(横浜)において,「Y問題」が提起される	・精神衛生実態調査
1974 (昭和49)年	・Y問題調査委員会報告(3点課題を提起)	・精神科作業療法,精神科デイ・ケアが診療報酬で点数化
1975 (昭和50)年	・拡大常任理事会報告「Y問題調査報告により提起された課題の一般化について」	・保健所における社会復帰相談指導事業の実施
1976 (昭和51)年	・Y問題の継承をめぐって第12回全国大会(静岡)流会	・精神障害者措置入院制度の適正な運用について(公衆衛生局長通知)
1978 (昭和53)年		・中央精神衛生審議会が精神障害者の社会復帰施設に関する中間報告書
1979 (昭和54)年	・川崎Y事件裁判和解	・精神衛生社会生活適応施設整備費予算化
1980 (昭和55)年	・「提案委員会」設置 ・保安処分の制度の動きに対する反対決議採択される	
1981 (昭和56)年	・第17回総会(東京)において「提案委員会報告」採択(今後の協会活動を進めるうえでの基本方針と取り組むべき5点課題の提起)	・国際障害者年
1982 (昭和57)年	・第18回全国大会にて札幌宣言(「日本精神医学ソーシャル・ワーカー協会宣言―当面の基本方針について―」)採択	・通院リハビリテーション事業実施 ・障害者対策に関する長期計画策定
1983 (昭和58)年	・精神衛生実態調査に対して反対の意を表明する	・精神衛生実態調査
1984 (昭和59)年	・宇都宮病院問題に関する総会決議	・宇都宮病院事件 ・精神病院に対する指導監督等の強化徹底について(3局長通知)
1985 (昭和60)年		・国連経済社会委員会,国連人権委員会,差別防止及び少数者保護小委員会において精神衛生法の改正について精神保健課長発言 ・精神病院入院患者の通信・面会に関するガイドラインについて(保健医療局長通知)
1986 (昭和61)年		・公衆衛生審議会精神衛生部会「精神障害者の社会復帰についての意見」 ・公衆衛生審議会精神衛生部会の中間メモ「精神衛生法改正の基本的な方向について」
1987 (昭和62)年		・社会福祉士及び介護福祉士法公布 ・小規模作業所運営助成開始 ・精神衛生法を精神保健法に改正
1988 (昭和63)年	・倫理綱領採択 ・精神科ソーシャルワーカー業務指針 ・精神病院における精神科ソーシャルワーカーの役割に関する研究(昭和62年度厚生科学研究報告)	
1990 (平成2)年		・社会福祉関係8法改正
1991 (平成3)年		・公衆衛生審議会意見具申「地域精神保健対策に対する中間意見」及び「処遇困難患者に関する中間意見」

年(元号)	精神保健福祉士(PSW)および協会の動き	主な精神保健福祉の動き
1993 (平成5)年		・公衆衛生審議会意見書「今後における精神保健対策について」 ・精神保健法の改正 ・全国精神障害者団体連合会設立 ・心身障害者対策基本法を障害者基本法に改正
1994 (平成6)年	・臨時総会において精神科ソーシャルワーカーの国家資格化を単独で求めることを決議	・公衆衛生審議会「当面の精神保健対策について(意見書)」 ・保健所法を地域保健法に改正
1995 (平成7)年	・阪神・淡路大震災の救援活動にボランティアを派遣	・精神保健法を精神保健及び精神障害者福祉に関する法律(精神保健福祉法)に改正
1997 (平成9)年	・精神保健福祉士法公布	・介護保険法公布
1999 (平成11)年	・協会の名称を「日本精神保健福祉士協会」に変更	・精神保健福祉法改正
2000 (平成12)年		・社会福祉事業法を社会福祉法に改正
2002 (平成14)年	・国際ソーシャルワーカー連盟(IFSW)に加盟 ・第1回日本精神保健福祉学会	・「精神分裂病」の「統合失調症」への呼称変更(第98回日本精神神経学会) ・社会保障審議会障害者部会精神障害分会報告「今後の精神保健医療福祉施策について」
2003 (平成15)年	・倫理綱領改訂	・支援費制度の施行 ・精神障害者退院促進支援事業実施 ・精神保健福祉対策本部中間報告「精神保健福祉の改革に向けた今後の対策の方向」 ・心神喪失者等の状態で重大な他害行為を行った者の医療及び観察等に関する法律(心神喪失者等医療観察法)公布
2004 (平成16)年	・社団法人日本精神保健福祉士協会設立	・精神保健福祉対策本部「精神保健医療福祉の改革ビジョン」策定 ・厚生労働省障害保健福祉部「今後の障害保健福祉施策について(改革のグランドデザイン案)」公表 ・障害者基本法の一部改正 ・発達障害者支援法公布
2005 (平成17)年		・障害者自立支援法公布 ・精神保健福祉法の一部改正 ・障害者の雇用の促進等に関する法律の一部を改正する法律公布(精神障害者に対する雇用対策の強化)
2006 (平成18)年	・厚生労働省に「精神保健福祉士のあり方に関する検討について(お願い)」を提出(日本精神保健福祉士養成校協会と連名)	・自殺対策基本法公布 ・障害者自立支援法施行
2007 (平成19)年	・厚生労働省に「精神保健福祉士制度の見直しについて(要望)」を提出(日本精神保健福祉士養成校協会と連名) ・厚生労働省「精神保健福祉士の養成の在り方等に関する検討会」	・社会福祉士及び介護福祉士法改正 ・全国精神障害者家族連合会(全家連)解散 ・国連障害者の権利条約に日本政府署名
2008 (平成20)年	・厚生労働省「精神保健福祉士の養成の在り方等に関する検討会」中間報告	・精神障害者地域移行支援特別対策事業実施 ・厚生労働省「今後の精神保健医療福祉のあり方等に関する検討会」中間まとめ ・社会保障審議会障害者部会報告書「障害者自立支援法施行後3年の見直しについて」

索 引

【あ】

アウトリーチ 221
あそこで，あの時 43
アダムス 119
新しい精神保健福祉士 79
アディクション 116,141,147
アドボカシー 197
アドボケート 197
アドボケート活動 174
アドルフ・マイヤー 36
アナムネ 161
アラティーン 116
アラノン 116
アルコール依存症の家族，友人 116
アルコール依存症の子どもたち 116
アンソニー 113
医学モデル 94,112,137,222,226
生きがい 227
生きづらさ 145,231,251
育児不安の支援 246
憩いの場 179
移行通院 211
石上里美 248
いじめ 231
移送制度 16
一般化（資料） 58
一般就労 105
移動支援事業 97
医療観察制度 206
医療観察法 206
医療観察法病棟 209
医療社会事業員 48
医療ソーシャルワーカー 75
医療ソーシャルワーカー業務指針 130
医療福祉士（仮称）案 76

医療保護入院 24,66
インターベンション 254,255
インフォームドコンセント 66,196
インフォームドチョイス 65
宇都宮病院事件 14,50,75,131,183,195
うつ病・自殺予防 35
エコシステム 44
ADL中心モデル 222
江幡鉄雄 63
エンカウンター 43
エンパワメント 65,117,174,198
エンパワメントアプローチ 199
応益負担 28
応益負担制度 22,23,31
大熊一夫 13
大阪府精神保健福祉審議会 216
岡知史 122
オープンスペース 121
オルタナティブ 118
オンブズマン 197,205

【か】

改革のグランドデザイン案 17,176
改革ビジョン 20,25,26
介護給付 96
介護支援専門員 225
介護保険サービス 167
介護保険制度 19,222
介護保険法 16,107
改正障害者基本法 22
階層構造 62
回転ドア 164
外部EAP 238
外部EAP業務 240

外来作業療法 163
解離性障害 146
カイロス 44
科学的根拠に基づく実践 224
かかわり 44,59,67,89,136,140,223,227
かかわりの検証 40
かかわり論 44
樫田五郎 11
過食症 116
柏木昭 90,124,133
家族教室 167
家族支援 94
家族相談 167
家族へのメンタルヘルス支援 249
課題別研修 86
価値 45,82
家庭問題 251
門屋充郎 225
金子寿子 47
カリキュラム改正 84
関係力 90
監護義務者 11
患者会 196
患者権利擁護制度 111,197
患者自治会 116
カンファレンス 155
機会の創出 91
基幹型相談支援センター 114
基幹研修 84
危機介入 254
危機的状況 93
企業の社会的責任 104
危険な存在 66
技術 82
技術協力 188
基礎研修 85
気分障害 35,143,147
義務教育法 230
虐待 141

虐待支援　246
虐待防止法　140
キャメロン　152
ギャンブラーの家族，友人　116
ギャンブル・アノニマス　116
救命救急センター　252
共感　162
行政機能を併せ持つ専門的なバックアップ機関　172
共生社会　20
京都府癲狂院　11
業務基準　48
業務指針　149
居宅介護支援事業所　167
ギリガン　244
緊急対応・危機介入　170
禁治産宣告制度　200
勤務問題　251
薬漬け　12
クライエントの自己決定　112
クライエントの自己決定の原則　165
クライエント自己決定の原理　41, 41
クラーク　13, 129
クリニカルスペシャリスト　174
久留崇　248
グループホーム　15, 16
グループワーク　240
呉秀三　11, 128
クロノス　44
訓練等給付　96
ケア会議　110, 211, 218
ケア計画　110
ケアマネジメント　90, 107
ケアマネジメントシステム　142, 225
ケアマネジメント担当者　218
ケアマネジャー　109, 110, 168
経験的知識　118
経済・生活問題　251
傾聴　162
契約締結ガイドライン　204

契約締結審査会　204
ケースマネジメント　108
ケースワーク　240
欠格条項　32
ゲートキーパー　169
健康　127
健康問題　251
研修認定精神保健福祉士　84
減免制度　31
権利侵害　46, 132
権利擁護　18, 65, 128, 134, 166, 199
権利擁護講座　209
権利擁護システム　228
権利論　42
後見　201
公後見人制度　203
公衆衛生モデル　173
更新研修　85
抗精神病薬　12, 104
行動制限　140
校内ケース会議　234
合理的配慮　193
高齢者虐待の防止，高齢者の養護者に対する支援等に関する法律　140
国際EAP学会　238
国際障害者年　14, 171
国際障害分類　14
国際人権連盟　50
国際生活機能分類　32
国際ソーシャルワーカー連盟　52, 71
国際法律家委員会　50, 131
国際保健医療職専門委員会　131
国民全体の精神保健　241
国立精神衛生研究所　47, 130
国連・障害者の十年　14
国連人権規約委員会　194
国連人権小委員会　14, 50, 131
ここで，今　43, 124, 136
こころのケアチーム　192
心の健康危機管理拠点　172, 173

こころの健康（自殺対策）に関する世論調査　187
こころの健康センター　177, 179, 186
心の健康づくり　189
心の健康の総合的拠点　174
こころの健康問題　235
こころのバリアフリー宣言　185
個人と状況の全体性をとらえる視点　39
個人の尊重　65
個人へのサービス　239
子どもを守る地域ネットワーク　246
個別支援会議　110
個別性の尊重　165
コミュニケーション支援事業　97
コミュニティミーティング　153
コミュニティワーク　180, 193, 240
孤立からの解放　117
今後の障害者保健福祉施策の在り方について　16
今後の障害保健福祉施策について　17, 175
今後の精神保健医療福祉のあり方等に関する検討会　53
今後の精神保健医療福祉のあり方等に関する検討会（中間まとめ）　99
今後の精神保健医療福祉の改革ビジョン　127
今後の精神保健福祉施策について　16
コンサルテーション　192, 234, 248
コンシューマー　118

【さ】

災害時のメンタルヘルス対策　186

索引　271

財団法人社会福祉振興・試験センター　79
札幌宣言　35,49,75
佐藤光正　115
サービス契約　201
参加　65
3者構造　125
3点課題　49,61
三位一体改革　19
支援費制度　17,20
支援を受けての自己決定　194
資格制度委員会　76
事業場外資源　238
事業場外資源によるケア　237
事業場内産業保健スタッフ等によるケア　237
事業場における労働者の心の健康づくりのための指針　237
自己決定　65,107,142,144,155,164,196,227
自己決定の原理　61,62
自己決定の尊重　89,92,134
自己決定への支援　157
自己決定を尊重する視点　39,80
自己研鑽　83
自己肯定感　156
自己効力感　123,199
自己実現　65,125,227
自己責任　53
事後対応　254
自己変容　125
施策評価　174
自殺企図患者　252
自殺総合対策大綱　250
自殺対策　250
自殺対策基本法　188,250
自殺の連鎖　256
自殺問題　256
自殺予防　186
自殺予防と遺族支援のための基礎調査　189
時熟　44,89,93,124
事前対応　254
自尊感情　91,119

私宅監置　11,128
シチズンアドボカシー　198
市町村障害福祉計画　176
指定通院医療機関　210
指定入院医療機関　209
児童虐待　242
児童虐待の早期発見　245
児童虐待の防止等に関する法律　244
児童虐待防止支援システム　244
児童虐待防止法　244
児童福祉法　244,246
児童要保護対策地域児童協議会　246
児童労働禁止法　230
嗜癖　116,147
司法精神医療福祉　206
社会化　117
社会起業　174
社会参加　18
社会事業婦　36,47,130
社会資源創設　124
社会資源の開発　235
社会診断　43
社会生活技能訓練　139
社会正義　65
社会的弱者　172
社会的統合　65
社会的入院　65
社会的入院者　107,129
社会的復権　153,158
社会的不利　65
社会的モデル　67
社会福祉学　41
社会福祉基礎構造改革　19,200
社会福祉基礎構造改革について　16
社会福祉協議会　203
社会福祉士及び介護福祉士法　50,53,75
社会福祉事業等の在り方に関する検討会　19
社会福祉士制定試案　73
社会福祉士法　79

社会福祉的モデル　173
社会福祉法　16
社会復帰講座　209
社会復帰施設　40
社会復帰調整官　40,52,206,212
社会復帰の促進　195
社会防衛　129,195
社会防衛施策　135
社協　203
若年性認知症対策　228
若年認知症　169
社団法人日本精神保健福祉士協会　34,37,54,72,83,84,195,219
社団法人日本精神保健福祉士協会倫理綱領　45,83
従業員支援プログラム　238
集団効力　118
就労移行　92
就労移行支援　97
就労継続支援　97
就労継続支援A　103
就労支援　106
就労支援事業所　163
主治医の指導　130
主体性　65
受容　162
紹介型ケアマネジメント　225
生涯研修システム　53
生涯研修制度　63,84
障害者介護等支援専門員養成研修　108
障害者基本法　15,18,22,50,132,184,194
障害者基本法の理念　106
障害者ケアガイドライン　108,109
障害者ケアガイドライン検討委員会　107
障害者ケアマネジメント　107
障害者ケアマネジメント従事者　109
障害者ケアマネジメント従事者養成研修　108

障害者ケアマネジャー　114
障害者ケアマネジャー養成研修　108
障害者計画　22
障害者権利条約　31,193
障害者雇用促進法　30,102
障害者雇用率　30,102
障害者差別禁止　22
障害者就業・生活支援センター　102
障害者就労支援センター　102
障害者職業センター　102
障害者自立支援対策臨時特例交付金　100
障害者自立支援法　10,17,18,37,53,88,96,171,187,194,217
障害者対策に関する新長期計画　15
障害者の雇用の促進等に関する法律　17,30
障害者プラン　25
障害者プラン─ノーマライゼーション7か年戦略　16,19,51,109
障害程度区分　31,98
障害特性　98
障害のある人の権利に関する条約　193
障害福祉計画　31,100,185
小規模作業所　40,116
小規模デイケア　154
消費者　118
情報の共有化　69
処遇実施計画　210,212
女性シェルター　247
ショートケア　146
ショートステイ　16
ジョーンズ　153
自立訓練　97
自立支援医療　23,24,100,145,149,162,178,180,187,191
自立支援医療費　27
自立支援医療費の給付　96
自立支援員　41,217

自立支援給付　96
自立支援協議会　99,217
自立支援法　10,17,18,31,37,38,40,42,96,107,171,184,187,188,194,217
自立生活　65
知る権利　112
事例検討会　155
真意　88
シンクタンク　188
人権　65
人権侵害　221
人権を尊重する視点　81
人権を擁護する視点　39
新自由主義　19
新宿西口バス放火事件　49
新障害者基本計画　20,26
新障害者プラン　16,20,25,26
身上監護義務　202
身上配慮義務　202
心神耗弱　17
心身障害者対策基本法　13,18,184
心神喪失　17
心神喪失者等医療観察法　17,35,40,51,174,188,191,188,206
心神喪失等の状態で重大な他害行為を行った者の医療及び観察等に関する法律　17,35,51,174,188,206
身体拘束　168
心的外傷後ストレス障害　35,146
審判制度　208
信用失墜行為の禁止　70
心理教育的アプローチ　156
心理・社会診断　43
診療所　144
スクールカウンセラー　234
スクールカウンセリング　249
スクールソーシャルワーカー　41,230
スクールソーシャルワーカー活用事業　231

SSWer配置事業　232
SSWer派遣事業　232
スクールソーシャルワーク　229,249
スタッフミーティング　155
スティグマ　116
ストレスチェックテスト　239
ストレングス　174
ストレングス視点　113,115,220
ストレングスモデル　113
スーパービジョン　235
生活課題　138
生活訓練　97
生活訓練施設　98
生活支援　37,93
生活支援員　204
生活者　68,174
生活（社会）モデル　112
生活者支援　128
生活者を支援する視点　39
生活の継続性　224
生活の質　65,106
生活のしづらさ　65,68,136
生活ぶり　68
生活モデル　94,112,137,226
生活療法　136
精神医学　95
精神医学ソーシャル・ワーカー　34,54,78
精神医療改革　52
精神医療人権センター　196
精神医療審査会　14,187
精神衛生技術指導体制の確立に関する要望書　48,73
精神衛生社会生活適応施設運営要綱　13
精神衛生センター　40,186
精神衛生相談員　48,183
精神衛生相談員資格取得講習会　178
精神衛生法　11,36,50,129,135,171,183
精神衛生法改正　73
精神科救急医療システム　41

精神科救急システム　159
精神科救急入院料　159
精神科救急入院料算定病棟　159
精神科救急病棟　159
精神科急性期治療病棟　159
精神科在院日数　24
精神科診療所　144
精神科ソーシャルワーカー　24,34,38,46,64,72,127,135,229
精神科ソーシャルワーカー業務指針　38,50,76
精神科ソーシャルワーカーの国家資格化に関する研究報告　77
精神科デイケア　152
精神科デイケア料　152
精神科特例　16,129,160
精神科病院ブーム　12
精神科病床数　24
精神障害回復者社会復帰施設運営要綱　13
精神障害回復者社会復帰センター　40
精神障害者介護等支援専門員養成指導者研修　108
精神障害者家族会　190
精神障害者居宅介護等事業　16
精神障害者居宅生活支援事業　16,51
精神障害者支援ネットワークづくり　173
精神障害者社会復帰施設　26,27
精神障害者社会復帰相談指導事業　14
精神障害者社会復帰促進センター　15
精神障害者就職サポーター　102
精神障害者授産施設　14
精神障害者数　24
精神障害者ステップアップ雇用　103

精神障害者生活訓練施設　14
精神障害者退院促進支援事業　216
精神障害者地域移行支援特別対策事業　41,217
精神障害者地域生活援助事業　15,16
精神障害者地域生活支援センター　16
精神障害者の社会的復権　35
精神障害者の社会的復権と福祉　67
精神障害者の人権擁護　50,195
精神障害者福祉法　23
精神障害者保健福祉手帳　16,187,191
精神障害者保健福祉手帳制度　30
精神障害当事者グループ　190
精神通院医療　178,180,187,191
精神通院制度　145
精神病院ソーシャルワーク連絡協議会　47
精神病院法　11,128
精神病者監護法　11,128
精神病者慈善救治会　11
精神病者私宅監置ノ実況及ビ其統計的観察　11
精神病者野放し論　131
精神病者の保護および精神保健ケア改善のための諸原則　15,195
精神保健医療福祉の改革ビジョン　17,20,135,175,216
精神保健及び精神障害者福祉に関する法律　15,23,50,128,166,173,175,184,186,194,203,236,246
精神保健ケアに関する法―基本10原則　196
精神保健参与員　40,52,206,208
精神保健指定医制度　14
精神保健審判員　208

精神保健センター　186
精神保健福祉学会　52
精神保健福祉士　24,27,34,37,39,54,64,78,88,127,135,145,171,187,193,206,216,229,236
精神保健福祉士業務指針　38
精神保健福祉士業務分類および業務指針作成に関する報告書　38
精神保健福祉士の養成の在り方等に関する検討会　79,192,241
精神保健福祉士法　16,34,37,46,51,69,77,78,130,157
精神保健福祉センター　173,186
精神保健福祉センター運営要領　187
精神保健福祉相談　190
精神保健福祉相談員　42
精神保健福祉の改革に向けた今後の対策の方向　17,20,52
精神保健福祉法　15,17,23,50,51,128,132,166,173,175,184,187,194,203,236,246
精神保健福祉ボランティア　220
精神保健福祉ボランティアグループ　190
精神保健法　13,14,50,132,135,183
精神保健ボランティア講座　14
静態的権利論　42
制度型ケアマネジメント　114
制度・サービス利用　170
制度的権利擁護　139
制度包括型ケアマネジメント　114
成年後見制度　19,42,140,199,200,201
成年後見制度の改正に関する要綱試案　201
世界保健機関　13,196
摂食障害　116

説明と同意　66
セルフアドボカシー　197,200
セルフエスティーム　91
セルフエフィカシー　199
セルフケア　237
セルフヘルプ・グループ活動　115
全家連　13
全国精神衛生実態調査　12
全国精神障害者家族会連合会　13,48
全国精神障害者団体連合会　15
全国精神保健福祉業務・職員体制実態調査　191
全精連　15
全米ソーシャルワーカー協会　230
専門員　204
専門職　82,93
専門職倫理　41
専門接触従事員　36
専門的知識　122
早期退院　159
早期治療　159
早期発見・早期治療　147
早期発見・早期治療体制　58
相互支援　156
相談援助活動　150
相談支援　31
相談支援事業　40,97,98,108
相談支援事業所　99,163,220
相談支援専門員　109,114
相談支援専門員指導者研修　115
相談支援専門員養成研修　108
相談支援体制　99
相馬事件　11
組織へのサービス　239
ソーシャルアクション　63,124,220,235
ソーシャルクラブ　116,152
ソーシャルサポート　118
ソーシャルワーカーの倫理綱領　71
ソーシャルワーク関係論　41
ソーシャルワークに関する倫理―原理に関する声明　71
措置から契約へ　16
措置入院　24,66
措置入院制度　11

【た】

退院支援施設，25
退院相談　167
退院促進　98
退院促進支援　217
退院促進支援事業　217
退院促進事業　41,216
退院促進（地域移行）支援事業　107
大規模デイケア　154
代替　118
第2種社会福祉事業　15
多機関・多職種連携　90
他機関・地域との連携　151
多重人格　146
多職種チーム　210
脱施設化　107
たまり場　148,150
短期入所事業　16
断酒会　116
男女共同参画社会基本法　243
地域移行支援　98,217
地域移行支援事業　217
地域移行推進員　41,217
地域移行（退院促進）事業　185
地域医療　135
地域援助　173
地域格差　99
地域活動支援センター　163
地域活動支援センター機能強化事業　97
地域完結型の精神障害者支援　172
地域自立支援協議会　31,40,99,218
地域生活移行　92
地域生活支援　37,95

地域生活支援事業　31,96,97
地域生活支援センター　27
地域生活支援体制　26
地域生活の支援　52
地域精神保健福祉行政　171
地域体制整備コーディネーター　41,217,218
地域づくり　101
地域との連携　158
地域福祉　174
地域福祉権利擁護事業　42,199,200,203
地域福祉権利擁護制度　19
地域包括支援センター　171,223
地域保健対策の推進に関する基本的な指針　177
地域保健法　15,183
地域連携　171
知識　82
地方分権一括法　175
チーム医療　150
長期入院化　168
直接通院　211
治療共同体　153
通院医療費公費負担制度　16,23,30,149,187
通院患者リハビリテーション事業　14
坪上宏　45,71
提案委員会　49,74
提案委員会報告　49,60,74
低医療費政策　129
デイケア　146,152,163
デイ・ケア施設運営要綱　13
デイ・ナイトケア　146
DV問題　243
デイホスピタル　152
適応論　59
手帳制度　30
デマンド　110
電話相談　150,166
同意入院　12
東京府癲狂院　11
統合失調症　35,56

当事者運動との連携 151
当事者参加 174
当事者主体 88,92
当事者スタッフ 125
当初審判 209
都道府県自立支援協議会 99
トポス 45
ドメスティックバイオレンス 146

【な】

ナイトケア 146
なじみの関係 228
西澤利朗 63
2015年の高齢者介護 227
ニーズ中心モデル 222
日常生活自立支援事業 42,200,203,204
日常生活動作 166,222
日常生活用具給付等事業 97
日精診 145
ニード 110
日本医療社会事業協会 47,71,73,78
日本MSW協会 47,73,75,77
日本看護協会 77
日本社会福祉士会 71,78
日本精神医学ソーシャル・ワーカー協会 34,37,47,52,63,70,72,83,131,195
日本精神医学ソーシャル・ワーカー協会札幌宣言 111
日本精神医学ソーシャル・ワーカー協会倫理綱領 45
日本精神科診療所医会 145
日本精神科病院協会 77
日本精神神経科診療所協会 145
日本精神保健福祉士協会 37,38,52,70,77
日本相談支援専門員協会 114
日本ソーシャルワーカー協会 71,78
日本PSW協会 34,47,54,70,71,72,195
日本PSW協会倫理綱領 50
入院医療中心から地域生活中心へ 20,176
入院時面接 166
任意後見制度 202
任意入院 24
人間尊重 65
人間の社会性 65
人間の変化の可能性 65
人間の変化の可能性への信頼 89
認知症 143
認知症ケアの標準化・高度化 223
認知症高齢者 165
認知症疾患医療センター 41,165,169,223
認知症の医療と生活の質を高める緊急プロジェクト 169,223
認知症モデル 222
認知症問題 228
認知症連携担当者 169
ネオリベラリズム 19
ネットワーキング 192
野中猛 115
ノーマライゼーション 14,18,19,65,109,200,210
ノーマライゼーション思想 41

【は】

場 45
バイステック 41
パウエル 119
パターナリズム 45,62,65,127
働きにくさ 133
発達障害 35,143
パラダイム転換 234
犯罪被害 146
半澤節子 118
阪神大震災ボランティアセンター 51
ピアアドボカシー 198
ピアアドボケート 197
ピアサポート 174,218
ピアスタッフ 125
ビエラ 152
ヒエラルキー 62
引きこもり 94,141
人と状況の全体性 43,67,106,134
人と状況の全体性の視点 41,61,62,94
人と状況の全体性を考える視点 81
秘密保持 65
秘密保持義務 69,70
表出される意思 88
表出されるニーズ 89
日割り計算 28
普及啓発 52
福祉から雇用へ 101
福祉関係8法の改正 15
福祉サービス運営適正化委員会 204,205
福祉サービス利用援助事業 203
福祉的就労 103
福山政一 36
父性的保護主義 45,62,65,127
不登校 231
ブトゥリム 65
プライバシーを守ること 112
プリベンション 254
ブローカリングタイプ 114
プロシューマー 125
ペイシェントアドボカシー 197
平成19年度大阪府精神障がい者退院促進支援事業報告書 218
ヘルパーセラピー原則 118
変化の可能性 69
保安処分 58
訪問看護 147,148
訪問教師 230
保健憲章 127
保健所 172,177,182

保健所及び市町村における精神保健福祉業務運営要領　184
保健所－精神保健福祉センター体制　192
保健所デイケア　116
保健所法　183
保健センター　172,177
保護　202
保護観察所　211
補佐　201
補助　201
補助金制度　105
ポストベンション　254,255
補装具費の給付　96
ホームヘルパー事業所　179
ホームヘルプ　16
本人主体　89,115
本人ニーズ中心　115
本来のニーズ　89

【ま】

前田ケイ　131
マネジメント機能　99
マールボ・デイホスピタル　152
三島一郎　119
ミスポジション論　115
みる協働者　43
村上陽一郎　44
村松常雄　36,46,130
メンタルヘルス　79,192,250
メンタルヘルス課題　143,235
メンタルヘルスケア　53
メンタルヘルス志向型診療所　145
メンタルヘルス不調者　238
メンタルヘルス問題　172
求められる支援の多様化　192
モニタリング　111
問題行動　170

【や】

薬物依存症　116

薬物依存症の家族　116
役割　227
役割モデルの獲得　117
やどかりの里　13,48
谷中輝雄　59,63
山下英三郎　230
大和川病院事件　216
山村賢明　243
ユーザーインボルブメント　174,182
養育院　11
要求　110
養成研修　86
抑制　168
予診　161

【ら】

ライシャワー駐日アメリカ大使刺傷事件　12,131,171
ライフスタイル　68
ラインによるケア　237
烙印　116,118
リカバリー　113,174
リーガルアドボカシー　198
力動精神医学　36,46
力動的関係論　43
良妻賢母思想　243
臨時特例交付金　100
臨床専門家　175
倫理綱領　52,62,69,70,76
倫理綱領委員会　71
倫理綱領抵触事件　71
ルポ・精神病棟　13
連携する立場　130
連合国軍最高司令官総司令部　11,130

【わ】

Y裁判　59
ワーカー・クライエント関係　60,61,62,142
ワークフェア　19
Y問題　13,38,48,54,74,132

Y問題調査委員会　55,58
Y問題調査報告　55
Y問題調査報告により提起された課題の一般化について　58,74

【A】

AA　116
Adams, R.　119
ADL, 166　222
advocacy　197
advocate　197
Al-Anon　116
Alateen　116
Alcoholics Anonymous　116
Anthony, W.　113
autonomous　119

【B】

behavioral and psychological symptoms of dementia　170
Bierer, J.　152
Biestek, F. P.　41
BPSD　170
Butrym, Z. T.　65

【C】

Cameron, E. D.　152
Clark, D. H.　13,129
clinical specialist　174
consumer　125
corporate social responsibility　104
CSR　104

【D】

Deegan, P.　113
DV　141,146

【E】

EAP　238
EAPA　238
EBP　224
Employee Assistance
　Program　238
empowerment　198
encounter　43
evidence based practice　224
experiential knowledge　118

【F】

facilitated　119

【G】

GA　116
GAM-ANON　116
GHQ　11　130
Gilligan, C.　244

【H】

here and now　43, 124

【I】

ICF　32
ICHP　131
ICJ　131
IFSW　52, 71
IL　65
integral　119
International Federation of
　Social Workers　71

intervention　254

【J】

Jones, M.　153

【M】

Meyer, A.　36
MSW　75

【N】

NA　116
NABA　116
Nar-Anon　116
NASW　230

【O】

OA　116
ombudsman　197

【P】

postvention　254
Powell, T. J.　119
prevention　254
producer　125
professional　125
professional knowledge　122
provider　125
PSW　24, 27, 34, 39, 46, 54, 64,
　72, 88, 127, 135, 145, 171, 187,
　193, 206, 216, 229, 236
Psychiatric Social Worker
　54, 78
PTSD　35, 146

【Q】

QOL　65

【R】

Rapp, C. A.　113

【S】

SCer　234
self-esteem　119
SHG　115
SST　139
SSW　229
SSWer　230
stigma　118

【T】

the 'helper' therapy principle
　118
there and then　43

【U】

user involvement　174

【V】

visiting teacher　230

【W】

WHO　13, 127, 196
work fare,　19

Guidebook for PSW

```
JCOPY  〈(社)出版者著作権管理機構 委託出版物〉
  本書の無断複写は著作権法上での例外を除き禁じられています．
  複写される場合は，そのつど事前に，下記の許諾を得てください．
  (社)出版者著作権管理機構
  TEL.03-3513-6969  FAX.03-3513-6979  e-mail：info@jcopy.or.jp
```

[第4版] これからの精神保健福祉
精神保健福祉士ガイドブック

定価（本体価格3,200円＋税）

1997年11月4日	第1版第1刷発行
1998年5月25日	第2版第1刷発行
2003年2月20日	第3版第1刷発行
2009年6月12日	第4版第1刷発行
2011年8月25日	第4版第2刷発行

編　　集　　柏木 昭・荒田 寛・佐々木敏明
発 行 者　　岩井 壽夫
発 行 所　　株式会社 へるす出版
　　　　　　〒164-0001 東京都中野区中野2-2-3
　　　　　　TEL 03-3384-8035（営業）／03-3384-8177（編集）
　　　　　　振替 00180-7-175971

印 刷 所　　広研印刷株式会社

落丁本，乱丁本はお取り替えいたします．　　　　　　　　＜検印省略＞
© 2009. Printed in Japan
ISBN978-4-89269-620-6

へるす出版新書

003
かかわりの途上で
こころの伴走者、PSWが綴る19のショートストーリー

相川章子・田村綾子・廣江 仁／共著

PSWとは何をする人なのか。
いま、明かされる「ソーシャルワーク」という生き方。

創刊！

●こころ病む人を支え、寄り添う、19編の「かかわり」の物語

祭り太鼓／ドーベルマンのクマ／生きる意味／自慢の母ちゃん／悔恨／合唱／うれしい裏切り／三時間待ちのドーナツ／平手打ちのこころ／第三の住人／ばら色の頬／実習生の大ちゃん／バットは振り続けなければ／手紙／みんなのための優勝／この村が好きだから／新緑から盛夏まで／ジャガイモの芽／ソーシャルワークとプロ野球

●新書判 274頁／定価1,260円（税込）

最新版
2009年度 新教育カリキュラム[共通科目]対応！

精神保健福祉士・社会福祉士養成基礎セミナー

全10巻

●編集／精神保健福祉士・社会福祉士 養成基礎セミナー編集委員会　　[全巻各B5判]

1 医学一般——人体の構造と機能および疾病
編集／高橋清久・樋口輝彦・藤井滋樹
●272頁／2,310円

2 心理学——心理学理論と心理的支援
編集／飯長喜一郎・岩立志津夫
●230頁／2,205円

3 社会学——社会理論と社会システム
編集／南山浩二・石原邦雄
●228頁／2,310円

4 社会福祉原論——現代社会と福祉
編集／圷 洋一・岩崎晋也
●280頁／2,625円

5 地域福祉論——地域福祉の理論と方法
編集／野口定久・原田正樹
●310頁／2,625円

6 福祉行財政論——福祉の行財政と福祉計画
編集／野口定久・平野方紹
●176頁／2,205円

7 社会保障論
編集／山崎泰彦・植村尚史・喜多村悦史
●250頁／2,310円

8 公的扶助論——低所得者に対する支援と生活保護制度
編集／清水浩一・岡部 卓・杉村 宏
●220頁／2,205円

9 保健医療サービス論
編集／高橋清久・樋口輝彦
●174頁／2,205円

10 法学——権利擁護と成年後見制度
編集／新谷眞人・藪本知二
●208頁／2,205円

全10巻セット税込定価合計23,205円

●ご注文は書店にお申込み下さい．当社直接の場合1部配送料各420円が必要となります．

へるす出版
〒164-0001 東京都中野区中野2-2-3　振替：00180-7-175971
（販売）TEL 03-3384-8035　FAX 03-3380-8645　（編集）TEL 03-3384-8177　FAX 03-3380-8627
http://www.herusu-shuppan.co.jp